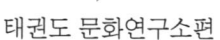

태권도 문화연구소편

태권도의 바른 이해

이경명 지음

도서출판 상아기획

해군의 덫에 잇힌 해

머리말

책방冊房에 가는 시간은 즐겁다.
한 주에 두 번 정도 책방에 들리게 된다.
이곳 저곳을 기웃거리며 또 이런 저런 책을 뒤적이며 읽는 산책에서 진솔한 재미를 느끼게 된다.
그러다가도 꼭 빠뜨리지 않고 들리는 곳이 있다.
무예관련 서가書架이다.
두드러진 현상은 이제 태권도코너comer가 제법 대접을 받고 있다는 느낌이다.
태권도뿐만이 아니지만 수년 전에 비교하면 훨씬 다른 느낌을 갖게 된다.
몇 년 전에 비해 태권도저서가 네 뼘 손아귀에 달할 정도의 폭으로 '태권도' 관련 책이 즐비하게 꽂혀 있는 듯한 생각이다.
하긴 아직도 품새 교본 류流의 범주에서 크게 벗어나지 못하고 있으나 점차 '겨루기', '지도론' 등 확산돼 가는 듯한 현상이 보인다.
비교하긴 뭣하지만, 엄연한 사실이니 숨길 필요도 없을 듯

하다.

'택견연구', '무예사연구', '일본무도연구', '무도론' 등 다양한 전문서가 간행되고 있는 데, 태권도도 다양한 범주의 전문 책자가 많이 발간되었으면 하는 바람이다.

무도에서도 종가宗家를 유달리 찾는 '태권도'의 학문화는 어느 수준일까 그리고 이 물음에 답할 수 있는, 책임 있는 자는 과연 누구일까 대학 교수, 지도자, 고수高手, 아니면 태권도 리더일까 나는 아직도 그 해법을 얻지 못하고 있다.

그래서 나는 열심히 태권도를 수행한다. 땀흘리며 각고의 과정에서 터득하게되는 이理와 기氣(=技)를 또 기록으로 남기고자 하는 것이다.

하나라도 실천을 하는 자세, 나아가 이론체계화 등에 매달리는 정신은 어느 특정인의 몫이 결코 아닐 것이다.

어릴 때 태권도와 연緣을 맺고 입문 후 줄곧 태권도와 같이 한 삶이며, 아직도 빛 바랜 도복을 버리지 못하고 몸과 마음을 닦으며 젊은 후학들과 함께 하는 일상에 자긍심을 갖는다.

평소에 과묵하면서도 '태권도적' 소재라면 밤샘 줄 모르는 담론이며 또 그와 관련된 자료라면 애써 수집하는 버릇이 있다. 그래서 내자內子는 가끔 그 잡동사니를 왜 모으느냐고 성화成火다.

아직은 십 년이 채 되지 못한 세월인가 보다.

어느 해 자료 수집 차 미국을 방문, 샌프란시스코의 어느 일본서점에 들렸을 때 받은 충격은 엄청났다. 그 서점의 '태권도서가'에는 겨우 한 뼘 정도의 책이 전부였다.

한 뼘의 폭이라면 몇 권에 해당되는 책의 분량일까? 는 그리 상상하기 어렵지 않을 것이다.

그게 나에게는 크나큰 충격이며 교훈이기도 했다

그런 탓에 아직도 도복道服을 벗지 못하고 있다

깨달음을 얻기까지 도복을 입고 몸과 마음을 닦아야 함과 그 닦음을 통해 이론화·체계화해야겠다는 사명감이다.

하나의 사례를 들어본다.

『국기태권도교본』(1987:213) '태극'의 유래(설명에 의하면), "신시본기(神市本紀)에 의하면 B.C 35세기경(…), 태호 복희씨가 삼신의 성령을 받고(…)"로 이어지는 설명은 누구에게도 이해하기 어렵다.

'신시본기'의 출처가 분명하지 않고, 또한 태호 복희씨는 한 사람의 이름인지 등 설화 같은 설명이다.

이제는, 바른 기록으로 독자에게 쉽게 이해할 수 있도록 배려해야 한다.

『한단고기』(1911) 「태백일사」 신시본기(神市本紀) 제3에 의하면(…), 태호가 달리 복희씨伏羲氏인데(…) 등 전거典據를 밝혀줘야 할 것이다.

이 같은 일련의 작업을 누가 해야 할까? 를 묻는다는 것은 결코 어리석은 짓일까.

단지 하나의 예에 불과하지만 이것은 현재 우리 태권도의 모습이다.

『태권도의 바른 이해』라는 얼굴로 또 한 권의 책을 내놓으며 부끄러움이 앞선다.

그러나 깊이 생각하고 깨닫고 연구한 바를 기록으로 남기려는 이론화·체계화 작업은 공부하는 자의 양심일 것이며 학문적 발전의 밑거름을 위한 디딤돌이 될 것이다.

"말이 앞서고 생각이 깊지 못하면 행동이 가벼울 것이고 생각은 깊으나 이론이 없으면 그도 대저 다름없을 것이다" 라는 가르침을 본으로 삼는다.

우리가 태권도를 수련하고 지도하며 사랑한다는 것은 하나의 실천적 행위이고 철학 함이다.

몸과 마음의 닦음을 중시하는 태권도에서
- '태권'과 '도'의 만남의 개념과
- 동작이란 무엇이며
- 어떻게 닦을 것인가
- 무엇을 깨우칠 것인가(…)

다양한 의미체계와 방법, 그리고 가치관은 실천(수련)의 과정에서 스스로 깨우침을 얻어야 하는 것이라고 볼 때, 이 책은 그러한 태권도적 삶의 일상에서의 결과물에 해당된다.

이미 발표했던 것들과 함께, 태권도 문헌의 빈곤을 개탄하며 이제는 네 뼘의 서가적書架的 현상에서 벗어나야 한다는 것이 나의 솔직한 심경心境이다.

중복된 내용에 다소 짜증을 느끼게 될 경우도 있을 것이며, 이 이론理論은 도저히 납득할 수 없다는 울분도 만나게 될 것이다.

독자의 넓은 사량思量과 깨달음, 그리고 정진을(…)

이 책이 후학들에게 다소라도 도움이 되고 태권도의 학문화에 기여하게 된다면 필자에게는 큰 보람이며 채찍이 아닐 수 없다.

그런 점에서- 태권도인들은 책을 잘 안 읽는다는 풍토에서도-선뜻 출판에 나서주신 상아기획 문상필 사장에게 경의를 표하며 편집부 여러분의 노고에 감사한 마음이다.

2002년 10월
태권도문화연구소에서
素田 **이 경 명**

TAEKWONDO
CONTENTS

01 제1부 - 개념적 이해

제1장 태권도, 무도·스포츠로서 이해 ········· 12
제2장 태권도의 원리적 의미체계 ············· 21
제3장 철학적 숫자 '0' '3' '9'와 태권도적 의미 ··· 44
제4장 태권도 무예의 이해 ··················· 57
제5장 도장이란 무엇인가 ···················· 73

02 제2부 - 철학적 이해

제6장 주춤서 몸통지르기의 기본철학 ········· 92
제7장 도복과 띠의 '한' 철학적 이해 ········· 100
제8장 겨루기의 '한' 철학적 이해 ············ 108
제9장 품새의 철학적 이해 ·················· 120
제10장 태권도, 왜 '한' 철학적인가 ·········· 139

03 제3부 - 원리적 이해

제11장 태권도 동작이란 무엇인가 ············ 152
제12장 태권도 정신이란 무엇인가 ············ 166
제13장 품새의 '한' 철학적 원리와 사상 ······ 180

04 제4부-수련적 이해

제14장 격파, 그리고 단련의 모든 것 ·················· 206
제15장 태권도 수련의 구조적 본질 ·················· 221
        수신 | 호신 | 각신
제16장 태권도 수련, 어떻게 할 것인가 ·················· 238
        몸과 마음을 닦는 다는 것과 그 방법론을 중심으로
제17장 태권도, 도道란 무엇인가 ·················· 255
        태권도의 철학 범주를 중심으로
제18장 태권도, 인간관 그리고 수행관 ·················· 274
        철학적 인간관, 문화적 수행관

05 제5부-사실적 이해

제19장 '태권'(태권도) 명칭 제정 바로 알기 ·········· 286
제20장 국기원 바로 알기 ·················· 301

01 제1부-개념적 이해

- 제1장 태권도, 무도·스포츠로서 이해
- 제2장 태권도의 원리적 의미체계
- 제3장 철학적 숫자 '0' '3' '9'와 태권도적 의미
- 제4장 태권도 무예의 이해
- 제5장 도장이란 무엇인가

제1장
태권도, 무도·스포츠로서의 이해

태권도를 무도·스포츠라고 일컫게 된 최초의 시기는 80년대라 하겠다. 태권도의 스포츠화는 1961년 9월 16일 대한태권도협회를 결성, 대한체육회 산하 단체로 가맹함으로써 시작되었다. 그리고 1973년 5월 세계태권도연맹이 결성되고 그해 5월 25일, 26일, 27일 서울에서 제1회 세계태권도선수권대회가 개최됨으로써 태권도경기가 국제스포츠로 발돋움하게 됐다.

오늘날 우리는 태권도를 단지 무도라고 부르지 않는다. 우리는 곧잘 태권도를 '무도·스포츠'라고 일컫고 있기 때문이다. 그 이유는 뭘까?

태권도를 무도·스포츠라고 일컫게 된 최초의 시기는 80년대라 하겠다. 태권도의 스포츠화는 1961년 9월 16일 대한태권도협회를 결성, 대한체육회 산하 단체로 가맹함으로써 시작되었다. 그리고 1973년 5월 세계태권도연맹이 결성되고 그해 5월 25일, 26일, 27일 서울에서 제1회 세계태권도선수권대회가 개최됨으로써 태권도경기가 국제스포츠로 발돋움하게 됐다.

1960년대 이전에는 태권도는 단지 심신을 단련하는 무도의 범주와 인식이 강했다고 볼 수 있다. 태권도의 국제 스포츠에의 지향은 일본의 유도가 1964년 도쿄올림픽을 계기로 무도에서 스포츠로 전환되었던 것이다. 유도의 국제스포화 변신, 특히 올림픽종목으로 부상은 결국 여러 가지 무도가운데서 태권도가 먼저 유도의 궤적을 밟게된 것이라 말할 수 있다.

여기서 무도·스포츠라는 용어는 무도와 스포츠의 합성어로서 신조어이다.

우리는 이 신조어를 이제는 아무 거부반응 없이 즐겨 사용하고 있기도 하다. 태권도의 무도·스포츠 개념을 우리는 어떻게 정의할 수 있고 얼마큼 이해하고 있는 것일까?

그러나 개념의 정의는 그렇게 쉽지 않을 것이다. 학자마다 개념의 정의를 보는 시각에 따라 달리 설명할 수도 있기 때문에 태권도의 무도·스포츠라는 문화코드의 준거를 어디에 설정하는가 하는 데 따라 다양한 정의가 내려질 수 있기 때문이다.

먼저 우리가 생각해 볼 수 있는 것은 태권도에 대한 정의에서 흔히 무도인들 사이에서 논의되고 있는 개념 즉, 무술, 무예, 무도가 그것이다. 이 개념에 대한 정의도 좁혀지지 않고 학자들 사이에 많은 논쟁을 야기하고 있는 작금이다. 무술, 무예, 무도 등 개념은 자구적 해의는 명백한

> 태권도의 무도·스포츠 개념을 우리는 어떻게 정의할 수 있고 얼마큼 이해하고 있는 것일까?

설명이 가능하지만 태권도를 비롯한 유도, 검도, 합기도 등에서 어느 종목은 무술이고 또 어느 다른 종목은 무예이니 무도라고 단정지울 수는 없는 것이 아닌가? 유도는 유술에서 검도는 검술에서 그리고 합기도는 합기술에서 명칭이 변경되었다는 사실을 알 수 있다. 여기서 더 의문을 제기할 수 있는 것은 한가지 예를, 들어 유술과 유도의 차이는 있는 것인가? 아니면 동일한 내용을 두고 단지 '술에서 도'로 자구적 변용의 의미로 규정할 것인가? 이다. 그런 가운데서도 우리가 분명히 주장할 수 있는 것은 무도, 무예라는 개념에 앞서 무술이 시원적 명칭이라는 것이고 또한 쉽게 동의할 수 있게될 것이다.

필자는 이들 개념들 간의 자구적 해의字意에 집착하기보다는 단지 선호의 차이가 존재할 뿐이라고 말하고 싶다. 태권도를 놓고 볼 때, 우리가 태권도는 무술이다. 또는 태권도는 무예이다라고 부를 때 또 다른 한 무리들이 태권도는 무술이니 무예이라고 하는 것은 가당찮은 억지 주장이며 태권도는 오직 무도이다라고 강한 이의를 제기한다면 그 결론은 결코 도출될 수 없는 함정에 스스로 빠지게 될 것이 분명하다.

무도, 무예, 무도의 개념의 차이는 대개 한자의 자의字意에 바탕한 해석을 위주로 한 수준에서 시작되는 경우가 많은데, 이러한 맥락에서 가장 보편적으로 통용되어 오고

있는 의미를 단순화시켜 보면:

무술武術 : 술의 자의에 바탕하여 기술의 중시, 그리고 기술의 실천적 측면을 강조하여 생사를 건 대인 격투 기술이라는 본질적 가치를 강조하는 관점을 말한다. 따라서 이러한 개념으로서 무술은 정신적 측면에 대한 의식이 아직 발달하지 않았거나 강조되지 않는다는 점을 임시적으로 전제하는 경우가 많다.

무예武藝 : 예를 예술, 표현, 미 등과 관련하여 해석하여 기술이 실전적 가치를 넘어 미적, 예술적 경지를 지향하는 관점을 의미한다. 이러한 자의적 의미에 근거하여 무술보다 한 차원 높은 기술적 차원을 무예로 이해하려는 이들도 있다.

무도武道 : 도의 자의와 일반적 의미에 관련하여 무도를 기술성을 초월하는 정신성, 철학성에 강조를 두는 수련관으로 이해하는 경우가 많다. 그러나 이때 그 정신성이나 철학성의 정확한 규정은 대개의 경우 애매하거나 모호한 편이다.

이와 같은 자의적 구별과 함께 우리사회의 무술, 무예, 무도에 관한 보편적 이해의 틀의 하나는 중국武術, 일본武道, 한국武藝라는 인식이다. 이 주장의 바탕에는 중국과 일본에서는 무술적 문화활동을 총칭할 수 있는 대표할 수 있는 대표명사가 있으니, 우리도 이들과 구별될 수 있는 대표명사가 필요하고, 또 전통적으로 우리 나라에서는 무예란 용어가 가장 널리 사용되었으므로, 다른 나라가 쓰지 않은 이 武藝란 용어로 우리의 무술적 문화실현 영역을 통칭케 하고 이 용어를 통하여 우리의 무술적 문화를 개념화 하는 것이 바람직할 것이란 논리가 있다. (양진방 1999)

무술, 무예, 무도 개념에 대한 새로운 인식의 틀로서 "무엇보다도 '무도'가 '무술'과 '무예'의 개념을 포괄할 수 있지만,

양진방은 무술, 무예, 무도 개념에 대한 새로운 인식의 틀로서 "무엇보다도 '무도'가 '무술'과 '무예'의 개념을 포괄할 수 있지만, '무술'이나 '무예'가 지닌 개념의 내포와 외연을 포괄할 수 없는 제한이 있다는 측면에서 '무도'를 그 대개념으로 삼아야 할 것으로 생각된다."고 하였다. 또 다른 이들 세 개념은 무술 발전사적 관점에서 발전해온 것으로 보는 시각도 배제할 수 없다. 우리는 태권'도'라는 명칭에서 쉽게 찾아볼 수 있는 태권과 '무도'의 합성어적 의미를 굳이 무술이니 무예라고 고집할 필요는 없는 것이다.

태권도라는 무도의 특성이 그 구성요소 중 겨루기의 장르가 경기 스포츠(격기 스포츠를 지칭)로 발전하게됨으로써 무도의 스포츠화를 뜻하는 것인지, 무도와 스포츠의 개념을 그 속성상 동격의 위치에서 의미소로 표현하는 것인지 올바른 개념의 이해가 필요한 것이다.

그러나 동양철학 내지 동양적 사고체계에서 볼 때 체와 용, 이와 기, 음과 양, 직관과 지성, 전통과 현대, 지혜와 예, 동과 서, 하늘과 땅, 밤과 낮 등 많은 두 개의 상반된 개념이 반목으로 보는 서양의 논리체계가 아닌 조화와 상생, 생성원리 등으로 보는동양의 지혜는 21세기에 들어선 오늘의 시점에서 서양 학자들도 긍정적인 반응을 나타내며 동양의 지혜를 높이 기리고 있다.

태권도를 무도·스포츠라고 보는 개념은 무도를 體體, 스포츠를 용用으로 보는 체용의 관계성을 함의하는 것이라고 볼 수 있다. 그리고 무도라는 전통적 개념은 동양의 직관을, 스포츠라는 개념은 서양의 지성, 합리라고 보는 동서양의 개념적 체계를 일반적으로 달리하는 데서 출발하고 있다.

여기서 체와 용이라는 사상은 체는 바다와 같고 용은 물결에 대비할 수 있다.

바다와 물결은 하나이면서 둘이다. 바다가 물결이 되기

> 태권도를 무도·스포츠라고 보는 개념은 무도를 체, 스포츠를 용으로 보는 체용의 관계성을 함의하는 것이라고 볼 수 있다.

도 하고 물결이 바다가 되기도한다. 그러나 바다와 물결은 둘이 하나로서 떠날 수 없고 그렇다고 동일할 수도 없는 것이다.

바다라는 본체가 있고 물결이라는 현상이 있다. 물결을 떠나 바다가 없고 바다를 떠나 물결을 상정할 수 없다.

무도로서 체는 바다라는 개념이요 뿌리란 개념이요 주체란 개념이고 격기 스포츠로서 용은 물결이라는 개념이요 가지라는 개념이요 객체라는 개념이다. 체와 용을 실체와 작용이라고 해도 좋고 본체와 현상이라고 해도 좋다. 즉 체즉용體卽用, 용즉체라는 동전의 양면성을 함의하고 있다.

태권도를 체용의 관계에서 볼 때, 무도라는 속성의 실체와 스포츠라는 작용의 응용이 함께 하고 있기에 태권도를 무도 스포츠라 일컫는 것이다.

여기서 태권도를 스포츠라 칭함은 매킨토시 P.C. McIntosh가 스포츠를 분류한 경기스포츠 Competitive Sports 또는 극복 스포츠 Conquest Sports가 아닌 격기 스포츠 Combat Sports를 의미한다는 견지에서 무도라는 동양적 의미소와 격기 스포츠라는 서양적 의미소로서 동격의 상호의존성 즉 동서의 만남을 표상하는 개념체계이다.

경기 스포츠와 격기 스포츠는 사람 대 사람의 경쟁, 힘겨루기로 상대에게 이기는 것을 목표로 하고 있으나 경쟁의 성격을 따질 때 엄밀히 구분이 된다. 태권도를 포함한 유도, 복싱, 레슬링 등 종목은 격기 스포츠에 해당한다. 이는 상대의 손, 발 또는 몸 전체의 저항을 통한 경쟁, 힘겨루기라는 속성이 격기 스포츠의 특징이다.

반면에 '무도'에서 무武는 그 뜻과 쓰임, 어원이 다양한데 일반적으로 힘을 상징한다. 무의 어원 속에는 살상이나 정복의 의미는 없고 상생과 평화의 의미가 스며있다. 힘을 상징하는 무는 인간이 자신을 보호하는 본능적 보호수단에서 출발하고, 그 개인에서 무리 즉 집단과 발전이 부족사회에서부터 국가 단위로의 이행이라 하겠다. 그리고 그 기술이 병법에서 평상시에는 무술의 형태로 수련 연마해 왔던 것이 오늘날에는 심신수련을 위한 방편으로 발전하고 나아가 격기 스포츠로 발전하고 있는 것이다.

오늘날 세계화된 태권도를 지칭할 때, 일반적으로 태권도를 인식하는 틀이 동양에서는 무도로서 출발하고 있고 서양에서는 격기 스포츠로 인식하고 있음이 다를 뿐이다.

이와 같이 태권도를 무도·스포츠라고 일컬음은 태권도가 무도로서 본질성의 상실화, 스포츠성의 비중을 우려해 일컫는 것이 아니고, 현대 스포츠로서 동서 만남을 상징하는 세계화, 보편적 개념으로서 명칭이다.

태권도 '무도·스포츠'는 본체와 작용, 전통과 현대, 무도로서의 수양성과 격기 스포츠로서의 운동성(경쟁성), 도의 깨달음과 운동성의 행위, 가치규범과 행동규범 등의 양의로서 절묘한 조화를 통한 도덕적 덕목과 올림픽 이상을 추구하며 실현할 수 있는 규범체계이다.

태권도인은 '무도·스포츠'를 통한 인간과 세계, 인간과 자연의 조화를 실현할 수 있는 가능성과 조건을 누릴 수 있는 것으로 이해할 수 있다.

> 태권도 '무도·스포츠'는 본체와 작용, 전통과 현대, 무도로서의 수양성과 격기 스포츠로서의 운동성(경쟁성), 도의 깨달음과 운동성의 행위, 가치규범과 행동규범 등의 양의로서 절묘한 조화를 통한 도덕적 덕목과 올림픽 이상을 추구하며 실현할 수 있는 규범체계이다.

제2장
태권도의 원리적 의미 체계

태권도를 어떻게 이해할 것인가? 라는 질문은 태권도의 본질적인 가치와 특성에 관계된다. 태권도라는 개념은 '태권'과 '도'의 합성어에서 출발하며 태권도는 '태권과 도'의 만남을 말한다. 다시 '태권'은 신체의 사지四肢의 기능적 상징이며 무술의 도구적 기술과 기능을 가능하게 하는 개념이다.

우리가 태권도를 이해하는 방법은 여러 가지로 볼 수 있다. 우리가 쉽게 접근할 수 있는 것은 태권도라는 개념의 정의에서 이해할 수 있고 직접 수련의 체험을 통해 이해할 수도 있고 태권도 경기나 공연에서 감명 받은 표층적인 면에서도 가능할 것이다.

또한, 태권도는 어느 무술보다 가치있는 자아형성에 도움을 준다는 시각에서도 이해가 가능하다. 그런가하면 기술적 정신적 또는 문화적 시각에서도 접근할 수도 있을 듯하다.

태권도를 어떻게 이해할 것인가? 라는 질문은 태권도의 본질적인 가치와 특성에 관계된다. 태권도라는 개념은

'태권'과 '도'의 합성어에서 출발하며 태권도는 '태권과 도'의 만남을 말한다. 다시 '태권'은 신체의 사지四肢의 기능적 상징이며 무술의 도구적 기술과 기능을 가능하게 하는 개념이다.

'도'는 우리말로 길을 뜻하며, 도의 사전적 정의에 의하면, 마땅히 지켜야할 도리, 종교상으로 근본이 되는 뜻, 또 깊이 깨달은 지경, 기예나 방술方術을 행하는 방법 등 다양한 뜻을 담고 있다. 그렇다면 태권도를 어떻게 이해할 것인가? 라는 질문에 대한 해법은 아무래도 태권과 도의 본질적 성질(가치와 본성)을 기술적·정신적·도덕적·문화적 그리고 철학적 측면에서 태권도 본질의 정체성을 살펴볼 수 있을 것이다.

1) 동작과 상징의 체계

동작은 태권도의 기술체계(기법)를 지칭하는 것이다. 동작의 특성은 일반적으로 서기, 차기, 지르기, 막기, 치기, 찌르기, 짓기 등의 형태로 표현된다.

태권도는 무예이다.

무예로서 태권도는 몸의 움직임을 말하며 기본적 요소는 '동작'이다. 동작은 태권도의 기술체계(기법)를 지칭하는 것이다. 동작의 특성은 일반적으로 서기, 차기, 지르기, 막기, 치기, 찌르기, 짓기 등의 형태로 표현된다.

동작에 대한 지평을 넓히기 위해 우리의 일상적 행위와

비교 설명해 볼 수 있다. 인간의 일상적 생활은 몸의 움직임을 통해 가능하다. 그러나 이 때의 움직임은 무의식적 활동이다. 일어나며 앉고, 걸으며, 신문을 가지러 저 방으로 이동하거나 식사를 하러 식탁으로 향한다는 등 이 모든 일상적 활동이 무의식적 행위, 즉 몸의 움직임을 말한다. 그러나 태권도 등 무예의 수련은 그와는 다른 면을 통해 몸의 움직임을 가능하게 하는 요소가 있다. 그것은 바로 동작(기술)이라는 매개를 지칭하는 것이다.

인간은 언어를 매체로 하여 의사소통을 하고 있듯 무예의 본질은 동작을 통해 대화가 가능한 것이다. 태권도 수련에서 지도자와 수련자간의 소통(학습)은 동작이라는 특수한 매체인 몸의 합목적적 움직임이 가능하며 그것을 동작 즉 기법이라 일컫는다. 우리가 무예를 익히고 닦는다고 말하는 뜻은 바로 동작을 익히고 닦음을 뜻하고, 그것은 기법을 익힌다고 하는 의미이다.

그렇다면 과연 동작이란 무엇인가? 태권도의 본질적 이해를 가능하게 하는 기본이 되는 동작이란 무엇일까?

먼저 동작 개념의 사전적 정의에 따르면 첫째, 몸과 손발을 움직이는 짓 둘째, (윤리적)의식적인 행위 등 설명되고 있다. 태권도 본질의 요소로서 동작은 이 두 가지 뜻이 잘 반영돼 있다고 하겠다. 태권도 동작은 손발을 움직이는 짓이라는 보편적 의미를 뛰어넘는 특수한 특질을

> 무예의 본질은 동작을 통해 대화가 가능한 것이다.

지니고 있다. 그리고 모든 개체의 동작은 의식적인 행위로서 윤리적인 의미를 상징하는 것이다.

동작을 구성하는 손발의 상징은 손과 발은 인체의 사지 四肢로서 도구이며 그 움직임을 통해 도구적 활동을 가능케 한다. 손발의 개념은 때로는 팔다리의 의미를 포함하고 손발은 팔다리와 연결돼 있어 항상 상보적 관계성을 이루고 있다.

손은 일상 생활에서 도구로 활용되는 가장 확실한 신체의 부위이다. 손은 집게처럼 집거나 국자처럼 퍼 올리는 동작을 한다. 이러한 것들이 어떠한 일을 하는 도구적인 움직임이고 제스처인 것이다. 또한 손은 무엇인가를 자를 때 쓰는 칼처럼 쓰일 수 있고, 송곳처럼 찌를 수도 있고, 망치처럼 때릴 수도 있다. 손이 보여 주는 여러 가지 형태와 역할은 도구의 성질을 나타낸다. 손은 도구처럼 사용될 수 있는 평범한 부위이고, 더 큰 부위 또는 몸 전체도 그러한 특징을 나타낼 수 있다. 예를 들면, 발로 바닥을 쿵쿵 짓밟을 수 있고, 팔 전체로 휘젓거나 몸 전체로 공기를 가르듯 공중으로 붕 띄울 수도 있다.

두 발은 몸을 지탱하고 몸의 활동을 가능하게 한다. 발은 장소의 이동을 가능하게 하는 도구적 수단의 의미가 있다. 발로써 춤을 춘다, 야구를 보면서 통쾌한 타격에 발을 동동 구르는 행위(기능), 마라톤에서 초인적 달리기는 신체에서 발의 활동을 말하고 축구경기에서 골문을 향해 빠르게 공을 몰며 순간적 기회포착으로 강한 킥을 하는 것은 역시 발의 기능이다.

태권도 동작은 손발의 짓(움직임의 행위)으로 의식적 행위를 가능하게 하는 확실한 도구이다. 그것은 공방攻防의 기술체계이다. 손발의 기능이 제각기 다르듯 손으로서의 공방과 발의 공방적 기능이 다름을 알 수 있다. 먼저 손을 두고 볼 때, 손의 여러 부위와 팔목, 팔꿈치 등 부위(관절)가 도구적 수단으로써 무기가 되며 치고 찌르고 막는 행위가 가능한 것이다. 발의 동작은 각종 서기(자세)로서 태권도적 한 동작을 이루는 기초가 되며, 한 장소에서 다른 곳으로 몸을 옮기는 방법으로 이동이며, 겨루기에서는 한 곳에서 다른 곳으로 무게 중심을 옮기는 것으로 짓기stepping, 가공할 위력의 발차기, 정면의 방향에 변화가 있는 모든 동작으로서 회전turning, 특히 겨루기에서 전술의 한 방법으로서 중심重心과 관계가 없는 신체의 모든 움직임인 모션 (속임수), 몸을 공중으로 날리며 뛰어차기 등을 들 수 있다. 특히 서기에서 이동시 발의 앞꿈치 부위를 축으로 한 움직임은 균형을 이루며 동작을 용이하게 한다.

여기서 우리가 소홀히 할 수 없는 것은 팔다리의 역할

> 태권도 동작은 손발의 짓(움직임의 행위)으로 의식적 행위를 가능하게 하는 확실한 도구이다. 그것은 공방의 기술체계이다.

이다. 팔은 어깨를 축으로 하여 팔꿈치, 다리는 고관절을 축으로 한 무릎, 발목이 각기 각角 운동과 굴신屈伸 작용(운동)을 하며 손발의 합목적적 기능-방향, 힘의 전달, 나선회전 운동 등을 하게 하는 중요한 역할을 수행한다. 이와 같이 손과 발은 태권도적 동작(기술)을 형성 하는 기능적 요소이다.

한 동작은 공간, 힘, 시간의 세 가지 움직임의 요소들의 기본적 결합으로 움직임이 가능하게 되며 여기에 또 하나의 다른 중요한 요인은 '흐름' 이다. 이러한 요소는 예를 들어, 흐름-공간, 흐름-시간, 흐름-힘, 힘-공간, 공간-시간 등 결합으로 강한/약한, 유연한/굳은, 빠른/느린, 지속적인/순간적인, 가벼운/무거운 등 동작 요인의 성질 을 나타낸다.

태권도의 동작은 상징 체계를 이룬다.

상징symbol의 사전적 의미는 말로는 설명하기 힘든 개념 따위를 구체적인 것에 의하여 나타냄. 또, 그 대상물이라는 뜻이다. 이 같이 상징이 지니는 풍부하고 경이로운 의미는 문자 언어 같은 한정된 공간에는 싸잡힐 수도 갇힐 수도 없는 것이다. 그러나 그럼에도 불구하고 상징에는, 시대를 뛰어 넘으면서 인류의 보편적인 전통이 되어 왔다. "상징에는, 몇 줄의 상투적인 표현에 통시대적인 사상과 인류의 꿈을 싸잡아내는 힘이 있다. 상징은 우리 상상력에 불을 붙이고, 언어를 초월해 있는 생각의 영역으로 우리를 인도한다." 林語堂

 우리가 쉽게 생각할 수 있는 상징으로서 주먹을 불끈 쥐는 것은 공격과 위험의 표시라는 것을 느끼게 되는 것이다. 인간이 의식한 것을 실행할 때, 실질적으로 행하는 것이 손手이다. 그래서 손은 육체라는 물리적 영역과 의식이라는 정신적 영역과의 매개성을 가진다. 이것은 초월성, 육체성을 나타내는 것이며, 뻗쳐서 대상을 잡는 성질은 외부세계와의 관계를 의미한다.

 불교의식에서 두 손바닥을 합장하고 머리를 숙여 인사를 하는 것은 겸손과 예의 표시이며 하나의 성스러운 기원인 것도 손의 상징의 표현이다. 양발로 인간은 대지에 확고히 연결되어 놓이고, 그 발자취는 인간이 떠난 뒤에도 오랫동안 남는다. 발은 몸을 지탱하는 기둥이면서 삶을 지탱하는 지주이기도 하다.

 상징체계는 앎의 도구이자 무기이다. 태권도 동작의 상징체계는 신체의 가장 근본되는 표현방식이다. 이 표현방식은 다른 표현 양식을 통해서는 도저히 드러낼 수 없는 인간 존재의 측면을 드러내는 것까지 가능하게 한다.

 상징체계는 전세계 태권도인이 공유하는 마음의 바탕이

태권도 동작의 상징체계는 신체의 가장 근본되는 표현방식이다.

고 문화이다. 동작은 기술적인 의미와 정신적인, 그리고 철학적인 의미와 특질이 있다. 모든 동작의 지르기와 차기는 경건한 일종의 의식이며 광범위한 몸가짐과 마음가짐의 상징체계이다.

> 동작은 기술적인 의미와 정신적인, 그리고 철학적인 의미와 특질이 있다.

손은 인간의 신체 중에서 가장 상징적인 표정을 많이 가진 부분인데 아리스토텔레스에 따르면 손은 '도구 중의 도구'이다. 이 같이 손은 태권도적 도구로서 주먹, 손날, 손끝, 메/등주먹, 아귀손 등 뚜렷한 무기의 상징이다.

발은 신체를 지탱하는 기둥이며 지주이듯 한 동작을 이루는 서기가 바로 기둥이요 지주이다. 발은 자유로운 움직임, 차기의 무기, 서기의 중심, 저항, 공방 등을 뜻 한다. 발의 상징체계에서 발바닥은 땅을 의미하는 면(方・口)으로서 시간을 뜻한다.

> 손발의 상징체계는 태권도 기술체계 인식의 근본적 기능의 하나이며 동작의 상징은 언어의 상징과 아주 다른 합리적 도구의 유형인 것이다.

손발의 상징체계는 태권도 기술체계 인식의 근본적 기능의 하나이며 동작의 상징은 언어의 상징과 아주 다른 합리적 도구의 유형인 것이다. 동작의 상징은 그 자체 일정한 질서를 가지고 있으며 하나 하나의 동작의 용어마다 특별한 '의미의 영역'을 지니고 있다.

우리들의 신체의 세계와 장소의 세계(도장)와의 상호작용은 끊임없이 유동적이다. 장소는 피부경험의 표현으로 만들어지고 반대로 경험은 이전에 만들어진 장소에 의해서 생성된다. 이 과정을 우리들이 의식하고 있건 간에 우리들의 신체와 동작은 상징성과의 끊임없는 대화를 계속하고 있다.

우리는 탁월한 도구사용능력을 연마하여 비교적 여유 있게 기본적인 호신문제를 해결하는 단계에서 지속적인 수련으로 한 차원 높은 갖가지 의식儀式을 행하고 상징적 동작들을 숙련하게 된다는 것은 심성(인성)을 가다듬고 우리의 삶과 죽음에 인간만의 의미를 부여한다.

상징체계는 태권도 수련의 단순한 의식을 넘어서 본질적 요소가 되는 것이다. 동작은 태권도적 상징체계로서 호신·수양적 개념이며 인간의 본능적 신체문화로 진화·발전되고 있다.

2) 인성의 체계

인간은 신체를 가진 의식적 존재이다. 소크라테스는 "너 자신을 알라"고 한다 이 말은 자신의 내면에 있는 '참된 자아'를 찾아서 깨달으라는 뜻이다.

신체의 움직임은 의식의 발달을 가져오고 의식의 발달은 신체의 활동을 변화시킨다.

태권도는 동작을 매개로 한 몸의 움직임이다. 태권도 수련에서 몸의 움직임은 동시에 마음의 닦음을 의미한다. 그리하여 태권도의 특성은 심신의 단련·수양에 있다고

> 태권도는 동작을 매개로 한 몸의 움직임이다. 태권도 수련에서 몸의 움직임은 동시에 마음의 닦음을 의미한다.

보는 것이며 그 과정은 끊임없는 내적 반성과 실천적 행위를 강조하는 것이다. 수련, 연마, 숙련, 단련 등으로 표현되는 수련이란 신체와 동작간에 자기 수양의 수단인 **반성**內省과 실천적 행위, 그 양자 '사이'에서 일어나는 **변증법적 상호 작용**이다. 다시 말해 부단한 실천을 통한 닦음(수양)이며 그것은 인격 전체를 포함하면서 '몸소 경험함'이 없이는 닦음은 닦음 답지 못할 것이다.

우리는 왜 태권도를 수련하는가? 라는 질문은 인간화에 있다. 도장에서 동료들과 함께 땀 흘리며 심신을 단련하는 것은 인간 관계에서 만나는 타인의 삶은 참된 인격을 달성하려는 자신의 고투에 반드시 필요한 부분이 된다. 그와 관련하여 "인간성은 사람이다" 혹은 사람은 인 仁이다"로 해석되는 인자인야仁者人也(『맹자·盡心下』 16장)라는 표현은 인간과 공동 인간성cohumannity의 불가분성(사회성)을 가리킨다.

유학의 주장에 따르면, 자기 실현의 궁극적 토대는 자신의 본성에 있지만, 자신의 참된 인격성을 달성하려는 사람은 자기 변화의 과정을 겪어야 한다. 태권도에 입문하여 맨 처음 배우게 되는 예禮는 수양의 첫걸음으로 매우 중요시하는 이유가 여기에 있다. 예는 의식, 의례, 예절, 예의 규범, 좋은 관습, 예의 등 다양하게 표현되는 광범위한 함축에서 인성의 첫걸음이다. 예의 최초의 사전적 의

자기 실현의 궁극적 토대는 자신의 본성에 있지만, 자신의 참된 인격성을 달성하려는 사람은 자기 변화의 과정을 겪어야 한다.

미는 '걷다' 혹은 '따른다'는 뜻이 었다. 특히 정신적 존재가 올바르게 움직여서 인간의 행복을 획득하는 걸음이나 행동 등을 가리킨다.(許愼, 『說文解字』 권1上) 활력을 지닌 예는 타인과 함께 공동체를 이루는 구체적 방법이다. '걷다' '따른다'라는 사전적 의미는 참된 관계로 나아간다는 뜻이다.

인간은 이성과 상상력을 동원해 문화를 형성하고 그 가운데서 인성을 함양하는 것이다. 인간의 상상력은 아직 있지는 않지만 마땅히 있어야 할 것을 이상理想으로 세우고, 자신의 행위를 통해 실현하려고 노력한다. 인간간의 관계는 질서라는 예와 그 행위의 올바름은 의義로 나타나고 인간의 질서적 위계는 효孝로 표현되며, 믿음信과 현명한 이성적 판단은 지智라는 덕목이 결과이다. '사람은 모름지기 거짓말을 하여서는 안된다', '남이 싫어하는 짓을 하여서는 안된다'는 관념을 실천으로 옮기려 하는 것 또한 '문화인'들에게 나타나는 뚜렷한 현상이다. 여기서 '문화'라는 삶의 양태에 '도덕성', '윤리성'이라는 결정적인 특성이 모습을 드러낸다.

인성은 '인격성' 또는 '인간본성'을 의미한다. 유학은 인간의 본성이 완전하다고 믿는다. 그러한 신념은 인간이 되기 위한 학문이란 평생을 바쳐서 실천해야 하는 끊임없는 자기 교육 self-education의 과정이라는 전제에 입각한다. 자기실현은 이성적으로 완성된 상태가 아니라 끊임없이 개혁하고 독려하는 구체적 실천의 결과이다.

태권도 무예는 자기실현을 하는데 좋은 본이 되고 있다. 우리는 태권도 정신을 곧잘 거론하는데, 《국기태권도교본》(1987)에 따르면 태권도 정신이란 태권도 수련을 통해 함양할 수 있는 올바른 인간행동의 바탕이며 주된 수련목표의 하나이다. 태권도 정신을 두 가지 측면에서 보고 있다. 마음의 능력으로서 정신력과 양성된 정신력 발휘의 기준이 되고, 도덕적 행위의 바탕이 되는 행동이념(도덕성)을 들고 있다. 그러면 정신이란 무엇일까? 또 어떻게 함양할 수 있는 것인가? 등은 태권도와 밀접한 관계가 있다.

태권도 정신은 태권도 수련 행위의 본질에 근거를 둬야 하고, 그 정신은 태권도 목적이나 수련의 과정에서 비롯된다. (《태권도》안용규, 2000)

정신의 사전적 의미는 마음이나 생각, 의식 또는 지성적·이성적·능동적·목적 의식적인 능력 등을 말한다. 여기서 우리가 철학적 의미로서 정신을 '인간의 이성적 사고작용 결과의 비물질적 실체'로 보며 그 속에 바람직한 가치관이 부여되어 있다고 할 때, 그 정신 속에 담긴 가치관을 깨치려는 몸의 실천적 행위가 마음, 정신이라는 내면의 세계를 닦고 그 세계에서 자아를 찾으려고 하는 것이다. 이는 태권도 수련 목적과 과정의 가치를 중시하는 당위성으로 받아들일 수 있다.

손덕성은 태권도의 필수적 훈련 요소를 마음 육체 정신으로 보고 있다. 특히 그는 마음 집중 훈련은 태권도 정신교육 측면에서 가장 중요한 열쇠라고 강조하고 있다. 태권도 수련을 통한 몸과 마음의 닦음은 바로 깨우침의 길이며, 그 길의 지향은 인간됨을 위한 행위이다.

오늘날 태권도 지도자들이 태권도의 외재적 기법 중심으로 교육하는 경향을 보이고 있음은 심히 유감이다. 정신적인 바탕이 없는 신체적인 훈련은 태권도 교육의 본래적 과제를 수련자에게 해결해 주지 못할 것이다.

유가의 인간상에서 가장 중시하는 개념은 몸을 닦는다 修身는 것이다. 몸을 닦는다는 것은 전인全人을 닦는다는 것이다. 수신은 정심(正心·바른 마음)을 전제로 한다. 닦음이 마음을 올바르게 함에 달려 있다는 것은, 자신의 노여움, 두려움, 한곳으로 치우침, 걱정 등에 마음이 너무 영향을 받으면 곧 마음이 바르게 될 수가 없다는 것이다. 그런 까닭에 정심은 성의誠意, 반성과 자기성찰을 전제로 한다고 한다. 성의는 자기실현을 하는 과정에서 사람이 자연과 조화를 이루는데 핵심적인 요소가 되고 반성과 자기성찰은 자기 마음의 최선을 다하는 사람이 자기의 성품

> 그 정신 속에 담긴 가치관을 깨치려는 몸의 실천적 행위가 마음, 정신이라는 내면의 세계를 닦고 그 세계에서 자아를 찾으려고 하는 것이다.

을 알고, 자기 마음을 보전하여 자기의 성품을 길러서 도(깨달음)를 통하여 스스로 자기가 할 바를 하는 것을 뜻하다.

자기 수양을 한다는 것은 결국 자아를 변형시키려는 부단한 노력을 기울임을 의미한다. 유가에 따르면, 충분히 인간답게 사는 것은 자기 수양을 하는 생활이다. 유학의 윤리체계에서 인간성仁과 지혜로움智은 두 날개처럼 서로를 지탱한다. 그 중 하나는 체體이고, 다른 하나는 용用이다. 「맹자」는 인간성(仁)과 지혜智에 정의義와 예의禮를 합하여 네 가지 단서라고 하였다. 인간성仁은 확실히 유학 휴머니즘의 근본적 상징이다. 그러므로 유학 전통에서 비록 지혜로운 사람과 용기 있는 사람은 반드시 인간성이 있는 사람이 아니지만, 인간성이 있는 사람이 지혜와 용기를 실천하지 않는다고 생각할 수 없다. 《중용》에서 통치자의 인격 수양을 위하여 추천하는 방법은 다음과 같다. "단정하고 깨끗이 의복을 성대히 갖추고서, 예의가 아니면 움직이지 않는다."(齊明盛服, 非禮不動 20장). 그것은 가장 존중하던 제자 안회顔回에게 가르친 "자기를 이기고 예의를 실천하는 것이 인간성(仁)이다"(克己復禮爲仁, 《논어·안회》, 1장)라는 구절을 생각나게 한다.

태권도는 '예로서 시작하여 예로서 끝마친다'(禮始禮

終)는 정신은 인간성을 위한 지름길이다. 수련의 과정에서 일거수일투족에 있어서 질서禮, 올바름義. 믿음信, **변별력智, 용기勇** 등 덕목적 행위를 실천적으로 수행한다. 한 동작을 닦음에 있어 먼저 스승에게 예를 표하고 가르침에 따라 한 동작 한 동작을 바르게義 자신감信을 갖고 행하며 그 동작을 몇 번이고 반복하는 것은 변별력 智을 터득하려는 닦음이며 그 신중한 닦음이 마음과 정신을 갈고 닦는 것으로서 인성 함양의 본질적 요소가 동작에 근거 지워져 있고, 이는 바로 인성의 체계라 할 것이다.

3) 문화적 체계

우리는 문화를 인간 삶의 고유한 양식으로 이해하기도 한다. 인간에게 고유한 삶의 양태는 태권도를 신체문화라고 일컫고 있듯 신체의 활동을 통해 신체에다 무엇인가 변화를 가져다준다는 것에서 비롯된 것으로 보는 것이다.

우리말 '문화'는 한자어 '文化'의 표기이고 '문화'의 원형 의미는 이 한자어로 표현된 인간 체험의 모습에서 찾을 수 있다. '문文'이란 흔히 쓰는 '문장', '글'의 뜻과 함께 '무늬紋'를 뜻한다. '문화'를 문자로서 풀이하면 바로 '무늬 놓음'이라 하겠다. 서양말은 라틴어 '쿨투라 cultura'에서 유래하고 보살피다·돌보다·개작하다·경작하다 따위의 기본적 의미를 가지는 말이다. 문화라는 개념은 인간이 만들어내고, 소유하고 있는 모든 것을 지칭하는 넓은 개념이다.

이와 같이 문화는 태권도와 접목하면, 신체문화로서 신체의 활동을 통해 어떠한 변화를 시도하는 행위로 이해할 수 있다. 여기서 신체활동이란 단순한 본능적 움직임 또는 놀이적 유희와 같은 활동을 의미하는 것이 아니라 이성과 상상력을 제시하는 완전성(동작)을 기준으로 신체를 가꾸고 개작하는 자기활동의 생산물(가치관)을 말한다.

우리는 태권도를 '동작'이라는 매개체를 통해 신체활동을 하며, 그 결과 자기보존적 방어 본능self-preservation을 충족하고 궁극적으로는 자아실현self-realization이라는 두 가지 기능을 목표하고 있는 것은 아닐까. 정신분석학자 융C. G. Jung은 자아란 의식과 보다 많은 무의식(잠재의식)의 덩어리를 말하고 내면세계라 말한다. 이렇게 볼 때 태권도의 동작은 의식구조에 해당하는 상징이고 무의식의 구조는 동작의 원형archetype이며 그 원형(품)의 모방·실현을 위한 수련이라는 형태로 표현되는 것이다.

오늘날 태권도가 무도·스포츠로 발전하기 이전에는 태

태권도를 '동작'이라는 매개체를 통해 신체활동을 하며, 그 결과 자기보존적 방어 본능 self-preservation을 충족하고 궁극적으로는 자아실현 self-realization

권도 수련은 자신을 대상화하여 싸우는 자기와의 싸움(수련)이라고 한 뜻을 알 수 있다. 여기서 무도·스포츠라는 개념은 다양한 해석을 가능하게 할 것이나 태권도가 무예로서 인간의 자기보존적 본능(방어)을 출발하고 스포츠로서 경쟁을 통한 승리의 즐거움을 가져다주는 본능, 이 둘을 동시에 충족해 줄 수 있다는 특질 즉 문화체계를 말한다.

국기원 정관은, 그 목적에서 "고유한 한국문화의 소산인 태권도를 범국민운동화하여 국민의 체력향상과 건전하고 명랑한 기풍을 진작시키고, 범세계적으로는 태권도의 전통적인 정신과 기술을 올바르게 보급시켜 국위선양을 도모함으로써 민족문화발전에 이바지함을 목적으로 한다." 또한 세계태권도연맹 규약에서도 "태권도는 고유한 한국문화의소산이다"고 분명히 명시하고 있으며 1996년 태권도는 정부로부터 한글, 불국사 등과 함께 10대 한국 CI(문화상징)로 지정되었다.

본질이란 개념은 무엇을 바로 그 무엇이게끔 하는 성질을 일컫는 것이고, 이런 성질 때문에 태권도는 문화이게끔 만드는 어떤 무엇이 있기 때문에 우리는 문화를 삶의 고유한 양식으로 이해하고 있는 것이다. 오늘날 태권도가 한국적인 문화양식에서 인류세계의 문화 형태로 발전하고 있는 현상은 문화는 기본적으로 보편성과 상대성을 갖

태권도는 정부로부터 한글, 불국사 등과 함께 10대 한국 CI(문화상징)로 지정되었다.

고 있음을 알 수 있다. 태권도의 국제스포츠로서 발전은 문화로서 보편성과 상대성을 잘 나타내 주는 현상이다.

인간은 카시러E. Cassirer에 따르면 상징적 동물이며 상징 형성의 힘으로 세계를 만들어 간다. 그 상징 형성의 힘은 자신에게 스스로 부여하는 형식에 의해 제한되며 인간 스스로에게서 나올 때 자연에 배치되지 않으면서 자유와 개성을 표현할 수 있다고 한다. 태권도 수련은 바로 이 같은 형식과 부합하며 수련의 지속성을 통해 심성의 내면에 침잠하여 그 속에서 하나의 깨달음을 얻고자 하는 상징형식이 바로 신체문화를 형성하게 되는 것으로 볼 수 있다. 카시러에게는 상징은 문화를 설명하는 가장 기본적인 단위이다. 카시러가 말하는 상징형식이란 개념을 통해 정신이 대상을 받아들여 다시 구체적이고 감각적인 그림이나 기호(동작), 즉 상징으로 표현하는 일반적 원칙과 과정이다. 태권도에서 상징이라는 동작 매개는 인간을 인간답게 하는, 즉 문화적인 삶을 살게하는 결정적인 요소라 할 수 있다.

태권도 동작은 신체문화를 계발하는 상징체계이며 여러 동작의 구성은 '품새'라는 상징 형식을 빌려 실천하는 철학적 행위와 문화적 체계를 잘 표현해 내고 있다.

4) '한'의 체계

이제 우리가 마지막으로 생각해 볼 수 있는 본질은 '한'의 체계라는 것이다. 우리의 '한'이란 말은 '하나'라는 의미와 '많다'는 의미를 모두 포함하고 있다. '한'이란 모든 변화와 다양함을 내포한 근원적인 '일(一·하나)'이고 그 근원적인 하나에서 다시 여러 가지(多)를 생성하는 것이다. '한'의 뜻은 '하나'와 · '많음' 이외에 '가운데' '혹은' '크다' 같은 다양한 의미요소로 쓰이고 있다.

김상일은 '한'의 어원을 찾아보면 '한'은 "단순한 추상적인 개념이 아니고 우리 한국인의 실존Korean existence이요, 생물적인 본능에서 우러나온 말임을 발견하게 된다"고 말했다.(《한철학》1988:22)

《한단고기》(1911)에서 한(桓·一)이란 전일全一로 모두를 하나로 모은다는 뜻을 담고 있다. 여기서 전일이란 '모두가 하나'라는 뜻으로 조화의 사상을 말하며 철학적 '한'을 의미한다. '한'의 개념은 연역적·귀납적 방법 그 모두를 아우르는 다의적 상징이다. '한'의 의미를 우리 인간의 신체에서 살펴보자.

인체(인간의 신체)는 셋으로 구분되고 그것은 바로 얼굴(머리), 몸통, 아래(다리)를 말한다. 이 셋이 다시 하나를 이루며 하나로 통합할 때 신체라고 일컫는다. '한'의 체계와 본질(사상)은 태권도 무예에 잘 반영되어 있다.

태권도를 특징짓는 '태권'은 바로 태의 발, 권의 손, 즉

'한'은 "단순한 추상적인 개념이 아니고 우리 한국인의 실존 Korean existence이요, 생물적인 본능에서 우러나온 말

손발을 의미한다. 손발의 길道이 태권도의 자구적 개념인데 손과 발은 몸통(탈중심적으로 조직된 존재의 중심기관)이라는 기둥에 다리는 뿌리, 팔은 가지의 역할을 수행하는 것이다.

손발은 팔다리의 맨 끝 부위에 연결되어 활동을 쉼 없이 부지런히 펴고 있는 것이다. 손은 어깨, 팔꿈치와 셋을 이루고 발은 고관절, 무릎과 역시 셋을 이루고 있다. 이 모든 셋이 하나를 이루며 태권도적 도구로서 기능과 활동을 가능하게 한다.

다시 '태권' 두 글자에 대한 풀이를 창시자인 최홍희(1918~2002)에 의하면, "태跆자는 발로 뛴다, 찬다 또는 밟는다를 의미하며 권拳자는 단순히 손을 폈다 쥐었다하는 주먹이 아니라 이 같이 여러 가지 형태의 주먹으로 찌르고, 뚫고 혹은 때리는 무도행위를 뜻하는 것이다. 그러므로 이 글자를 합친 태권은 자신을 보호하기 위해 발과 손으로 뛰고 차고, 찌르고, 때리고, 막고 또는 피하는 등의 변화무쌍한 이 무도의 성격과 현상을 그 대로 묘사한 이름이다."(《태권도와 나 1》 1997:344-345)

얼굴, 몸통, 아래(다리)의 '한', 팔의 두 부위와 손의 '한'은 태권도 신체문화의 기본적 요소를 이룬다. 전자는 동작을 이루는 기본 요소이고 후자는 동작의 목적 기능을

제2장 태권도의 원리적 의미 체계

수행하는 중요한 요소이다. 각각의 이 셋이 한을, 한이 다시 셋으로 각기 기능을 펴는 것이다.

모든 동작은 기하학적 도형의 원·방·각(○·□·△)의 형상으로 상징된다. 우리가 쉽게 즐겨 해왔던 가위·바위·보 놀이에서 원·방·각의 형상과 상징을 찾아볼 수 있게 되며 이 원리는 천지인 삼재사상과 잘 부합되고 있다. 신체의 세 구분(부위)에서 얼굴(○)·몸통(△)·아래(□)는 다시 점(·)·선(|)·면(─)의 상징은 중심·공간·시간의 구체적 의미로 표현되는 것이다. 이 '한'의 체계는 신체 부위의 상징과 운동 원리의 체계를 형성하는 것이다.

이 '한'의 체계는 태권도 품새에서 찾아볼 수 있다. 품새 태극은 그 좋은 사례이고 《국기 태권도 교본》(1987)에 따르면 "태극은 우주생성의 원리와 사람의 생활규범을 그린 것이다. 태극은 그 자체가 무극無極과 양의兩儀와 함께 한다. 태극太極 점을 싸고 있는 원이 무극이며 붉은빛과 푸른빛이 돌아가는 것이 양의이다. 태극은 빛이며 우주세계와 인생의 통일된 중심체이고 무극은 힘이며 생명의 원천이다. 양의는 우주와 인생의 발전되는 움직임을 나타내며 음과 양, 강과 유, 물질과 반물질 등 대칭되는 두 원리가 싸워 하나로 향함을 나타낸다. 팔괘八卦는 태극과 더불어 질서정연하게 운행되고 괘의 ─(爻;효)는 양

> 신체의 세 구분 (부위)에서 얼굴 (○)·몸통 (△)·아래(□)는 다시 점(·)·선(|)·면(─)의 상징은 중심·공간·시간의 구체적 의미로 표현되는 것이다.

이고 --(효)는 음을 뜻하며 우주현상의 근본원리와 조화를 생성 발전시켜 나아간다. 태극과 무극 그리고 양의는 한민족의 경전 《삼일신고三一神誥》에서 이르듯 셋이면서 하나이기도 한다."

또한 유단자 품새 "일여一如는 (…)마음(정신)과 몸(물질)이 하나이면서 원리는 오직 하나 뿐이라는 높은 천리를 말하고 이것은 점이나 선이나 원이 하나가 된다는 뜻을 나타낸다.

태권도 수련의 완성은 모든 기법과 동작이 모양이나 운용을 다르게 배우고 행하지만 궁극에서는 합쳐지며 나아가 정신과 동작이 일체가 되는 깊은 무예의 진리가 바탕에 깔려져 있는 품새가 일여이다."

이와 같이 '한'의 체계는 동작의 구성 원리 즉, 묘합의 원리로 작용되며 태권도 동작과 신체의 역학적 원리가 천·지·인 삼재의 형상과 맞아떨어지는 철학적 의미를 찾아볼 수 있다. 묘합의 원리란 동작의 구조적 원리로서 기(技)와 기(氣)를 생성 원리이고 '한' 철학이 되고 있다.

태권도 동작은 만물의 형체와 자세, 접촉과 상호 작용들의 효율적인 기술을 말하며 인간과 우주의 일치성을 반영하는 자연적 상징을 많이 포함하고 있다. 이렇듯 태권도의 '한' 체계는 우주론적 체계cosmology와 상응성 homology을 띠고 있다. 태권도는 무예로서 구체적인 신

> '한'의 체계는 동작의 구성 원리 즉, 묘합의 원리로 작용되며 태권도 동작과 신체의 역학적 원리가 천·지·인 삼재의 형상과 맞아떨어지는 철학적 의미를 찾아볼 수 있다.

체의 움직임을 체험하는 것이고 그 신체의 움직임은 마음과 몸이 하나인 상태로 일체성에 초점을 둔다. 이 일체성의 뿌리가 바로 전체적 하나라는 '한'으로 태권도의 기술체계는 '셋이 하나'라는 방법론이 '한'의 원리적 체계이다.

우리가 일상적으로 태권도를 연마한다는 것은 우주론적 체계인 '한'의 원리와 철학적인 원리로서 몸과 동작의 조화, 마음과 동작의 상징과의 소통을 통한 자아실현을 위한 '한' 철학적 행위이며 '한'의 체계에서 가능할 것이다.

제3장
철학적 숫자 '0' '3' '9' 와 태권도적 의미
- 원(○)의 철학

동북아에서 ○은 도道를 상징하는 도형으로 많이 그려진다. 상징은 문자 기능의 한계를 간파한 데서 그 결과로 보편적 표현 수단으로 그림으로 나타낸 것으로 볼 수 있다. 도를 그림으로 나타낸 ○은 끊긴 데가 없어 무시무종無始無終을 드러낸 것으로서 영원한 운동성을 뜻하는 것이다. 시작이 없고 끝이 없다는 것이 시간을 뜻하는 것이라면 무는 공간을 의미한다.

원 (○)은 모나지 않고 둥글다.
동북아 사유체계에서 둥근 원○은 하늘을 상징한다.
그래서 하늘의 원리를 닮은 사람의 머리도 원○의 형상을 띠고 있으며 우주적 생명소라고 보고 있는 것이다. 원 ○은 수의 개념에서는 영零이라 한다. 영은 다른 수들과는 달리 다른 수에 의해서 존재하지 않으면서 모든 수들에 간섭함이 없이 수의 자체적인 동일성을 갖도록 해 주는 것이다.

원, 영이라 부르는 ○의 세계는 그것으로 의미를 종결 지우는 것이 아니고 ○의 키워드(keyword)는 사상, 숫자, 유무, 운동성, 내외성, 중심 등 의미가 다양하다.

○의 키워드(keyword)는 사상, 숫자, 유무, 운동성, 내외성, 중심 등 의미가 다양하다.

원○의 도형이 함의하고 있는 포괄적 의미로서;

1) 동아시아의 사유체계로서 ○은 태극, 도를 의미하고
2) 숫자로서 ○은 영零이라 칭하고
3) 불교에서는 공空
4) 유무로서 무無를 의미한다. 그리고 ○의 극소적 표현으로 점(·)으로써 1) 회전의 운동성 2) 운동의 원리 3) 중심 4) 최하점 등을 뜻하고 있다. 그뿐인가, 동양 문화에서 ○은 생명소, 모태 등의 뜻을 지니며 태초의 알은 소우주의 생명이라고 보고 있다.

주렴계의 태극도太極圖는 다섯 개의 ○의 그림으로 되어 있다. 태극도는 다섯 개의 ○의 그림이 모두 우리 앞에 마주 서는 존재자, 즉 물상을 나타내고 있는 그림이다. 모든 존재하는 것(만물)은 시·공간상에 있다고 보며 변화하는 것이 물상으로 그 물상은 실재를 존재 바탕으로 한다라는 설명이다.

동북아에서 ○은 도道를 상징하는 도형으로 많이 그려진다. 상징은 문자 기능의 한계를 간파한 데서 그 결과로 보편적 표현 수단으로 그림으로 나타낸 것으로 볼 수 있다. 도를 그림으로 나타낸 ○은 끊긴 데가 없어 무시무종 無始無終을 드러낸 것으로서 영원한 운동성을 뜻하는 것이다. 시작이 없고 끝이 없다는 것이 시간을 뜻하는 것이라면 무는 공간을 의미한다.

> 태극을 의미하는 도는 그 물상을 일1로 표기한다. 태극의 8괘에서 첫 번째로 나타내는 물상은 하늘이다.

한편 태극을 의미하는 도道는 그 물상물상物象을 일1로 표기한다. 태극의 8괘에서 첫 번째로 나타내는 물상은 하늘 乾이다. 또 달리 표현하자면 일1은 숫자적 개념으로서 기본수의 첫 번째 서수이며 없음無의 반대 개념으로 있음 有을 의미한다.

음양에서 양을 뜻하고 삼재사상에서는 하늘·땅·사람 가운데서 직립한 사람 즉 인각人角에서의 역학적 상징성으로 표현되고 있다. 즉 하늘과 땅 사이, 그 양성을 띤 사람을 형상하며 사람은 역동적 존재이다.

여기서 영0과 일1의 숫자적 관계를 유추해 볼 때, 없음과 있음 즉 유무가 확연히 드러나게 된다. 그러나 영0의 의미소는 물상적 상징 부호인 일1에 접목하면 수로서 '하나'가 '열'이라는 10배수의 기학학적 원리로 작용하는 것이다. 영은 자체적으로 존재하면서 일1을 포함한 어떤 수와 합쳐도 다른 수의 자체적 동일성을 보존시켜 주는 수이다. 그러나 영零은 어떤 수들과도 곱해지거나 나누어지면 모든 수를 영으로 환원시켜 버리는 수이다.

> 자연의 흐름에 내재하면서 자의 공을 내세우지 않는 물과 같은 존재로 의인화된 형태로 나타나기도 하는 것이다.

이러한 수학적 메타포로서의 영의 철학은 노자에 있어서 공간적 매타포인 무無 또는 공空의 이미지로 흔히 나타나게 되는데, 때로는 자연의 흐름에 내재하면서 자신의 공을 내세우지 않는 물과 같은 존재로 의인화된 형태로 나타나기도 하는 것이다.

(이경재 2000) 숫자로서 ○은 5세기경 어떤 인도인이 발견해 낸 것으로 숫자 '○'이 우여곡절 끝에 유럽인들의 손에 들어가 수학을 고도로 발전시키게 되었다.

불교에서 공空 '○'은 ○가운데 아무 것도 찬 것이 없이 텅 비어 있는 것을 의미하는 것이 아니라 그 속에는 기로 가득 차 있다는 것이다. 그 가득 차 있음을 단지 우리가 눈으로볼 수 없을 따름이다. 무극이 태극이듯 ○의 철리 哲理는 우리가 이해하기에는 그 사상의 폭과 깊이가 심오할 따름이다.

권삼윤(2002)에 따르면 원(○)이란 순수이며, 시작도 끝도 없이 무한하며 모든 것을 존재케 하며 모든 존재를 생성·변화시키며, 순서와 질서를 어기지 않게 하며, 그래서 원만하고 성스러우며 밝고 공정하며, 순환하고 무사無私하며, 오직 하나이고 모든 것을 변화시키는 불변의 '축'이기 때문이다. 원은 이처럼 모든 것을 함축하고 있다.

○은 우리에게 단지 일상적 관념에서 영, 원의 형이하학적 의미가 아니라 불교의 세계 또는 동아시아의 사유체계로서 태극, 도, 일자一者로서 형이상학적 사상을 함의하고 있다. 그리하여 삼재사상에서 나타내는 건원乾圓 즉 하늘은 원이라는 상징성은 태권도 등 무예에서 운동성의 내재적 원리, 리理, 원기元氣로서 작용하며 그 결과는 기술동

작의 수행으로써 기氣-에너지를 창출하게 되는 것이다.

기氣, 器는 한편으로 물질이면서 동시에 끊임없이 일정하게 조직되기를 원하는 힘 이기도 하다. 이 기를 일정하게 조직화하는 정보, 명령이 리理, 원기라 하겠다. 특히 중심重心 역할을 수행하는 점(·)으로서의 운동성은 신체의 안정과 속도와 흐름에 직결된다.

태권도의 운동성은 단지 외적으로 나타내 보이는 막고 지르고 치며, 차기를 하는 태권도적 기술동작 수행이 직선적인 운동으로 여길 수 있으나 실은 운동의 내재성은 회전, 생명소에 있다. 적재 적소에 따라 왼쪽 또는 오른쪽(음양)으로 진행되는 회전운동성은 태극이 도를 의미하듯 바로 태권도의 핵심적 원리이며 작용이다.

현대 올림픽 스포츠로 각광받고 있는 태권도 경기에서 주 기술인 돌려차기, 뒤후리기 등 차기기술의 특이점, 호구에 표시된 청·홍 원색의 득점부위 등이 근원을 지향하는 태극 사상을 함의하고 있다. 이렇듯 태권도의 운동성은 바로 태극원리에 기인하고, 그 사상은 기본동작, 품새 등 모든 태권도적 기술체계의 수련·연마를 통해 몸과 마음을 갈고 닦는 정신 수양의 요체要諦가 되고 있는 것이다.

- 숫자 3에 대한 이해

단군의 신화에 환인, 환웅, 환검의 3신, 천부인 세 개 등 모든 부문에 깊이 관련돼 있어 3숫자는 한국인들에게 있어서 절대적인 성수聖數이다.

한국인은 숫자 3을 무척이나 신성시여기고 있다. 무속, 놀이, 문화, 종교 등에 셋이라는 숫자가 모든 면에 깊숙이 영향을 미치고 있다.

무속에서 보는 존재는 공간과 시간 조건에 의한 것인데, 암흑의 혼돈인 카오스Chaos에서 하늘과 땅이 열려 공간이 처음으로 시작되고, 그 공간이 시작되는 시간이 처음으로 생겼다고 여기기 때문에, 카오스를 존재의 근원으로 보는 것이다. 이 카오스에서 공간성의 가시적 존재 즉, 코스모스Cosmos가 스스로 생겨난 것으로 보는 존재 사고가 바로 무속의 원본Arche사고이다. 모든 존재는 카오스에서 코스모스로, 코스모스에서 카오스로 환원되는 존재의

> 존재 근원에 대한 원질 사고는 숫자 3도 미분성과 순환성 그리고 지속성의 무속 사고와 일치

미분적인 순환체계 위에서 존재가 영원히 지속된다고 믿는 존재 근원에 대한 원질 사고는 숫자 3도 미분성과 순환성 그리고 지속성의 무속 사고와 일치한다.

놀이에서 단 세 번의 결정만을 따르는 것, 또는 의사봉을 세 번 두드리는 통과의례와 삼심제의 사법제, 입법권·사법권·행정권의 삼권, 그리고 한글의 창제원리인 모음은 하늘과 땅과 사람과의 삼극(삼재)을 기본으로 제정됐고 한글의 글자는 초성, 중성, 종성의 3성으로 이뤄져 있어 그 근원이 되고 있는 삼극(태극)사상, 국악에는 가곡, 범패, 판소리를 분류하여 3대성이라 일컫고 있다.

더군다나 한민족의 전통사상의 뿌리가 되고 있는 유불선 삼교 등도 3숫자와 관련된 사항들로 숫자 3은 시원적인 것, 결정적인 것 등을 의미하고 있어 핵심이며 전체성을 내포하고 있다. 다리가 셋이라는 삼족오는 고구려 고분벽화에 집중적으로 나타난 독특한 상징물로서 신성하게 생각하고 있다. 불교에서의 삼계三界, 삼고三苦, 삼관三觀 등은 3숫자와 인연이 깊다.

> 단군의 신화에 환인, 환웅, 환검의 3신, 천부인 세 개 등 모든 부문에 깊이 관련돼 있어 3숫자는 한국인들에게 있어서 절대적인 성수

우리 겨레의 터전인 국토의 3면이 바다이며 3천리 금수강산이며, 시조로 일컬어지고 있는 단군의 신화에 환인, 환웅, 환검의 3신, 천부인 세 개 등 모든 부문에 깊이 관련돼 있어 3숫자는 한국인들에게 있어서 절대적인 성수聖數이다.

제3장 철학적 숫자 '0' '3' '9'와 태권도적 의미

우리가 일상적으로 먹는 기본적인 간장, 된장, 고추장의 삼장三醬이며 아침, 점심, 저녁의 삼시三時 세 끼니로 먹고사는 것과도 3숫자와 숙명적인 인연이다.

3숫자는 모든 운동경기에서도 등위를 결정하는 기준으로 적용되고 있다. 스포츠의 제전인 올림픽의 공식표어는 보다 "빠르게Citius, 보다 높게Altius, 보다 강하게 Fortius"로 스포츠 정신을 세 가지로 요약, 강조하고 있고 올림픽종목으로 정착된 '태권도' 명칭에서도, 세계태권도연맹 규약에서 경기의 이상을 "빠르게, 강하게, 정확하게" 그리고 경기시간을 3분 3회전 등 3숫자와 관련되고 있다.

특히 태권도에서 신체의 구분을 얼굴, 몸통, 아래 3등분으로 한 목표를 기본으로 하고 있고 기술에서 막기, 지르기, 차기 등으로 분류되는 세 가지 기본기 등 3숫자와 궤를 같이 하고 있다. 한 동작의 구성은 서기, 손발에 의한 공방의 수행 및 집중력 등 '하나(한)'로 집약된다.

동아시아의 사유체계에서 인간을 대우주에 대비, 소우주라 일컫고 삼극사상을 소우주인 사람에게 적용하고 있는데, 그것은 신체의 세 구분 즉 얼굴/하늘, 아래/땅, 몸통/사람에 각각 해당되고 있다. 이를 다시 기하학의 도형은 얼굴/원, 아래/네모, 몸통/삼각이며 다시 근원적이며 운동성 등의 상징화는 원/점, 네모/면(수평선), 삼각/선(수직선)으로 3숫자로 요약된다.

> 태권도에서 신체의 구분을 얼굴, 몸통, 아래 3등분으로 한 목표를 기본으로 하고 있고 기술에서 막기, 지르기, 차기 등으로 분류되는 세 가지 기본기 등 3숫자와 궤를 같이 하고 있다.

여기서 점, 면, 선은 태권도 개체 동작의 기본개념이며 동시에 기본적 구성요소라 할 수 있다. 점은 눈으로 볼 수 없는 본질이며 정신이며 생성(운동)으로서 Cosmos적 요소이고 면은 변화/서기, 행위, 이동 등 동적인 요소이며 선은 중심으로서 정적인 요소로 작용하게 되는 것이다.

이는 다시 리理/신神/점, 기氣/동動/면, 심心/정靜/선으로 3숫자는 태권도의 원리적 요소로 작용하고 있다. 태권도에서 신체를 움직이고 구성하는 아주 정제된 어떤 물질이 있다고 간주할 수 있는 구성물이며 운동수행능력의 동인이라 정의할 수 있다.

리와 신은 같은 개념으로서 정신활동과 관련된 이름이며 기와 동은 동작의 운동성으로서 항시 변화하며 에너지의 효과로 나타난다. 그리고 심은 어떠한 것에도 흔들리지 않는 중심, 구심으로서 정이며 리기에 해당하는 것이다. 이같이 리, 기, 심은 각각의 작용이 있음은 물론이고 서로간에도 역동적인 영향을 미쳐 셋이 '하나'가 될 때 가장 이상적인 태권도적 동작 수행을 돕는다.

한국에서의 숫자 3은 모든 부문에 융합되어 우리 민족의 핵심성과 전체성이라는 개념으로 이해 가능하며 동시에 태권도 무예문화와 철학에도 상징체계로서의 원의를 지니고 있다고 볼 수 있다.

셋이 '하나'가 될 때 가장 이상적인 태권도적 동작 수행

제3장 철학적 숫자 '0' '3' '9'와 태권도적 의미

- 9의 철학적 이해

아홉(9)수는 생명, 많음 등에 비유되고 있어 문화, 건축, 음식, 절기 등 모든 인간사에 깊숙이 파고든 9수는 사람의 수라고 정의할 수 있다.

9수가 함의한 철학적 의미는 깊다. 9수는 유有의 세계에서 최고로 높고, 많은 수를 의미하나 때로는 1의 수에 뒤지는 느낌의 철학도 있다. 특히 학업 또는 경기의 서열에서는 반대 개념이 된다.

우리의 일상생활과 깊은 관계를 맺고 있는 9수는 죽을 고비를 여러 차례 겪고 겨우 살아남을 뜻하는 구사일생九死一生이며 많은 가운데 가장 적은 것의 비유를 구우일모九牛一毛라 한다. 이는 9와 1일의 관계성에서 아홉(9)수는 생명, 많음 등에 비유되고 있어 문화, 건축, 음식, 절기 등 모든 인간사에 깊숙이 파고든 9수는 사람의 수라고 정의할 수 있다.

아홉(9)수는 생명, 많음 등에 비유되고 있어 문화, 건축, 음식, 절기 등 모든 인간사에 깊숙이 파고든 9수는 사람의 수라고 정의할 수 있다.

53

고조선의 농경문화인 정전제井田制에서 유래한 홍범구주洪範九州의 문화, 문이 겹겹이 달린 깊은 대궐을 의미하는 구중九重, 구문九門 등, 음식에서 구절판九折坂, 한약제를 만들 때 찌고 말리기를 아홉 번 한다는 뜻으로 구증구포九蒸九曝, 여름철의 90일 동안을 구하九夏이라 하듯 모두가 인간만사를 빗대고 있다. 또한 인체에서 구장九腸, 구장九臟이며 9가지 감정을 말할 때 구기九氣, 아흔 살의 구질九秩, 눈 코 귀의 6 구멍과 입 항문 요도의 3 구멍을 합한 구규(九竅), 구궁(九宮) 등 표현에서 선조들의 지혜를 헤아려 볼 수 있다.

이렇듯 인간과 깊은 연을 맺고 근원을 함께 하고 있는 9수는 인간의 생명수이며 동시에 하늘수天數의 뜻으로 인명재천人命在天이라 표현하기도 한다. 하늘天은 도道이며 이理로서 사람人의 생명을 부여하고 그 생명이 다하면 다시 혼이 하늘나라로 귀의한다는 의미에서 구만리장천九萬里長天이며 구천九天 등의 표현은 인간의 삶과 생명을 상징하는 수이기도 하다.

9수의 완성은 우리 문화를 대표하는 상징수로서 의미가 깊다. 하늘 땅 사람을 상징하는 원(1) 방(5/중앙과 4방위) 각(3)의 합한 9수이며 태극의 팔괘에서 하늘(天 1)과 땅(地 8)의 합한 수 즉 사람(人 9)의 수로서 대우주(macro-

제3장 철학적 숫자 '0' '3' '9'와 태권도적 의미

cosm)인 자연과 소우주(microcosm)인 인간의 하나됨(天人合一)인 것이다. 동양적 우주는 하늘이 있고 땅이 있고 그 사이에 만물 중의 한 존재로서 인간이 있으며 존재론적으로 평등한 '세계'를 드러내는 것이다. 그리하여 9수는 무도의 품계에서 절대 수로서 표상되고 있다.

태권도를 비롯한 검도, 유도, 합기도 등에서 수련의 심도를 평가함에 숫자에다 급, 품, 단을 구분해 부여하고 있다. 0(영)의 무급에서 시작하여 점차 수련의 도가 더해질수록 8급에서 1급으로 하향, 진행되고 다시 1단에서 9단으로 상향 진행(품은 1품에서 4품제) 되는 과정은 철학적 의미가 깊다.

우리의 생명은 알/점(0의 상징, 무극)에서 시작되며 그 근원은 무극이며 하늘로부터 생명(정신, 정기, 혼)을, 몸(영, 백)은 땅으로부터 부여받아 비로소 사람으로서 활동하다가 사람이 죽으면 혼(사람의 신＝하늘)은 하늘로 뜨고 백(사람의 영＝땅)은 땅으로 귀의 한다고 보는 사상이 동북아시아의 사유체계이다. 이와 같이 태권도 등 무도에서 수련의 '경지'를 가늠하는 평가 즉 총체적 능력을 숫자로서 표현하고 있다.

입신入神의 경지라고 일컫는 9단은 기예에 능한 사람을 말하며 기술이 영묘한 경지에 통달한 사람을 달인이라 일

> 9수의 완성은 우리 문화를 대표하는 상징수로서 의미가 깊다. 하늘 땅 사람을 상징하는 원(1) 방(5/중앙과 4방위) 각(3)의 합한 9수이며 태극의 팔괘에서 하늘(1)과 땅(8)의 합한 수 즉 사람(9)의 수로서 대우주(macrocosm)인 자연과 소우주(microcosm)인 인간의 하나됨인 것이다.

55

컬고 있다. 이같이 무도에서 9수는 최고의 수로서 입신의 경지를 의미하며 한편으로는 삼태극(삼재)의 수, 태극의 팔괘에서 사람의 수 등 상징성을 함축하고 있다.

태권도를 수련한다는 것은 일거수일투족 행위가 태권도적 공방의 기술체계의 기법만을 닦는 것을 의미함이 아니고 스스로 수련을 통해 그 이상의 철학적 깨달음을 얻고자 하는데 목적이 있는 것이다.

몸으로 동작을 익히는 과정으로 시작하는 수신적 행위에서 호신적 단계 그리고 점차로 수련의 세계에 깊이 나아감에 각신적 단계에서 태권도의 원리를 이해하고 원리에서 도의 세계로, 즉 기氣, 器에서 이理를 해의하고 좇아서 종내는 신神의 '경지'에서 깨달음을 얻고자 하는 수양이요 자아실현, 행동하는 철학함이 무예의 진수이다.

9수는 모든 인간현상과 함께 하는 생명의 수로서 기氣와 정精과 신神을 좌우하는 태극이요 무예인의 인성(personality), 주체성을 가늠하는 성수이다. 무예에서 흰 띠에서 시작해 종내는 검은 띠로 진행되는 색상의 과정도 '수'數와 무관하지 않으며 검은 색은 신神, 天을 상징하는 북방의 빛깔로서 9단의 9수와 일맥상통하는 철학적 이해를 가능하게 한다.

> 태권도를 수련한다는 것은 일거수일투족 행위가 태권도적 공방의 기술체계의 기법만을 닦는 것을 의미함이 아니고 스스로 수련을 통해 그 이상의 철학적 깨달음을 얻고자 하는데 목적이 있는 것이다.

> 9수는 무예인의 인성, 주체성을 가늠하는 성수이다.

제4장
태권도 무예의 이해

아직도 이에 대한 명확한 개념 정립이 이뤄져 있지 않다. 단지 국기원에서는 태권도를 한국의 고유한 '전통문화'라는 포괄적 의미로 표현하고 있을 뿐이다. 그러나 근자에 학문적 연구가 이뤄지고 있는 데, 학자에 따라 무술, 무예, 무도에 대한 개념 정립이 다양하게 전개되고 있다.

태권도, 유도, 검도, 합기도 등을 포함한 종목을 예로부터 무술, 무예라 불러 왔다. 그러나 오늘날에는 무도라는 칭호를 더해, 세 가지 명칭을 혼용, 사용하고 있다. 그렇다면 태권도는 '태권의 도'이니 무도라고 불러야 하는 것인지, 아니면 '무예', '무술' 등 혼동해서 사용해도 무방한 것일까.

아직도 이에 대한 명확한 개념 정립이 이뤄져 있지 않다. 단지 국기원에서는 태권도를 한국의 고유한 '전통문화'라는 포괄적 의미로 표현하고 있을 뿐이다. 그러나 근자에 학문적 연구가 이뤄지고 있는 데, 학자에 따라 무술, 무예, 무도에 대한 개념 정립이 다양하게 전개되고 있다.

그러나 태권도를 별칭으로 '무도·스포츠'라 일컫는 용어의 개념 정립은 전무한 편이라 하겠다.

무술의 정의

사전적 의미로 '무술'은 '무도에 관한 기술'로 풀이하고 있다. '무도'의 의미는 '무예', '무술' 등의 총칭이라 하고 '무예'를 보면 '무도에 관한 기예'라 규정해 두고 있다. 이렇듯 무술, 무예, 무도 등 명칭에 대한 혼용이 일반적 관례라 볼 수 있다. (민중서림 국어사전)

그러나 전문가들의 무술관은 각양 각색이다. 황기는 무술이란 '인간의 생명을 직접적인 대상으로 하는 것이므로 시합이 불가능하다'는 견해이며 김대식, 김영환은 '무예는 종교성을 가지고 있다.' 반면에 양진방은 무도란 '내용적으로 완성된 개념이 아니라 미완의 열려진 개념이다'라고 한다.

일본의 예를 들면 무도는 무기를 사용하여 생명을 걸고 싸우는 승부이다. 무도는 강인한 신체 및 인격을 육성하는 교육활동이다. 등 정의하고 있다.

중국의 경우 중국 무술은 건신, 정신교육, 군사교육, 경제보급의 가치를 가지고 있다. 또는 중국 무술은 철학과 종교, 민족정신과 민족풍습, 민족예술, 민족과학 및 윤리

> 황기는 무술이란 '인간의 생명을 직접적인 대상으로 하는 것이므로 시합이 불가능하다'

도덕관 등에 영향을 주고 있는 문화현상이다.

이와 같이 무술의 정의는 전문가 또는 학자들의 견해가 다를 수밖에 없는 것이 가치관의 목표에 달려 있다.

무술, 무예, 무도 개념의 자의字意적 해석

양진방(1999)은 "무술, 무예, 무도개념에 대한 새로운 인식의 틀"이라는 논문에서 이들 개념의 자의적 해석을 잘 설명하고 있다.

무술武術이란 술術의 자의에 바탕하여 기술의 중시, 그리고 기술의 실천적 측면을 강조하여 생사를 건 대인 격투술이라는 본질적 가치를 강조하는 관점을 말한다. 따라서 이러한 개념으로서 무술은 정신적 측면에 대한 의식이 아직 발달하지 않았거나 강조되지 않는다는 점을 암시적으로 전제하는 경우가 많다.

무예武藝란 예藝를 예술, 표현, 미 등과 관련하여 해석하여 기술이 실천적 가치를 넘어 미적, 예술적 경지를 지향하는 관점을 의미한다. 이러한 자의적 의미에 근거하여 무술보다 한 차원 높은 기술적 차원을 무예로 이해하려는 이들도 있다.

무도武道를 도道의 자의와 일반적 의미에 관련하여 기술성을 초월하는 정신성, 철학성에 강조를 두는 수련관으로 이해하는 경우가 많다. 그러나 이때 그 정신성이나 철학성의 규정은 대개의 경우 애매하거나 모호한 편이다라고 기술하고 있다. (스포츠의 철학적 이해, 태근 1999)

양진방은 이 세 개념에 대한 이해의 틀은 이들 세 개념을 무술 발전사적 관점에서 무술, 무예, 무도라는 단계로 발전해온 것으로 보고 있다. 필자를 포함한 상당수의 무예이론가들이 동감을 나타내고 있다.

이들 세 개념을 무술 발전사적 관점에서 무술, 무예, 무도라는 단계로 발전해온 것으로 보고 있다.

동양 3국, 용어의 보편적 경향

중국은 무술, 일본은 무도, 그리고 한국은 무예라는 개념을 보편적으로 각각 선호하는 경향이다.

일본도 무술 개념에서 무도로의 전환은 그 역사가 오래되지 않는다. 중국이 무술 개념을 가장 선호하는 경향이고 그렇지만 권법 등을 포함한 무술의 설명에서는 '무예'라는 개념을 사용하고 있음을 찾아볼 수 있다.

『기효신서』를 저술한 척계광(1528~1587)이 말하기를 "권법은 흡사 전투기술로써의 예비가 없는 것처럼 보이나 사실은 수족手足을 활동시키고 지체의 힘쓰는 법을 위한 '무예'의 초보이다"라 했다.

그러나 뭐니 해도 한국이 무예라는 개념 사용은 정조(1776~1800) 14년 박제가 (1750~1805), 이덕무

(1741~1793), 백동수(1743~1816) 등에 의해 편찬된 『무예도보통지』(1790)에서 알수 있다. 우리 나라에서 무예의 고전으로 여기고 있는 그 문헌에서의 내용 중 '무예질의'라는 부분 또는 『무예제보』, 『무예신보』등이 잘 대변해 주고 있다.

또한 오늘날 무예 관련 연구서인 "무예사 연구"(임동규), "우리 무예이야기"(육태안), "한국의 전통무예"(임동규), "한국무예 택견"(이용복) 등 문헌 명칭에서도 '무예' 개념에 대한 깊은 애정을 찾아볼 수 있다.

반면 일본은 가노 지고로嘉納治五郎(1860~1938)의 유도의 창안과 같이 유술에서 유도로의 전환이 가노 이전에 구체적인 한 무술을 도道라고 지정한 적이 없었다. 그러나 유도라는 용어는 강도관 유도가 창시된 1882년보다 훨씬 전에서부터 사용되고 있었다는 사실이 인정되고 있다.

오늘날 보편화 된 개념, 용어인 궁술에서 궁도, 검술에서 검도 등 '술에서 도에의 전환'이 일본에서 발전되었다고 해서 일부에서는 '태권도'(1955년 12월 19일 명칭 제정)에 대한 '도'의 명칭에 의문을 제기하고 있다.

술, 법, 예, 도의 구분

임동규(1991)는 "무예수련의 가장 낮은 수준의 목적이 싸우는 기술의 습득이라 규정하고 중국인들은 검술, 검법, 권법하는 식의 표현을 하고 있는데 여기서 술은 수단 또는 기술, 테크닉을 말하고 따라서 최하위의 개념이다"고 폄하하고 있다.

그리고 '법' 하게 되면 '규범'적 의미가 있다. 즉 인간이 하여야 할 당위나 사회생활을 통해서 인간이 지켜야 할 도리나 예절 같은 것들은 검법이나 권법의 수련을 통해서 터득하게 되고, 그렇게 되어야 한다는 것을 내포하고 있다. 이에 대하여 '도'라고 하게 되면 인간생활 중 최고의 가치를 부여하는 규범이라 할 수 있다. 일본인들도 유도, 검도, 합기도라는 것은 상무적인 일본 민족성이 잘 나타나 있는 것이다.

이에 대하여 우리의 성인들은 무예라고 하였다. 단순히 싸우는 기술의 습득이 문제가 아니라 미적 추구의 정신이 잘 드러나 있다."고 기술하고 있다.

'도'라고 하게 되면 인간생활 중 최고의 가치를 부여하는 규범이라 할 수 있다.

영어의 Martial Arts 개념

사전적 의미는 "동양의 무술, 무도(태권도, 쿵푸, 유도 등)"라 설명하고 있다.

이에 반해 나영일(1999)은 영어의 Martial Arts는 일반적으로 일본적 개념인 무도를 표현하고 있다고 말한다. 그리고 부연하여 한국에서 무술은 중국식 용어, 무예는 한국식 용어, 무도는 일본식 용어라고 일반적으로 이해하고 있다고 했다. 그러나 그 용례의 사용여부에 상관없이 무술, 무예, 무도는 학자들이 주장하는 개념적 차이에도 불구하고 한국인들에게 있어서는 그렇게 특별한 의미부여 없이 단순히 서양의 스포츠와 구별된 동양적 스포츠로서 또는 심신단련의 수단으로서, 전통문화로서 새롭게 부각되고 있는 구별된 그 무엇이라고 생각하고 있다. 또 '전통'이란 접두어가 붙을 경우, 전통무술, 전통무예라는 표현을 쓰고 있으나 전통무도라는 표현은 잘 쓰지 않고 있다고 기술하고 있다.

그러나 영어의 개념은 단지 일본적 개념의 무도를 지칭하는 것이 아니라 일반적으로 무술, 무예, 무도라는 개념을 총칭하는 것으로 봐야 할 것이다.

> 영어의 개념은 일반적으로 무술, 무예, 무도라는 개념을 총칭하는 것

무도武道의 의미

무 武자가 지닌 의미를 살펴보면 "武"자는 그 뜻과 쓰임 그리고 어원이 다양하다. 武자의 어원은 창(戈과)과 방패(干간)의 힘으로써 병란을 그치게 한다는 止(지)의 의미가 강조되어 있다. 그러기에 武자는 자전에 "戈"부에 속하지 않고 "止"부의 4획에 속해 있다. 일반적으로 武는 힘을 상징한다. 무의 어원 속에는 살상이나 정복의 의미는 없고, 상생과 평화의 의미가 스며 있다. 힘을 상징하는 武는 인간이 자신을 보호하는 본능적 보호 수단에서 출발하고, 그 개인에서 무리 즉 집단과 발전이 부족사회에서부터 국가 단위로의 이행이라 하겠다. 그리고 그 기술이 병법에서 평상시에는 무술의 형태로 수련 연마해 왔던 것이 오늘날에는 심신수련을 위한 방편으로 발전하고 나아가 격기格技 스포츠로 발전하고 있는 것이다.

이현희(1991)는 "무도란 하나의 역학으로서 개인에게는 건강이며 가정에서는 가정의 힘 즉, 가력家力이며 나라에 있어서는 국가의 힘 즉, 국력國力"이라 정의하고 있다.

> 일반적으로 무는 힘을 상징한다. 무의 어원 속에는 살상이나 정복의 의미는 없고, 상생과 평화의 의미가 스며 있다.

무술의 기원

최홍희(1983)는 "한편 동양에서는 중국에서 일찍이 황제시절(기원전 4000년)에 이미 어떤 형태의 맨주먹 싸우기가 있었으며 또한 주공시절(기원전 2000년)에 유행되던 팔괘술은 그때로부터 약 1000년 후 송나라 왕조에 와서 무술로 완성 되었다 한다. 이렇듯 나라마다 자기 민족성과 역사적 배경 또는 필요성에 알맞도록 제각기 무술을 발전시킨 관계로 오늘날 세계적으로 볼 때에 이름과 방법이 서로 다른 무도와 스포츠가 헤아리기 어려울 정도로 많았다. 타이찌젠 또는 벽장술, 한국은 수박희, 택견 그리고 태권도, 일본에는 쥬도, 가라데, 아이기도 혹은 쥬지쯔, 인도에는 세렘방, 쏘련에는 삼바, 프랑스에는 샤바테, 말레이시아에는 바실나, 타이에는 킥복싱 그리고 희랍에는 팽크래이탐 등 많기도 하려니와 그중 어떤 것은 인류의 역사와 거의 비슷하게 오래된 것도 있으므로 무술의 기원이 어느 때라고 딱 찍어 말한다는 것은 불가능한 일이다.

그리고 유명한 사학자 단재 신채호선생의 저서 『고조선』이라는 책에 의하면 '수박희'가 결국 권법으로 중국에 그리고 쥬지쯔로 일본에 소개되였다고 기록돼 있다.

이에 참고로 일본 가라데계에서 권위자의 한 사람으로

> 유명한 사학자 단재 신채호선생의 저서 『고조선』이라는 책에 의하면 '수박희'가 결국 권법으로 중국에 그리고 쥬지쯔로 일본에 소개되였다고 기록돼 있다.

알려진 마쯔다쯔 오야마(재일교포; 최영의)는 『이것이 가라데이다』라는 그의 저서에서 화랑도가 일본 사무라이의 전신이였을 수도 있고 또한 '가라'(唐, 空의 일본 발음)의 어원이 한반도 남단에 있었던 가야(일본말로 가라라고 부름)에서 시작되었을 것이라고 말했다."라고 기술하고 있다.

『무예도보통지』에 기록된 '권법보'

『무예도보통지武藝圖譜通志』에서 '무예'란 무에 관한 기예를 뜻하고, '도보'는 어떠한 사물을 실물의 그림을 통하여 설명함으로써 계통을 세워 분류하는 것을 의미하며, '통지'는 곧 모든 것을 망라한 종합서를 뜻한다.

『무예도보통지』는 『기효신서』를 비롯 『무비지』, 『용비어천가』, 『도검록』, 『왜지』등 145가지의 수많은 문헌들을 참고로 24기技의 무예를 그림으로 설명한 것으로 우리의 것으로 만들었고 권법을 포함, 모두 4권 5책이 되기도 한다. 임진왜란 이후 무술, 무예의 발달을 의미하는 역사적 자료이며, 우리 고유의 무도인 태권도의 원형 태견이 그림과 함께 설명되어 있다(체육대사전, 1995)

이진수(1999)는 『무예도보통지』는 우리 민족의 위대한 유산이며 동양 3국 무예의 총화 내지는 3국의 무예를 창조적으로 흡수해서 발전시켰음을 알 수 있다고 했다.

조선 22대 정조(正祖, 1752~1800) 14년(1790)에 편찬된 유일한 무예 관련 고전으로 칭하고 있는 무예도보통지는 중국 명나라 때 척계광이 발간한 『기효신서』를 모방한 것이라는 설이 있으나 광복이후에 세워진 무덕관의 창시자인 황기의 『수박도 교본』에는 고구려시대에 이미 수박이 왕성하였기 때문에 오히려 명나라가 우리 나라의 수박희를 모방하였다는 것이 타당하다고 주장이다.

> 황기의 『수박도 교본』에는 고구려시대에 이미 수박이 왕성하였기 때문에 오히려 명나라가 우리 나라의 수박희를 모방하였다는 것이 타당하다고 주장이다.

『무예도보통지』를 보는 태도는 크게 두 가지로 나뉜다. 우리 무예의 소중한 문화유산이라는 긍정적인 입장과 중국 무술의 복사판이라고 보는 시각이다. 전자의 입장에 있는 사람은 김광석, 임동규 등으로 이를 복원하고자 하는 사람들이고, 후자의 입장에 있는 사람은 정재승, 육태안 등으로 새로운 우리 것을 창출해내자는 입장이다. (나영일, 1999)

맥킨토시P.C. McIntosh의 스포츠 분류

영국의 체육사 스포츠 사회학자인 맥킨토시는 스포츠를 1) 경기 스포츠Competitive Sports, 2) 격기

> 스포츠를 1) 경기 스포츠Competitive Sports, 2) 격기스포츠 Combat Sports, 3) 극복스포츠 Conquest Sports의 3개 범주로 나누고 있다.

格技 스포츠Combat Sports, 3) 극복克復 스포츠Conquest Sports의 3개 범주로 나누고 있다. 앞의 두 가지는 사람 대 사람의 경쟁, 힘 겨루기로 상대에게 이기는 것이 목표가 되며, 극복 스포츠는 자연의 장애에 도전하여 이것을 극복하고자 하는 데에 특색이 있다.

그러나 경기 스포츠와 격기 스포츠는 사람 대 사람의 경쟁, 힘 겨루기로 상대에게 이기는 것을 목표로 하고 있으나 경쟁의 성격을 따질 때 엄밀히 구분이 된다. 우리는 태권도의 스포츠화를 말할 때 일반적으로 태권도는 경기 스포츠라 칭하고 있다.

그러나 태권도를 포함한 유도, 복싱, 레슬링 등 종목은 격기 스포츠에 해당한다. 이는 상대의 손, 발 또는 몸 전체의 저항을 통한 경쟁, 힘 겨루기라는 속성이 격기 스포츠의 특징이다.

서구에서는 아카데미에서 태권도, 유도 등 종목은 Combat Sports로 분류하고 있음이 맥킨토시의 스포츠 분류법에 따르고 있는 것이다.

반면 프랑스의 사회학자인 뒤마즈디에J.Dumazedier는 스포츠를 1) 직업으로서의 (프로페셔널의) 스포츠, 2) 교육으로서의 스포츠, 3). 레저로서의 스포츠로 나누고 있다. 특히 레저로서의 스포츠를 다시 첫째 기록이나 업적으로서의(챔피언과 관련하는) 스프츠, 둘째 게임으로서의 스포츠, 셋째 건강을 위한 스포츠로 나누고 있다.

ISPE(국제 스포츠 체육협의회)의 스포츠 선언에서도 스포츠를 세 개의 주요한 영역, 즉 1) 학교에서의 스포츠, 2) 레저타임 스포츠, 3) 챔피언 스포츠로 구분하고 있다.

지금까지 스포츠의 기능을 플레이하는 사람의 입장에서 서술해 왔으나, 현대의 스포츠는 보고 읽고 시청하는 것이기도 하기 때문에 스포츠의 기능을 경시할 수 없다.

'무도 · 스포츠' 의 이해

언제부터인가 우리는 곧잘 태권도를 '무도 · 스포츠' 라고 일컫고 있다.

여기서 '무도 · 스포츠'라는 용어는 '무도'와 '스포츠'의 합성어로서 신조어이다.

우리는 이 신조어에 대한 이해를 어떻게 하고 있는 것일까.

태권도라는 무도의 특성이, 그 구성요소 중 겨루기의 장르가 경기 스포츠(격기 스포츠를 지칭)로 발전하게 됨으로써 무도의 스포츠화를 뜻하는 것인지, 무도와 스포츠의 개념을 그 속성상 동격의 위치에서 의미소로 표현하는 것인지 올바른 개념의 이해가 필요하다.

그러나 동양 철학 내지 동양적 사고체계에서 볼 때 체

> '무도 · 스포츠' 라는 용어는 '무도'와 '스포츠'의 합성어로서 신조어이다.

와 용, 이와 기, 음과 양, 직관 과 지성, 전통과 현대, 지智 와 예禮, 동과 서, 하늘과 땅, 밤과 낮 등 많은 두 개의 상반된 개념이 대립과 반목으로 보는 서양적 논리 체계가 아닌 조화와 상생, 생성원리등으로 보는 동양의 지혜는 21세기에 들어선 오늘의 시점에서 서양 학자들도 긍정적인 반응을 나타내며 동양의 지혜를 높이 기리고 있다.

태권도를 '무도·스포츠'라고 보는 개념은 무도를 체體, 스포츠를 용用으로 보는 체용의 관계성을 함의하는 것이라고 볼 수 있다. 그리고 무도라는 전통적 개념은 동양의 직관을, 스포츠라는 개념은 서양의 지성, 합리라고 보는 동서양의 개념적 체계를 일반적으로 달리하는데서 출발하고 있다. 여기서 體와 用이라는 사상은, 체는 바다와 같고 용은 물결에 대비할 수 있다. 바다와 물결은 하나이면서도 둘이다. 바다가 물결이 되기도 하고 물결이 바다가 되기도 한다. 그러나 바다와 물결은 둘이 하나로서 떠날 수 없고 그렇다고 동일할 수도 없는 것이다. 바다라는 본체가 있고 물결이라는 현상이 있다. 물결을 떠나 바다가 없고 바다를 떠나 물결을 상정할 수 없다.

무도로서 체는 바다라는 개념이요 뿌리란 개념이요 주체란 개념이고 격기 스포츠로서 용은 물결이라는 개념이요 가지라는 개념이요 객체라는 개념이다. 체와 용을 실체와 작용이라고 해도 좋고 본체와 현상이라고 해

태권도를 '무도·스포츠'라고 보는 개념은 무도를 체, 스포츠를 용으로 보는 체용의 관계성을 함의하는 것이라고 볼 수 있다.

도 좋다. 즉 '체즉용體卽用용즉체用卽體'라는 동전의 양면성이다.

태권도를 체용의 관계에서 볼 때, 무도라는 속성의 실체와 스포츠라는 작용의 응용이 함께 하고 있기에 태권도를 무도·스포츠라 칭한다.

여기서 태권도를 스포츠라 칭함은 매킨토시(P.C. McIntosh, 영국의 체육사 스포츠 사회학자)가 스포츠를 분류한 Competi-tive Sports(경기 스포츠) 또는 Conquest Sports(극복 스포츠)가 아닌 Combat Sports(격기 스포츠)를 의미한다는 견지에서 무도라는 동양적 의미소와 격기 스포츠라는 서양적 의미소로서 동격의 상호의존성 즉 동서의 만남을 표상 하는 개념 체계이다.

오늘날 세계화된 태권도를 지칭할 때, 일반적으로 태권도를 인식하는 틀이 동양에서는 무도로서 출발하고 있고 서양에서는 격기 스포츠로 인식하고 있음이 다를 뿐이다. 이와 같이 태권도를 '무도·스포츠'라고 일컬음은 태권도가 무도로서 본질성의 상실화, 스포츠성의 비중을 우려해 일컫는 것이 아니고, 현대 스포츠로서 동서 만남을 상징하는 세계화, 보편적 개념으로서 명칭이다.

태권도 '무도·스포츠'는 본체와 작용, 전통과 현대,

> 태권도를 체용의 관계에서 볼 때, 무도라는 속성의 실체와 스포츠라는 작용의 응용이 함께 하고 있기에 태권도를 무도·스포츠라 칭한다.

> 무도라는 동양적 의미소와 격기 스포츠라는 서양적 의미소로서 동격의 상호의존성 즉 동서의 만남을 표상 하는 개념 체계이다.

무도로서의 수양성과 격기 스포츠로서의 운동성(경쟁성), 도의 깨달음과 운동성(성취감)의 행위, 가치규범과 행동규범, 등의 양의兩儀로서 절묘한 조화를 통한 도덕적 덕목과 올림픽 이상을 추구하며 실현할 수 있는 규범체계이다.

  태권도인은 '무도·스포츠'를 통한 인간과 세계, 인간과 자연의 조화를 실현 할 수 있는 가능성과 조건을 누릴 수 있는 것으로 이해할 수 있다.

제 5 장
도장道場이란 무엇인가

무예의 본질은 신체적 활동에 의한, 그 활동을 통한 신체적 기능향상은 물론 정신적 수양을 강조하는 숙련의 동시성을 매우 중요시하기 때문이다. 이와 같은 의미에서 도장이란 무예를 수련하며 그것을 통해 몸과 마음을 연마하는 장으로써 신성한 공간적 의미가 전통적 도장의 개념으로 보는 것이다.

태권도, 검도, 유도 등 무예를 수련하는 장소(공간)를 도장이라고 칭한다.

도장이란 무예를 수련하는 장소나 단지 기법 연마를 위한 공간적 의미를 초월한다.

무예의 본질은 신체적 활동에 의한, 그 활동을 통한 신체적 기능향상은 물론 정신적 수양을 강조하는 숙련의 동시성을 매우 중요시하기 때문이다.

이와 같은 의미에서 도장이란 무예를 수련하며 그것을 통해 몸과 마음을 연마하는 장으로써 신성한 공간적 의미가 전통적 도장의 개념으로 보는 것이다.

그러나 언제부터인가 성소聖所로서의 도장의 개념이 무너지고 있는 듯하다. 그 까닭은 태권도 수련의 장場을 지금은 체육관體育館이라고 일컫고 있기 때문이다. 일반적

> 일반적으로 체육관이 지칭하는 것은 그 개념으로는 단지 신체적 활동을 통한 기능적 훈련 또는 학습 개념의 인식에서 확연히 벗어날 수 없다.

으로 체육관이 지칭하는 것은 그 개념으로는 단지 신체적 활동을 통한 기능적 훈련 또는 학습 개념의 인식에서 확연히 벗어날 수 없다.

그렇다면 오늘날 도장이라는 전통적 개념보다는 체육관이라는 칭호를 선호하게된 연유는 무엇일까?

이에 대한 단서를 두 가지로 요약해 볼 수 있을 듯하다.

첫째, 1980년대 각 '관館' 유파의 통합으로 인한 도장 개념 실종

둘째, 태권도의 요소 중 겨루기가 경기 스포츠화 되는 과정에서 도道 개념 실종 등이다.

도장에서 체육관으로 명칭 변경은 바로 무도(무예, 무술의 보편적 개념)에서의 '도'개념의 실종 내지 경시라고 하겠다. 도장과 체육관, 이 두 개념의 구별은 바로 무도와 스포츠의 차별성과 직결되는 것이라 볼 수 있지 않을까. 자전에 따르면 도장이란 무예를 연습하는 곳 또는 불교적 의미로 도량을 지칭한다. 반면, 체육관은 체조나 경기 등을 하기 위하여 설비 된 건물을 말하고 있다.

도장의 뿌리

도장道場이란 단어는 '도'와 '장'의 합성어이다. 도는 동북아 사유체계의 중심과제에 놓인다. '도'

는 근본, 원리, 일자(一者), 길 등 그 의미체계가 다양하고 '장'은 마당, 장소로서 공간적 의미를 내포하고 있다.

도장의 뿌리는 원래 불교에서 유래, 그 의미가 깊고 불교에서는 '도량'이라고 일컫고 있다. 도장은 불도를 수행하는 장소로서 원래 범어梵語로 Bodhi manda, 오성(깨우침)의 장소라는 의미이다. 우리 나라에서는 고려 때 왕이 평화와 왕실의 번영을 빌기 위해 마련한 승려들의 모임이다. 후세에 무예를 닦는 장소로 불리게 되었다. 전통적으로 무예적 개념의 도장에서도 종교의식에서 출발, 신성한 장소로서 수양·수행을 위한 모든 행동은 예법이라 불리는 엄격한 규범에 따라 행동해야 하는 곳으로써 깨우치려는 자의 몸소 실천적 행위가 강조되는 이유를 알 수 있을 듯하다.

이 같은 뿌리에서 출발한 도장의 무예적 개념도 전혀 다르지 않다. 먼저 생각해 볼 수 있는 것은 수련자가 도장 출입시 행하는 예의 표시는 마음과 정신을 나타내는 몸(신체)의 실천(수양)인 것이다. '실천'(praxis)이란 존재자(인간·주체)를 있는 그대로 파악하는 인식과는 달리, 의지적으로 존재에 영향을 미치는 행위다. 존재에 영향을 미친다함은 존재에 변화를 일으키고 생성·소멸케 함을 뜻한다.

> '도'는 근본, 원리, 일자, 길 등 그 의미체계가 다양하고 '장'은 마당, 장소로서 공간적 의미를 내포하고 있다.

예를 들어, 수련에 들어가면 먼저 정면 벽에 부착된 국기에 대한 경례를 시작으로 관훈 복창, 스승과 제자와 선후배간의 엄격한 위계질서에 따른 예의 표현, 또한 그에 따른 도제화(徒弟化) 정신 등이 예의禮義와 경敬에 대한 정신 함양이며 실천이다.

각 문파의 관(도장)은 제마다 관훈館訓을 정해 놓고 있다. 여기에 몇 개관의 관훈을 보면 태권도 수련의 목적과 사람다움의 길이 무엇인지를 간단히 알 수 있다. 대한연무관(권법)의 관훈은 다음과 같다.

1. 우리는 무도를 수련하여 국민체위향상을 도모하자
2. 우리는 무도를 수련하여 정도선행正道善行하자
3. 우리는 무도를 수련하여 민족사회의 모범이 되자

창무관은 충효, 성실, 인내. 지도관은 관시館示를 1. 나를 위한다. 2. 관을 위한다. 3. 나라를 위한다. 청도관은 성실, 창의, 노력, 그리고 무덕관은 원간原幹, 강령綱領을 자아완성, 자연애호 등 각 관마다 관훈의 특성을 찾아볼 수 있다.

태권도 수련의 한 가지 특징은 심신心身의 여러 가지 능력을 각각 별개로 보는 것이 아니라 전체적 통일에 연계되는 것으로 보고 있다. 그 통일성의 중심이라는 인격의 핵심 곧 인간 완성에 이르기 위한 수련, 수양의 도정道程이 전통적 도장의 관념이라 할 수 있다.

'도'의 다양한 의미에서도 우리가 태권도에서 우선 생각해 볼 수 있는 개념은 '깨우침'(오성)이라는 인식과정이다. 그것은 몸의 무예적 숙련과 그 운동 원리를 통한 마음과 정신의 작용(수양)을 말한다.

'우리는 왜 무예를 수련해야 하는가', '우리는 어떻게 무예를 닦을 것인가'라는 근원적 물음에서 자아(인간성)를 발견할 수 있어야 하는 것이다. 철학적 표현을 빌려 형이하의 신체적 운동과 형이상의 정신 수양을 동시에 수행하는 공간을 도장이라 일컫는 데 이는 태권도를 포함한 격투기인 검도, 유도, 합기도 등 여러 종목의 전통적 무술에서 '도'를 차입하고 명명한 의미에서 유래된 것으로 이해할 수 있다.

> 태권도 수련의 한 가지 특징은 심신의 여러 가지 능력을 각각 별개로 보는 것이 아니라 전체적 통일에 연계되는 것으로 보고 있다.

> 태권도를 포함한 격투기인 검도, 유도, 합기도 등 여러 종목의 전통적 무술에서 '도'를 차입하고 명명한 의미에서 유래된 것으로 이해할 수 있다.

도장의 시설

전통적 개념으로 도장 시설은 그리 복잡하지 않고 단순하였다.

어느 정도 크기의 면적(공간)이면 족했고 마루바닥으로 설비되고 환기를 돕는 창문, 탈의실 등이 전부였을 정도였다. 그러나 오늘날 체육관의 시설은 여러 가지 편리를 위해 다양하게 장식을 지향하는 추세인 듯하다. 마루바닥이 매트로 바뀌고 수련 후 몸을 씻을 수 있는 샤워 시설, 휴게실, 학습지 배포, 인터넷을 이용한 정보화 홍보 등 시설과 학습에 변화를 가져오고 있다.

전통적 개념의 도장에서 필수적인 단련 장비는 단련대(권고), 모래주머니(샌드백), 거울이 고작이었다. 그러나 오늘날 체육관에는 발차기를 위한 오뚜기형 기구, 호구, 주걱(미트)등 보조장비를 비치해 두고 학습(수련)에 적극 활용하고 있으며 점차로 복잡한 장식을 선호하고 있어 보인다. 그럼에도 점차 수련단원의 경시화로 느낄 수 있는 현상은 수련자의 연령이 낮아져 주로 어린이들이다 보니 신체 활동을 위한 놀이적 활동에 의존하는 학습 경향이 심화되고 있는 것은 아닐까.

오늘날 도장은 '체육 도장업'으로 규정된 공기관의 법령에 따르고 시설형태는 '체육관'이다. 현재 법적으로 도장은 정부(문화관광부)에서 정한 체육시설의 설치·이용에 관한 법률 시행령에 따른 체육시설업의 도장업 중심으로 설치·운영되고 있다.

태권도 수련은 먼저 도장에서 지켜야 할 예의규범이 명문화돼 있다. 1971년 5월 7일 대한태권도협회에서 예의규범禮儀規範을 제정했다. 그 요지는 이렇게 시작하고 있다.

제5장 도장道場이란 무엇인가

"예의는 마음속에서 우러나와 행동으로 표현되는 높고 값진 인격의 기본이다.

예의규범을 통하여 이 지구 위에 있는 모든 태권도 가족에게 같은 도복과 띠를 두르고, 바르고 품위 있는 예의로서 높은 인품을 만들어 주어야겠다.(…) 예의는 단정한 마음과 겸양의 태도라야 한다."

태권도인이 준수해야 할 구체적인 예의규범 중 '도장에서'와 '도복착용과 간수看守'에 대한 지침은 다음과 같이 자세하게 설명하고 있다.

"도장에 들어서면 경건하게 국기에 경례하고(국기 경례는 오른손을 왼편 가슴에 붙인다) 관장, 사범, 고단자 순위로 절을 한다. 도장 내부에서는 조용하고 엄숙한 분위기를 스스로 만들어야 한다. 도복은 언제나 소중하게 간수하여야 한다. 도복 착용으로는 특별한 경우를 제외하고 도장 밖 출입을 삼가야 한다. 도장 내에서는 관장, 사범, 선배에게 노소를 막론하고 꼭 경어를 써야 한다. 관장이나 사범, 고단자는 후배에게 노소를 막론하고 반말로 한다. 단 5년 이상인 연장자는 도복 착용시를 제외하고는 대우를 하여야 한다."

"도복은 정결하게 하고 매무새를 단정하게 하여야 한다. 수련을 하다 도복이 흐트러졌을 때는 행동을 중지하고 돌아서서 고쳐 입어야 한다."

> 무도에서 예의를 생명처럼 매우 중시하고 있다. 도장은 자기를 극복·정화·형성하는 공간으로써 수련자를 위한 신성한 인간 형성의 한마당이다.

무도에서 예의를 생명처럼 매우 중시하고 있다. 도장은 자기를 극복·정화·형성하는 공간으로써 수련자를 위한 신성한 인간 형성의 한마당이다. 도장에서의 예의는 엄격히 지킬 것을 요구받고 그 까닭은 몸을 닦는다는 것은 동시에 마음과 정신을 닦는 것을 의미한다. 닦음의 시작은 몸의 표현 즉 몸소 행함에서 출발하는 것이다.

오늘날 도장은 비록 체육관이라는 명칭으로 바뀌고 전통적 개념의 도장이 점차 그 의미마저 바래져 가고 있으나 그 수련의 요체는 변할 수 없는 것은 아닐까. 도장은 단지 무술적 기법을 연마하고 체력을 다지는 한마당이라는 형이하의 인식을 불식해야 할 것이다. 우리는 무술적 기술체계의 숙련을 통해 동시에 마음과 정신의 내면 세계를 갈고 닦는 수양에 있으며 그와 같은 인간화의 길은 인간성과 인간조건에 대한 경험인 것이다. 형이상의 개념으로서 도장은 반성적 오성(깨달음)을 높여주는 능력 속에서 수련의 의의와 가치, 이념을 찾을 수 있는 공간(場)적 기능을 수행한다고 볼 수 있다.

관장 · 사범

전통적 도장 개념으로 사범은 무예를 가르치는 스승(지도자)이고 일정한 자격이 갖춰져야 사범이라는 칭호의 자격이 부여된다. 당시에는 대체로 5단 이상의 단 보유자이어야 하고 각 유파의 관장으로부터 인정을 받아 지관 형식의 도장을 개설할 수 있었다.

관장은 태권도 각 유파의 최고 원로大家를 뜻하고 모든 권한을 행사하게 된다. 1980연대 각 유파의 관 통합 이전에는 각 유파의 관은 기법도 상이하였고 심사 규정 등 제반 행정체계에도 특성을 나타내고 있었다. 각 관끼리 경쟁적 차원에서 발전을 기하고 전국에 세력을 확장하고자 하는 경향이 돋보였다. 각 관은 최고 1인체제의 총본관장 1명 아래 행정 구분의 각 지관 형식의 관장과 그 아래 사범들로 구성되는 것이 상례였다.

고단자 심사를 집행할 경우 총본관 관장은 필히 참석하고 승단 심사(행사)는 성대히 실시된다. 행사장에는 지관장을 비롯한 사범이 참석하는 것이 상례였다.

도장에서 사범과 수련자와의 관계는 엄한 위계질서와 도제화, 동료간에는 끈끈한 문파 의식이 형성되는 것이었다. 그러나 오늘날 관 통합으로 관에 대한 의식이 없어진 후 예전처럼 그 같은 무예적 의식을 조금도 찾아볼 수 없

> 사범은 무예를 가르치는 스승(지도자)이고 일정한 자격이 갖춰져야 사범이라는 칭호의 자격이 부여된다.

> 도장에서 사범과 수련자와의 관계는 엄한 위계질서와 도제화, 동료간에는 끈끈한 문파 의식

다. 체육관을 경영하는 관장은 바로 사범이라는 칭호보다는 지도자라는 개념을 선호하는 현상이 돋보이는 듯하다. 지도자·사범은 동격의 성질(동의어)이고 그 개념이 분명하지 않고 혼용되고 있어 보인다.

『국기 태권도 교본』(1987)에서 지도자를 정의하기를 일반적으로 지도자란 타인에게 사고체계, 행동체계, 행위 등에 대한 영향력을 행사하는 사람을 말한다. 태권도지도자에게 필요한 것은 첫째, 지도에 필요한 태권도 기술과 인격. 둘째, 그것을 적절하게 가르치는 지도력이 된다. 그리고 지도자의 자질에서 훌륭한 태권도 지도자란 세 가지 면의 자질을 겸비해야 한다고 하는 데, 첫째, 인격적 감화자 둘째, 탁월한 태권도 구사능력의 소유자 셋째, 합리적인 지도력의 소유자로 규정하고 있다. 그러나 오늘날 지도자의 자질이란 단지 가르친다는 개념을 뛰어넘어 자질(무도성), 지도력(창의적 프로그램화) 및 경영능력(CEO마인드) 등 총체적 리더십을 바탕으로 하고 있는 것은 아닐까.

태권도 지도자가 되는 길은 우선 국기원 공인 4단 이상의 보유자이어야 하고 23세 이상 연령으로 제한하고 있다. 국기원은 연간 사업계획에 따라 산하 국기원지도자연수원을 운영하고 있으며 지도자 양성 교육을 실시하고 있

제5장 도장道場이란 무엇인가

다.

지도자란 국민체육진흥법시행령규칙 제9조 규정에 의하여 경기지도자와 생활체육지도자로 구분하고 있다. 태권도 지도자란 생활체육지도자를 일컫고 소정의 교육 이수와 자격 획득 후 지도자의 길을 택할 수 있다. 국기원에서는 무도의 특성상 사범자격검정을 위한 교육을 실시하고 3급 생활체육지도자자격검정 과정을 밟도록 규정해 두고 있다. 사범자격증은 국기원 원장 명의, 그리고 생활체육지도자 자격증은 문화 관광부장관 명의로 각각 발급되고 있다.

전통적 개념으로서 관장과 사범은 단의 위계질서로 구분되고 있는데 반해 오늘날의 관장의 칭호는 단지 체육관 운영자의 범주에서 크게 벗어날 수 없다. 관장과 사범의 호칭은 고용적 관계로 분별되는 듯하다.

도장은 관 유파(문파) 중심적 조직이 무너진 후 협회가 결성돼 협회 중심으로 운영되고 있으며 회원으로 가입된 단위도장은 그 조직의 규정에 따라 활동이 제한 받게 된다. 그 두드러진 현상은 두 가지로 나타나고 있다. 첫째, 협회 가입비를 내어야만 회원이 될 수 있고 둘째, 심사권한을 들 수 있는데 도장에서는 오직 급 심사에 한정된다.

승단 심사권은 협회(시도협회)에 있으며 협회는 현재 5

> 전통적 개념으로서 관장과 사범은 단의 위계질서로 구분되고 있는데 반해 오늘날의 관장의 칭호는 단지 체육관 운영자의 범주에서 크게 벗어날 수 없다. 관장과 사범의 호칭은 고용적 관계로 분별되는 듯하다.

단 이하 승단 심사권을, 5단 이상의 고단자(6단부터)심사 업무는 국기원에서 집행하고 있다.

오늘날 또 다른 형태의 현상을 찾아볼 수 있는 것은 키즈, 호키 등 여러 컨설팅 전문회사가 설립돼 도장 단위로 회원을 모집, 운영되고 있다. 도장은 점차로 이와 같이 상업적 목적의 각 회사들에 의해서 그룹화 되고 있으며, 그 조짐이 1980년대 이전의 '관' 형태와 비슷한 경쟁체제로 변화·답습하는 모습이다. 이들 회사는 매월 회원 도장에 수련프로그램을 제공하는 것이 주된 업무이고 그 외 세미나, 각종 행사를 통해 지도자 연수와 회원 상호간의 친목 도모 및 자사 브랜드이미지 제고에 신경을 쏟고 있는 현상이다.

도장 정신

> 태권도 수련은 심신(마음과 몸)의 합일을 지향한다. 그 지향의 기본이 되는 요체는 신체의 반복적인 활동을 통한 마음(정신)의 신체화, 기술의 신체화이다.

태권도 수련은 심신(마음과 몸)의 합일을 지향한다. 그 지향의 기본이 되는 요체는 신체의 반복적인 활동을 통한 마음(정신)의 신체화, 기술의 신체화이다.

'신체화'란 '느끼는 몸'으로써 몸의 지각·운동을 수행하는 근지각력을 일깨우는 것으로써 신체 자체의 감각과 기억을 말한다.

근지각, 특히 근육과 피부의 감각으로부터 얻는 정신전달을 통해 인식하게 된다. 이때 우리는 기술을 몸에 익힌다고 하는데 이 과정에서 정신 곧 마음은 신체를 움직이게 하는 요인으로 상위 개념인 듯 보인다.

근지각력은 근육, 관절, 피부, 평형, 시각, 그리고 청각의 자극을 뇌에 전달한다. 이러한 자극들은 움직이는 사람에게 근육의 긴장과 균형, 그리고 시선과 소리를 전달하고, 이에 따라 움직임과 자세가 변하게 된다. (『움직임 교육의 원리』 김주자외 옮김, 2001:19)

몸과 마음의 관계는 능동과 기능의 도식에 따라 서로 관련되어 있고 정신은 신체의 능동인(작용인)이라고 할 수 있다. 왜냐하면 정신이 그의 존재 활동을 신체에 전해주기 때문이다.

하나의 태권도 동작(기술)을 몸에 익히기 위해 부단한 연습은 마음의 작용 내지 의지를 배제한 단지 신체적 활동은 무의미할 뿐이다. 우리가 하나의 동작을 익힌다는 것은 그 동작의 내재적 운동원리와 철학적 의미를 인식하고 의식적, 의도적 정신작용(행위)이 수반돼야 하는 것이다. 수련의 목적은 마음과 몸의 동시적 단련을 통해 현상적 자아를 변혁시켜 이상적 자아를 성취하려는 데 있다.

이렇게 볼 때, 단지 신체 활동에 있어서 무예 수련은 기

> 하나의 동작을 익힌다는 것은 그 동작의 내재적 운동원리와 철학적 의미를 인식하고 의식적, 의도적 정신작용(행위)이 수반돼야 하는 것이다.

술 동작만을 숙련할 것이 아니라 일거수일투족의 신체 활동이 마음과 정신 작용이요 상호연관적 관계라는 점에 있는 운동체로 인식하는 것이 매우 중요하다. 그러면 수련을 통하여 마음과 몸은 어떻게 변화되는가? 유아사 아스오(湯淺泰雄)는 수양을 통한 마음의 훈련은 인체의 자율신경계통에 영향을 미침으로써, 고삐 풀린 망아지처럼 제멋대로 분출되는 감정의 난류를 바로 잡고 그것을 자유롭게 제어할 수 있게 됨으로 말미암아 인격의 성장과 변혁이 가능해진다고 설명한다. (『기, 수행, 신체』 박희준 옮김, 1990:76) 야스오에 따르면 인간의 자율신경계통은 의식의 한 종류인 '감정'과 밀접한 관련이 있으며, 또한 무의식적 충동과도 긴밀한 상관관계를 지닌다. 수양은 신체의 자율신경계통에 대한 지속적이고도 집중적인 단련을 통하여 주체적이고 자율적으로 자신의 감정과 무의식을 제어하게 만든다. 이러한 훈련을 거쳐 우리는 무의식적 충동과 욕망 그리고 과도한 감정의 분출과 억압에서 해방되어, 스스로의 의지와 목적에 따라 자신을 제어할 수 있게 된다는 것이다. (『우리말 철학사전』 2002:27)

태권도의 일거수일투족의 동작은 무예적 운동(움직임)이며 동시에 정신적 작용(운동)이다. 하나의 동작은 가공할 위력을 지닌 무기로서 도구적 수단이 되고 있다. 그러

수양은 신체의 자율신경계통에 대한 지속적이고도 집중적인 단련을 통하여 주체적이고 자율적으로 자신의 감정과 무의식을 제어하게 만든다.

나 우리는 수련이라는 반성적 성찰(오성)을 통해 강한 믿음信·변별력智·절제禮·의로움義 등 여러 가지 덕목을 배양하게 되는 이 일련의 행위가 무예적 인간 오성의 근원이 되고 있는 것이다.

그러나 초보자는 신체가 마음대로 움직여 주지 않고 마음의 움직임에 저항하게 되며 주체에 대립하는 객체성을 나타낸다. 마음과 신체는 자기 존재 방식에 있어 주체적이고 객체적인 두 가지 성질을 나타낸다. 이 두 가지 성질의 합일을 이루는 훈련이 수련, 연마, 숙련 등으로 다양하게 표현되는 신체 운동의 총체성으로 볼 수 있다.

태권도 수련을 통해 마음, 정신의 움직임과 몸, 신체의 움직임을 일치시킨다는 것은 그 두 가지 성질을 반성하며 실천을 통해 신체를 주체화하는 것을 의미한다. 실제 수련에서 품새를 실행(연무)할 때 무의식 상태에서 동작 하나 틀리지 않고 정확하게 표현하거나 또는 겨루기 실행(실전)에서 상대의 차기 공격에 대한 받아 차기로서 즉각적인 반응은 표층의 의식이 아니라 객체로서 신체를 보다 깊게 주체화하는 것은 마음(지각활동)이다.

다시 말해 무심, 무아의 상태에서는 자기 마음과 신체의 주체적이고 객체적인 두 성질은 소실되어 객체인 신체는 완전하게 주체화되는 것이다.

무심, 무아의 상태에서는 자기 마음과 신체의 주체적이고 객체적인 두 성질은 소실되어 객체인 신체는 완전하게 주체화되는 것이다.

태권도를 정의할 때 우리는 "태권도는 인간의 진실성을 배양하는 인간 수양의 길, 도덕성 함양의 길이다", "태권도는 극기심, 절제, 자율적인 정신과 예의를 존중하는 인간 수양의 도道로서 평생을 일관하는 생활 철학이다"라고 정의를 내리곤 한다. 태권도에서 정신 운동이란 학습의 방편으로 단지 머리 속에 동작을 암기한다는 것이 아니라 고된 부단한 신체 활동과 정신 운동을 병행해야 하고 특히 수련의 요체로 깨달음(깨침)을 얻고자 함이 수련의 내재적 의미라 하겠다. 그 깨달음의 대상은 여러 가지 일 수 있겠으나 그 중에서도 인간의 본심 혹은 마음心 안에 뿌리 박혀 있는 도덕성(인격성)이 중심과제이다. 이 도덕성은 인간을 인간답게 하는 가장 중요한 대체大體로서 인간의 본성을 특징 지우며, 그 길을 맹자는 깨달음에 있다고 보았다.

그에 따르면 깨달음이란 "인간에게 올바르게 살고자 하는 방향성을 내재적으로 지니게 한다는 것이다." 또한 김지하는 옥중 생활에서 "붉은 벽돌담 위에 풀들이 노란 꽃을 매달고 있는 것"을 보면서 "법정과 감옥 생활 중에 신앙을 잃었지만, 인간과 생명에 대한 참뜻을 깨달았다"고 했다. 깨달음이란 인간에게 어떠한 방향성에 대한 일깨움이요 생명의 소중함을 하찮은 풀잎에서도 느낄 수 있게 하는 마음의 본성을 깨닫게 하는 것이라 여겨진다.

> 도덕성은 인간을 인간답게 하는 가장 중요한 대체로서 인간의 본성을 특징 지우며, 그 길을 맹자는 깨달음에 있다고 보았다.

불교에서 깨달음은 스스로 얻는 것이다. 스스로의 노력에 의해서 깨달음의 경지에 갈 수 있으며, 비로소 그 해탈의 경지에서 인생의 실상을 바라볼 수 있게 된다고 보는 입장이다.

달마는 9년 면벽 끝에 깨달음을 얻었고, 그의 제자는 한쪽 팔을 잘라가며 법을 구했다. 달마 같은 끈기와 깨달음에 대한 갈망 없이는 절대 검劍의 도道에 다다를 수 없다. (한병철·한병기 1997:142) 이와 같이 태권도 등 무예에서 깨달음은 머리로만 이룰 수 있는 것이 아니고 몸과 함께 오기 때문이다. 그 깨달음을 각신覺身이라하고 지고의 수련 방법이다.

이와 관련, 도장은 태권도의 기술체계를 수련이라는 반성적 실천 경험을 통해 우리로 하여금 인간됨의 본질(자아 발견)이 무엇인가를 깨달을 수 있는 가능성을 제공해 준다고 할 수 있다. 인간됨(사람다움)이란 공경스러움(敬의 마음)을 몸에 체득한 데다가 그 마음이 충실誠하고 믿음직信하며, 예의禮와 義를 실천하고 남을 아끼는 심정을 지니고 있다는 된 사람成人을 말한다.

요약하자면, 태권도 수련이란 마음과 몸을 갈고 닦으며 많음多 속의 하나一, 움직임動과 고요함靜, 굳셈剛과 부드러움柔, 허虛와 실實 등 상보적 관계에서 유기적 통일의 사례로 집중, 초점, 위력, 절제 등으로 나타나는 성질을

> 도장은 태권도의 기술체계를 수련이라는 반성적 실천 경험을 통해 우리로 하여금 인간됨의 본질(자아 발견)이 무엇인가를 깨달을 수 있는 가능성을 제공해 준다고 할 수 있다.

체득할 수 있도록 하고 종국적 목표는 마음과 몸의 '한'(하나, 일치), 자연(본성)과의 '한' 등의 경지에 도달할 수 있다는 것이다. 그러한 목표에 도달하기 위해, 우리는 무엇보다도 우리가 무엇인지(실상)를 알아야 하고, 진정한 우리 자신(자아, 본성)에로 돌아와야만하고, 우리의 진정한 자아(본성)를 다시 회복해야 한다는 데 가치를 두고 있다.

도장이란 단지 무예적 기법을 연마하는 신체성의 장소라는 존재론적 정의를 뛰어넘어 인간을 다시 그 자신에게로 돌아오게 해주고 그로 하여금 자신의 존엄성과 가치와 위대함과 사명을 의식하도록 해주는 곳이다. 그럼에도 불구하고 도장의 정신은 저절로 함양되는 것이 아니라 관장과 사범(교육자)은 무예(태권도)의 본질적 이해를 어떻게 수련자(피교육자)에게 학습·전수할 것인가가 핵심적 요소임을 인식하고 함께 고려되어야 할 것이다.

> 종국적 목표는 마음과 몸의 '한'(하나, 일치), 자연(본성)과의 '한' 등의 경지에 도달할 수 있다는 것이다.

02 제2부-철학적 이해

제6장 주춤서 몸통지르기의 기본철학
제7장 도복과 띠의 '한' 철학적 이해
제8장 겨루기의 '한' 철학적 이해
제9장 품새의 철학적 이해
제10장 태권도, 왜 '한' 철학적인가

제6장
주춤서 몸통지르기의 기본 철학

태권도에서 기본이 되는 서기는 뭐니 해도 기본 준비서기와 주춤서기일 것이다. 기본 준비서기란 여러 준비서기 가운데서도 기본이 되는 서기를 말하며, 모든 동작 수행에 앞서 마음과 몸을 가다듬고 다음 기술동작을 위한 몸과 마음의 하나됨의 자세를 뜻하는 것이다.

태권도에 입문하여 제일 먼저 만나게 되는 것은 무엇일까? 라는 질문을 초심자에게 질문을 던져 본다고 가정할 때, 그 대답은 단지 한 가지로 머물지 않고 또한 그 답은 동일하지 않을 것이 분명하다. 어떤 이는 도복을 말할 것이고 또 다른 이는 도복을 착용하는 방법이라든가 아니면 도장 출입의 예를 말하기도 할 것이다.

그러나 도복을 입고 수련에 들어가면 기본 동작을 익히게 되는 데 그 가운데서도 주먹쥐는 법을 시작으로 한 기술동작은 서기자세이다. 다양한 서기자세 가운데서도 '차렷' 자세와 '쉬어' 자세는 초등학교시절부터 몸에 익혀온 자세로 실과 허의 논리에 우리는 익숙해져 있다고 하겠다.

도복을 입고 수련에 들어가면 기본 동작을 익히게 되는 데 그 가운데서도 주먹쥐는 법을 시작으로 한 기술동작은 서기자세이다.

태권도에서 기본이 되는 서기는 뭐니 해도 기본 준비서기와 주춤서기일 것이다.

기본 준비서기란 여러 준비서기 가운데서도 기본이 되는 서기를 말하며, 모든 동작 수행에 앞서 마음과 몸을 가다듬고 다음 기술동작을 위한 몸과 마음의 하나됨의 자세를 뜻하는 것이다. 두 발의 간격은 한발 길이로 하고 생명선인 척추(＝중심선)를 곧 추세우고 중심은 배꼽 밑 단전에 두며, 두 주먹을 가지런히 일정 간격을 유지하며 기氣와 의식(＝정신)을 한 곳에 모으는 자세를 일컫는다. 이때 몸의 움직임은 의식을 호흡에 실어 기를 생산하는 과정에 해당하며 종내는 하단전氣海에 중심을 싣게되는 의식儀式이라 하겠다.

태권도에서 신체의 구분을 셋으로 하는 아래, 몸통, 얼굴부위는 막기, 지르기, 차기, 치기 등에서 목표가 되고 있다. 이 각각의 부위의 최종적 목표는 급소로서 샅, 명치, 인중을 지칭한다.

태권도 수련(학습)은 대인적對人的 실전인데 그것은 자기와의 싸움이다. 적이 바로 자기의 상像으로서 허상이고 그것은 결코 허상이 아닌 실상이 되는 과정이 학습의 과정이며 단계이다. 다른 표현을 빌려 이해를 돕자면 언제나 허상적 실상의 적은 자기이다. 주춤서 몸통지르기를 숙련한다고 가정할 때, 몸통의 명치는 자기를 기준으로 하는 것이다. 모든 수련은 실제적 수련체계 즉 맞추어 겨루기, 응용(경기) 겨루기, 호신술을 제외하고는 수련의 대부분의 시간은 자기 혼자서 하는 수련으로 이어지며 그 까닭은 기술성, 안전성, 극기성 등에 근거 지워지고 있다.

주춤서기를 할 때 어느 만큼 자세를 낮추어야 할까? 는 중요한 질문이라 하겠다. 주춤서기에서 '주춤'이란 말은 순수한 우리말로 '엉거주춤'에서 유래한다. 즉 어정쩡한 자세가 엉거주춤이라 할 수 있는데, 자세를 낮춘다는 것은 앉는 자세를 말하며 이 말은 완전히 바닥에 앉는다는 의미가 아니고 의자에 앉듯 자세를 낮춰 앉는 서기를 말한다.

> 주춤서기에서 '주춤'이란 말은 순수한 우리말로 '엉거주춤'에서 유래한다.

이때 신체의 한 가운데 선(|)을 이루는 척추를 중심으로 한 좌우의 중심을 선상線上의 하단전에 두고 몸통을 곧추 세워 옆에서 볼 때 일직선을 이루어야 하는 것이다.

그리고 무릎과 발끝이 일직선을 이룰 정도로 무릎의 구부리는 각도이면 충분하다고 하겠다.

> 신체의 한 가운데 선(|)을 이루는 척추를 중심으로 한 좌우의 중심을 선상의 하단전에 두고 몸통을 곧추 세워 옆에서 볼 때 일직선을 이루어야 하는 것이다.

초보자에게는 주춤서기를 바르게 취한다는 것은 그리 쉬운 일이 아니다. 중급 정도의 수련자에게도 오분 이상 자세를 바르게 하고 유지한다는 것도 결코 쉽지가 아니할 것이다. 더군다나 초보자에게는 바른 주춤서기 자세를 단

1분이라도 유지한다는 것이 어려운 일이다. 하물며 주춤서 몸통지르기는 더욱 어려운 행위이다. 때문에 모든 동작의 학습은 단계적이어야 하고 쉬운 것에서부터 시작하여 어려운 동작으로 진행되어야 하는 것이 학습의 지름길이다.

다음으로 고려되어야 할 과제는 주먹 지르기이다. 태권도적 지르기는 바른 주먹으로 허리에서 주먹이 목표를 향해 지르게 된다. '주먹이 허리에서'라는 말은 주먹의 손등을 아래로 향하고 허리에 대고 있는 것을 말하는데, 이 기본적 위치에서 목표를 향해 가장 가까운 거리로 주먹을 내지르게 되는 데, 이 때 유의할 사항은 허리와 목표의 거리에서 2/3(삼분의 이) 정도 거리에서 나선 회전을 해야만 강한 위력을 발휘할 수 있게 된다. 물론 중심은 하단전에 두고 양다리는 어느 한쪽에 중심을 더 실어서는 안된다. 의식은 주먹의 행위(지르기)에 반드시 뒤야 한다. 다시 말해 지르기는 의식적 행위여야 한다는 것을 의미한다.

국기 태권도교본(1987)에 의하면, 지르기 요령을 여섯 가지로 요약해 설명하고 있다. 상대의 목표(얼굴, 몸통, 아래)를 주먹부위로 직각이 되도록 가격하여야 한다. 주먹은 허리에서 목표를 향하여 일직선으로 나간다. 정한 목표를 정확하게 맞추어야 한다. 굽혔던 팔굽을 펴면서 뻗는 힘으로 행한다. 실질적인 힘은 상체의 회전력을 이용한 원심력으로 팔을 통하여 주먹에 전달시킨다. 지르기는 체중이 동에 의하여 더욱 큰 힘을 가하게 된다.

주춤서 몸통지르기의 윤곽이 대략 그려졌다. 그러나 성급한 행위로 수행적 과정에서 쓸데없는 힘의 부하는 금물이다. 그러면 자세가 비틀어지고 그것이 굳어지면 바른 자세의 교정은 어렵게 되는 것이다. 태권도적 동작 수행은 그리 간단하지가 않는 법이다. 운동의 작용은 병진과 반대작용의 두 원리가 있는 데, 태권도는 이 두 원리가 막고 지르고 차며 치기하는 등 모든 기술 동작에 적용되기 때문이다.

우리가 태권도의 일상적 수련에서 만나게되며 실은 빠트릴 수 없는 기본동작은 주춤서기 몸통지르기이다. 주춤서기는 모든 서기의 본本이 되고 그 중심의 이동이 용用으로서 앞굽이, 뒷굽이 등으로 변화된다. 본디로서의 주춤서기는 중심을 바로 잡는 자세의 서기로서 두 발의 간격은 대략 두 발 길이 또는 두 발 반 길이로 엉거주춤한 상태의 앉음새를 말한다. 두 주먹은 양 허리에 위치하고 역시 배꼽 밑 단전에 기를 모으며 다음 단계로 몸통지르기를 힘찬 기합과 함께 실행하게 되는 기술을 말한다.

이때 두 발의 위상과 두 주먹의 교체되는 지르기 행위,

> 운동의 작용은 병진과 반대작용의 두 원리가 있는데, 태권도는 이 두 원리가 막고 지르고 차며 치기하는 등 모든 기술 동작에 적용되기 때문이다.

의식이 집중된 신체의 정정靜과 동動이 하나를 이루는 실천 행위는 바로 요가나 불교의 수행修行에 비유할 수 있다. 의식을 한 곳에 집중하는 행위는 '한' 정신에 해당하며 신체의 바른 자세를 지탱함은 중심을 잡는 수련행위이고 사지四肢의 행위는 상생相生으로서 기운생동적 행위, 이 셋은 바로 태권도 정신이요 기본동작의 원리요 요체가 되고 있다.

왜 우리는 일상적, 반복적 고된 수련을 감내해야 하는 것인가? 라는 물음에 대한 해법은 오직 수행의 정진에서 찾아야 하는 것이다. 바른 주춤서기 자세를 유지하며 반복적으로 관觀하며 지르기를 할 때 마음을 한 점으로 집중시켜 체험이라는 실천적 행위에서 정신적 가치의 추구가 결코는 우리의 내면 세계에 변화를 일깨워주기 때문이다. 문화의 본 뜻이 갈고 닦는다는 어원에서 볼 때 인간의 정신 차원에서 정신을 연마 하고 활용하는 일을 비유적으로 가리키고 있다.

마음이라는 것은 인간의 인격적 영적인 중심을 뜻하며, 인간의 가장 내밀한 활동 중심이고, 타인들과 역동적이고도 인격적인 관계를 맺는 출발점이다. 이것은 수행의 체험이 자기자신의 심신心身에 의한 경험을 통하여 이해되는 것으로 일정한 기능을 체득 할 뿐만 아니라 그 수행

> 의식을 한 곳에 집중하는 행위는 '한' 정신에 해당하며 신체의 바른 자세를 지탱함은 중심을 잡는 수련행위이고 사지의 행위는 상생으로서 기운생동적 행위, 이 셋은 바로 태권도 정신이요 기본동작의 원리요 요체가 되고 있다.

(=학습)을 통해 인격을 향상 시켜 가는 의미를 함축하고 있다.

주춤서기는 바른 자세, 바른 마음-즉 의식이 집중된 상태의 마음 - 바른 지르기를 할 때 기능이 점차로 향상되고 그 기능의 향상은 기술의 자동화로 체인(몸의 인식)을 가능하게 한다. 그로서 신체의 자세는 그 사람의 마음을 그대로 표현된다는 사고에 이르게 된다.

태권도에서 수련, 단련이라는 의미는 수행修行이라는 의미를 함의하고 있다. 수행은 몸의 동적인 움직임의 훈련을 통하여 정신의 훈련과 인격의 향상과 발전을 지향하는 문화적 실천행위이며 의도라는 의미이다. 때문에 동양적 사고방식은 몸과 마음의 하나됨을 이상으로 여기며 그것의 추구를 위해 여러 방식을 통해 - 정적인 요가, 명상, 참선, 염불 등 - 수행하고 있는 것이다.

그러나 우리 무예인은 몸의 움직임을 통해 동작의 기술적 능력 뿐만 아니라 그 동작을 실천하는 수행과정에서 정신 혹은 인격 향상이라는 보이지 않는 내면세계를 계도하는 문화적 인간관에 수행의 참 뜻을 찾아볼 수 있게 된다.

우리의 신체에서 태권도적 세 부위는 얼굴, 몸통, 아래이다. 이 셋의 상징적 도형은 얼굴은 ○, 몸통은 △,

> 수행은 몸의 동적인 움직임의 훈련을 통하여 정신의 훈련과 인격의 향상과 발전을 지향하는 문화적 실천행위이며 의도라는 의미이다.

아래는 ㅁ로 표현되고 이는 다시 원은 ·(점), 각은 │ (선), 면은 ━ (면)으로 상징되는 것이다. 이 점, 선, 면의 중심적 상징성을 찾아보면, 점은 회전, 의식, 중심重心이고 선은 중심中心, 몸통, 바른 자세, 바른 마음이라면 면은 기저면, 안정성, 서기, 속도에 해당되는 것으로 볼 수 있다.

주춤서 몸통지르기에서 도형적 상징은 아래의 두 다리는 면, 몸통은 선, 얼굴은 점에 각기 해당되며 이들 셋이 조화와 상생적 역할이 하나의 동작을 이루며 유기체적, 변증법적 작용에 의해 완벽한 기술동작으로 지르기의 합목적적 역할 수행을 하게되는 것이다.

주춤서 몸통지르기는 태권도적 기본 동작의 보편적 기본이며 바른 자세, 바른 의식, 바른 시선, 바른 주먹의 움직임(지르기), 바른 호흡, 바른 중심, 긴 인내(극기)의 고통 등 이 모두가 하나로 모이고(의식), 하나의 움직임(지르기), 하나의 자세(주춤서기 ㅁ, 몸통의 중심 △, 하나의 의식 〇) 이 셋이 하나를 이루는 행위가 '한'의 기본 철학이되고 있다.

> 모두가 하나로 모이고(의식), 하나의 움직임(지르기), 하나의 자세(주춤서기 ㅁ, 몸통의 중심 △, 하나의 의식 〇) 이 셋이 하나를 이루는 행위가 '한'의 기본 철학이되고 있다.

제7장
도복과 띠의 '한' 철학적 이해

도복은 바지, 저고리 그리고 띠로 구성돼 한 벌이라고 일컫는다. 띠는 역시 흰색의 초심자, 유급자를 위한 노랑, 초록, 파랑, 빨강 등 오색이며 유품자를 위한 이중색상 즉 빨강과 검정의 반반씩 차지하며 검정색의 유단자용으로 각기 구분되고 있다.

도복은 태권도인이 수련을 할 때 입는 의복이다. 도복의 색상은 흰 색이다. 이 흰색의 도복에도 목 부위의 깃의 색상에 따라 세 가지로 구분된다. 전체가 흰 도복은 초심자를 포함한 유급자용이고 깃이 이중의 색으로 되어있는 즉 빨강과 검정의 깃의 도복은 품 보유자용이며 나머지 유단자용은 검정색의 깃으로 구분 되고 있다. 이들 세 도복의 하의(바지)는 모두 흰 색상으로 통일돼 있다.

도복은 바지, 저고리 그리고 띠로 구성돼 한 벌이라고 일컫는다. 띠는 역시 흰색의 초심자, 유급자를 위한 노랑, 초록, 파랑, 빨강 등 오색이며 유품자를 위한 이중색상 즉 빨강과 검정의 반반씩 차지하며 검정색의 유단자용으로 각기 구분되고 있다.

제7장 도복과 띠의 '한' 철학적 이해

도복은 일상적 수련의 의복인데, 오늘날 경기스포츠로 발전한 태권도 경기에서는 경기복으로서 착용되고 있다. 도복의 색상은 왜 흰 색깔이어야 하는가? 띠는 왜 여러 가지 색깔로 분류되고 있는가? 는 태권도인들은 물론 일반인에게도 몹시 궁금한 것이 아닐 수 없다.

그러나 유감스럽게도 도복의 유래, 도복과 띠가 의미하는 철학적 고찰이 전혀 없는 실정이다. 필자(1990)는 이에 대한 시도로 이미 오래 전에 철학적 규명을 발표한 바 있다.

도복의 철학적 무예(무도)성

태권도 무도복은 바지, 저고리, 띠로 구성되어 태극(삼태극)을 이룬다. 이 셋이 다시 하나를 이뤄 '한'이며 우리는 이것을 도복 '한' 벌이라고 부르고 있다. 도복은 한국의 고유 의상인 한복과 유사한 점이 많은데 한복이 한민족의 고유 의상으로 언제 누구에 의해 만들어졌는지는 정확한 기록이 없어 밝혀지지 않고 있다.

그러나 『삼국사기』「신라조」와 『삼국유사』「가락국기」에 한복 바지에 대한 기록이 있으며 중국의 『사서史書』에서도 고구려, 백제, 신라의 바지에 대한 기록을 찾아볼 수 있다. 이를 통해 삼국이 모두 바지를 착용했음을 알 수

> 태권도 무도복은 바지, 저고리, 띠로 구성되어 태극(삼태극)을 이룬다. 이 셋이 다시 하나를 이뤄 '한'이며 우리는 이것을 도복 '한' 벌이라고 부르고 있다.

있다. 그리고 중국 송나라 서긍徐兢이 쓴 『고려도경高麗圖經』에는 '고구려 조의선인은 흰 모시옷을 입고 허리에 검은 비단을 둘렀다'는 글이 있는데, 이것이 고구려 조의선인의 옷 모양이다. 지금의 도복 역시 고구려 무인들이 입었던 조의선인의 옷과 별로 다를 것 없이 흰옷에 띠를 맨다. 기다란 윗저고리에 바지 역시 옛 삼국시대 고분 벽화에서 볼 수 있는 한민족 고유의 옷과 거의 같다.

우리 한복의 재단법과 유사성을 지닌 태권도복은 바지 저고리의 형태로 볼 때 ○·□·△의 세 가지 모양(꼴)으로 되어 있다. 실례로 바지에서 허리는 ○으로, 마루폭은 □, 그리고 사폭(邪輻; 남자 바지의 허리와 마루폭 사이에 잇대어 붙이는 크고 작은 네 쪽의 폭)은 △의 꼴로 되어 잇고 저고리에서도 같은 꼴을 찾아볼 수 있다.

도복이란 원래 다른 복장과 달리 모양이 잘 바뀌지 않는 보수성을 지니고 있기 때문에 고구려 조의선인이 입었던 옷과 고조선의 국자랑들이 입었던 옷이 별 차이가 없었을 것으로 추정된다.

고구려의 조의선인과 신라의 국선 화랑은 고조선의 전통이 이어져 생겨난 것으로 생각된다. 고조선 때 무예를 익히던 젊은이들인 국자랑이 삼국시대로 이어지면서 고구려의 조의선인과 신라의 화랑이 되었다고 정리할 수 있다. 여기서 원은 하늘(우주)을, 네모는 땅(자연)을 그리고

제7장 도복과 띠의 '한' 철학적 이해

각은 인간(사람)을 상징하고 있는 데, 이때 ○·□·△은 천·지·인을 표시하는 것이다.

우리 나라의 3대 경전 가운데의 하나인 『천부경』의 수 개념을 적용해서 천일일天一一, 지일이地一二, 인삼일人三一의 원리가 바지 저고리에서 각기 제 위치를 차지해서 한복의 형태가 완전하게 형성 되는 것이다. 이와 같이 한복의 형태와 원리로 볼 때 유사성을 지닌 도복의 역사도 한복의 역사와 맥을 같이 한다고 추정할 수 있다.

역(易)의 음양 원리에서 사람을 우주에 비하여 소우주라 하고, 음에 해당하는 바지는 땅이고 양에 해당하는 저고리는 하늘 그리고 띠는 사람으로 천·지·인의 삼재(태극) 사상과 맞아 떨어진다. 태극 사상이 치마, 저고리, 바지뿐만 아니라 두루마기, 장옷 등 모든 의식주의 구조와 생활용구에도 바탕을 이루고 있어 한민족사의 맥과 사상을 엿볼 수 있다.

원래 태권도복은 흰색의 천으로 만들러져 애용돼 왔는데 1978년 7월에 유급자, 품, 유단자(이 역시 셋을 이룸) 도복으로 구분하고 공인 도복으로 지정하였다.

도복 색깔의 시원은 우주의 본체가 흰 색이고 만물의 근원 또한 흰색으로 보아 한민족 자연 철학 사상이 우주를 본체로 하는 '한' 곧 하나에서 시작되었고 '한'은 '희다'에서 유래된 것이며 '희다'는 다시 우주의 본체를 의

> 원은 하늘(우주)을, 네모는 땅(자연)을 그리고 각은 인간(사람)을 상징하고 있는데, 이때 ○·□·△은 천·지·인을 표시하는것

> 도복 색깔의 시원은 우주의 본체가 흰 색이고 만물의 근원 또한 흰색으로 보아 한민족 자연 철학 사상이 우주를 본체로 하는 '한' 곧 하나에서 시작되었고 '한'은 '희다'에서 유래된 것이며 '희다'는 다시 우주의 본체를 의미한다.

103

미한다. 따라서 도복의 색이 흰색인 것은 우주의 본체가 흰색이고 만물의 근원 또한 흰색으로 보았기 때문이다.

이렇듯 태권도에서 도복이 의미하는 철학적 무예성은 도복을 항상 청결히 간수하며 몸과 마음을 갈고 닦는 도의道衣로서 중시하는 데 있다.

띠

태권도에서 띠는 바지, 저고리와 함께 한 벌의 도복을 구성하는 하나의 요소이다. 도복이 유급자, 품 및 유단자 도복으로 구분되듯 띠도 유급자, 품 및 유단자 띠로 각각 구분되어 여기 삼극(태극)을 이루고 있다. 한민족은 하늘(양)·땅(음)·사람의 삼재 중에서 하늘과 땅의 요소를 사람으로 집약하였다.

태권도복에서 저고리는 하늘, 바지는 땅에 해당되고 띠는 이 두 개념을 포함하여 우주라 하는데, '한' 철학에서는 사람을 소우주라 일컫는다.

이같은 의미에서 띠를 허리에 두 번 둘러서 단단히 매는 이유도 여기에 연관해 유추해 볼 수 있다. 도복은 전체적으로 정적인 면이 강하며 띠는 이 도복(바지 저고리)의 중심에 위치하며 동적 요소인 역동성을 나타내고 있다.

> 태권도복에서 저고리는 하늘, 바지는 땅에 해당되고 띠는 이 두 개념을 포함하여 우주라 하는데, '한' 철학에서는 사람을 소우주라 일컫는다.

띠의 색상은 다섯 가지로 구분되어 있는데 초보자의 흰색, 유급자의 노랑·파랑·빨강과 유단자의 검정색이다. 삼극적 원색은 노랑·파랑·빨강이고 흰색과 검정색은 해와 달, 낮과 밤, 시작과 완성 등 음양을 상징한다. 이 다섯 가지 색상의 의미는 음양오행의 사상과 원리에서 찾아 볼 수 있다.

음양은 동양의 전통적 사고에서 우주를 형성하는 생성의 원리, 질서의 원리로 인식되고 있다. 오행은 수, 화, 목, 금, 토를 말하며 천지의 생성원리이다. 소우주인 인간은 몸 안에 오장육부五臟六腑를 갖고 있다. 오장에서 오행이 나왔고 신장(수), 심장(화), 간장(목), 폐장(금), 비장(토)으로부터 오행이 시작된다. 그리고 오행은 오방 곧 중앙(세상의 중심)과 동서남북의 다섯 방위를 말하고 이를 오방색이라고 한다.

태권도에서 띠의 오색은 바로 우주의 원리인 오행, 오기(五氣: 오장)와 일치하며 이 오색은 오늘날에도 한국인의 전통색으로 궁궐이나 사찰 등 건축물의 단청에서부터 복식, 민화, 포장지 등에 이르기까지 그 쓰임새가 다양하다.

태권도에서 띠가 상징하는 급과 단의 품계는 시작과 완성이 아홉 수로 이루어지는데 이는 하늘과 땅, 음양과 오행의 합한 수를 의미한다. 태권도를 수련하는 과정에서 색상의 변화 원리는 오행과 부합하며 다섯 가지 색에 해

> 태권도에서 띠가 상징하는 급과 단의 품계는 시작과 완성이 아홉 수로 이루어지는데 이는 하늘과 땅, 음양과 오행의 합한 수를 의미한다.

당하는 인체 내의 오기는 자아 자체가 우주적 기氣의 흩어짐과 모임의 끊임없는 과정에서 나타나는 기적인 현상으로 생명소生命素이다.

띠의 존재론적 역동성에 있어서 본체(體)와 작용(用)으로 구분, 변화운동에서 '한'의 철학성을 규명할 수 있다. 띠의 체는 □(땅)이고 용은 ○(하늘), △(사람)인데 띠를 허리를 두 번(음양) 감았을 때의 상징(형태)은 ○, 그리고 매듭 지었을 때의 형태는 △을 이뤄 천·지·인 삼재의 원리가 적용된다.

태권도인이 도복을 입고 단전下丹田을 중심으로 두 번 단단히 두르는 의미는 음과 양이 만나는 기의 장소가 단전이기 때문이다. 이는 단전에 기를 모으고 적재적소에 기氣를 기技로 운용하자는 것이다.

띠는 도복에 견주어 우주를 상징하듯 실제로 태권도인은 도복을 몹시 조심스럽게 다루며 간수하는 예禮를 매우 중요시하고 있다. 따라서 태권도 수련은 엄격한 질서를 요구하며 그 질서는 바로 띠의 색상 차이로 권위와 상하 관계가 분명해진다. 그리고 그것이 다시 예를 바탕으로 변화하고 조화하여 질서를 이루게 된다.

태권도에 입문하면 흰 도복에 흰 띠로 수련을 시작하는데 흰색은 탄생 또는 시작 이전의 무(無)의 상태 곧 태극을 의미한다. 노랑은 탄생을 상징하고 파랑은 재생, 소생,

희망, 젊음을 상징한다. 그리고 빨강은 격렬, 열정을 상징하고 검정은 겸허, 완성, 죽음을 상징한다. 초보자 수련에서는 흰 도복 바탕에 흰띠부터 시작해 점차 노랑·파랑·빨강을 거쳐 마침내 검정 띠에 이르는 과정은 피땀 나는 고된 수련을 통한 원리에서 창출되는 것이다.

 이와 같이 띠는 태권도에서 오행·오색·오기에 의한 원리를 바탕으로 중요한 통과 의식을 상징하는 예장(禮裝: 예복 입고 위의威儀를 갖춤)을 의미한다.

 이와 같은 포괄적 의미에서 우리는 바로 띠의 '한' 철학적 무예성을 찾아볼 수 있고 아울러 도복과 띠의 '한' 철학적 이해의 세계로 인도하게 될 것이다.

제8장
겨루기의 '한' 철학적 이해

오늘날 경기(시합)겨루기라고 부르는 개념의 자유겨루기는 태권도 중급 이상의 수준에서부터 학습하는 것이 보편화되어 있고 또한 이상적이라 하겠다. 초심자에게는 기본기도 제대로 숙련되지 않은 상태에서 응용겨루기를 시작하면 상해를 입을 가능성이 그만큼 높고 또한 기본기의 미숙으로 인한 학습의 역효과를 초래하기 때문이다.

겨루기의 두 개념

겨루기는 태권도 구성요소 중의 하나이다.

전통적 개념의 구성요소는 셋으로 품새, 겨루기, 격파이다. 그러나 오늘날 그 개념이 세분화로 기본동작, 품새, 겨루기, 격파, 호신술(몸막이) 등 다섯 요소로 구분하고 있다.

또한 겨루기의 전통적 개념은 맞춰 겨루기(응용겨루기)와 응용겨루기(자유겨루기)로 구분되고 다시 맞춰 겨루기는 한번 겨루기와 세번 겨루기로 분류되고 있다.

맞춰 겨루기란 1:1(一對一) 맞상대로 한번 또는 세 번 겨루기를 수련할 때, 사전에 약속된 공방의 기술체계로 연습하는 학습체계로서 주로 유급자에게 적합한 수련단원이다. 실제 수련(연습)에 있어서는 한번 겨루기에 앞서 세번 겨루기를 먼저 학습하게 된다. 이는 공방의 기술체계를 정확히 숙달하고자 함이다. 공방양수攻手와 防手가 앞으로 나아가고 물러서進退는 움직임을 정확한 자세로 숙련하기 위함이며 동시에 공격과 방어의 기본 기술을 숙달하는 데 목적이 있다.

오늘날 경기(시합)겨루기라고 부르는 개념의 자유겨루기는 태권도 중급 이상의 수준에서부터 학습하는 것이 보편화되어 있고 또한 이상적이라 하겠다. 초심자에게는 기본기도 제대로 숙련되지 않은 상태에서 응용겨루기를 시작하면 상해를 입을 가능성이 그만큼 높고 또한 기본기의 미숙으로 인한 학습의 역효과를 초래하기 때문이다.

오늘날 태권도 개념으로는 응용겨루기라고 지칭하지 않고 보편화된 개념으로 '겨루기'라고 일컫고 있다. 겨루기라고 하면 개념상으로는 맞추어겨루기와 응용겨루기를 포괄한 개념인데 오늘날에는 겨루기라고 할 때 경기겨루기를 지칭하는 듯하다.

'겨루기' 개념의 어원은 '겨루다'라는 동사가 명사화한 개념으로서 그 뜻은 '서로 버티어 힘과 기를 견주어 본다'이다. 우리가 일상성에서 흔히 말하는 '팔씨름으로 힘을 서로 겨루다', '실력을 겨루다' 또는 용과 범이 서로 싸움을 뜻하는 '용호상박'(강한 두 사람이 서로 싸운다는

> 한번 겨루기에 앞서 세번 겨루기를 먼저 학습하게 된다. 이는 공방의 기술체계를 정확히 숙달하고자 함이다.

뜻)을 의미한다.

겨루기는 태권도 기술의 총체이다. 기본 동작과 품새 등에서 습득한 다양한 공방의 기술체계를 실제로 상대방과 겨루어 보는 실전으로서 그 형태는 1:1 또는 1:2 등, 대인 對人실전으로 확장하여 담력을 기르고 동시에 기량을 향상시키는 중요한 수련단원이라고 정의할 수 있다.

태권도의 전승 보급은 태권도 수련체계에 많은 변화를 가져왔다. 그 가운데서도 두드러진 현상은 전통적 개념인 겨루기(맞추어겨루기와 응용겨루기)가 오늘날 '겨루기'라고 말하면 그것은 바로 경기(시합)겨루기로 보편적으로 인식되고 통용되고 있다는 것이다.

경기 겨루기의 발전은 오늘날 겨루기의 기량을 숙련하기 위해 다양한 보조 용품의 개발을 야기했다. 그 중 미트, 타킷 등은 대표적으로 널리 애용되고 있기도 하다. 이 같은 여러 보조용품은 발차기 기술의 향상을 위해 정확성, 스피드, 위력(타격강도) 등 숙달에 필수적이며 때문에 보편적으로 폭넓게 애용되고 있는 것이다.

태권도 겨루기 용품으로서 빼놓을 수 없는 것이 있다. 공식 명칭은 경기복장(경기장비)이라고 하는데, 그 경기복장에 포함되는 것으로서 머리보호대, 몸통보호구, 팔다리보호대, 샅보더 및 도복, 매트 등이다. 머리보호대와 몸통보호구(호구)는 청과 홍의 색깔로 구분되고 도복은 흰색상이다. 머리보호대와 호구의 색상 구분은 경기시 청·홍 두 선수를 표시하고자 구분돼 있다.

겨루기의 의의

최영렬(1988)에 의하면, 겨루기는 상대와 근접하여 손과 발로 상대방을 공격하고 방어하는 운동으로써 상대의 움직이는 동작 여하에 따라 자신의 기술을 결정하는 극히 순간적인 운동이므로 빠른 반응과 민첩성, 그리고 순발력을 요구함은 물론 주어진 시간과 공간에서 많은 방향 전환과 고도의 기술 변화를 필요로 하는 운동이다.

우리는 겨루기 수련을 통해 무엇을 함양할 수 있는 것일까? 라는 의문에 우선적으로 생각해 볼 수 있는 것은 자신을 보호할 수 있는 기량을 숙달할 수 있고 한걸음 더 나아가서 상대를 제압할 수 있는 순발력, 반응력, 민첩성, 자신감, 강인한 정신력 등을 함양할 수 있기 때문이다.

또한 겨루기는 전신운동으로 인체의 모든 기관에 에너지를 발생시켜 주고 몸통을 다져주는 정동뇌를 자극 발달시켜 힘있게 실행하는 의욕을 개발하게 된다. 심리적으로는 강인하고 용기 있는 성품으로 변모시켜 어떤 일에도 앞장설 수 있는 강인한 용기와 담력을 길러준다. (최영렬

1988)

겨루기의 기본적 요소는 기술, 체력, 전술, 정신력이다. 기술에는 다양한 발차기 기술을 비롯 여러 자세, 짓기(스텝) 등을 들 수 있다. 체력이란 민첩성, 반응력, 협응력, 지구력 등을 강조할 수 있다. 겨루기의 실전은 피땀 나는 많은 횟수의 훈련과 실제로 다양한 상대와의 경험이 필요하다. 때문에 팀들은 시차와 인종을 극복하며 원정게임에 나서게 되는가 하면 전지훈련을 통해 담력, 경기운영능력, 자신감, 기량을 향상시키는데 주력해야 하는 것이다.

특히 오늘날 추세는 체력훈련, 전지훈련, 친선경기 등을 통해 선수는 다양한 고도의 전술과 자신감을 배양하고 정보 수집 등 다양하고 폭 넓은 방법을 동원하고 있다.

오늘날 겨루기라는 의미는 바로 태권도를 상징하는 것이며 올림픽 종목으로서 태권도는 바로 겨루기 '경기'를 지칭하게 되었다. 김영선(2000)은 태권도의 경기성에 대해 이렇게 말하고 있다. "경기로서 태권도의 모습은 태권도 경기의 비약적인 발전에 따라 현저히 인식되는 개념이 되었다. 태권도 경기는 올림픽을 비롯한 유수한 스포츠 행사에 정규 종목으로 거행되고 있다. 최근 태권도 경기의 보급과 발달로 인해 격투기의 원래의 목적 의식과 수련 방식에 커다란 변화를 가져왔으며 심한 내부적 갈등

겨루기의 기본적 요소는 기술, 체력, 전술, 정신력이다. 기술에는 다양한 발차기 기술을 비롯 여러 자세, 짓기(스텝) 등을 들 수 있다.

을 겪고 있다." "원래 무술 경기는 생존을 위한 투쟁적 성격의 격투술적 본질이 '일정한 규칙에 의해 경쟁'으로 변용된 형태이다. 일반적으로 경쟁은 '둘 이상의 사이에 상대와 우월성을 견주는 싸움'으로 정의되며 근본적으로 재미를 추구하는 활동이다."

그는 태권도의 무술성(투쟁성)과 경기성(경쟁성)에서 결론적으로 "태권도 경기는 꾸준히 이어지는 영속적인 제도로서 확립된 독자적인 영역인 것이다. 태권도의 격투술이나 신체 운동적 본질과 교육적인 측면은 오히려 부수적인 것으로 간주되는 것이 경기의 영역인 것이다."고 하였다.

그렇다면 태권도 경기는 결코 부수적인 것으로서 부정적인 폐단만을 초래하는 것일까? 김영선은 태권도의 경기 지향적 경향으로 인한 폐단에서 "무엇보다도 태권도의 이미지의 부정적인 변화가 우려된다. 진지한 자기 수양의 무예인 태권도가 득점을 따내 승리를 추구하는 일반 스포츠와 다를 바 없다고 인식되어 사람들의 흥미를 떨어뜨리는 원인이 된다. 태권도의 제한된 기술(겨루기 경기 규정에 나온 득점 기술) 만이 수련되고 발달한다 즉 경기 겨루기 이외의 기술은 상대적으로 비중이 약화된다."고 우려를 표하고 있는 반면, 그 이점으로서 "기존 스포츠계에 진출함으로써 태권도의 위상을 높일 수 있다. 실제 상대

> "원래 무술 경기는 생존을 위한 투쟁적 성격의 격투술적 본질이 '일정한 규칙에 의해 경쟁'으로 변용된 형태이다.

와 겨루기를 통해 갖가지 기술을 검정함으로써 기술 발전을 도모할 수 있다. 또한 실제 겨루기를 통해 기술과 체력, 정신력 등을 기르게 함은 물론 경기 참가란 명확한 수련 목표를 설정해 주는 이점도 있다."고 하였다.

겨루기는 태권도 본질의 총체성을 나타내는 바로미터이다. 태권도의 본질이 호신적 투쟁성이라고 볼 때, 오늘날 경기 겨루기로서의 발전을 당연한 결과로 받아들일 수는 없는 걸일까?

태권도 겨루기에는 철학은 없는 것일까? 라는 질문에 우리는 고뇌하며 깊이 있게 성찰을 해야 할 필요가 있다. 어느 민족이고 그 민족에서 유래한 무도 또는 스포츠, 심지어 민속놀이에도 그 민족과 함께 철학적 숨결이 함께 하며 전승된다고 보아야 하는 것이다. 이러한 맥락에서 태권도 겨루기가 오늘날 대중적이며 국제적으로 보급돼 올림픽 스포츠로서의 발전은 태권도가 함장한 고유한 구조와 사상에 유래하는 것이라고 보는 것이 필자의 견해이다.

> 어느 민족이고 그 민족에서 유래한 무도 또는 스포츠, 심지어 민속놀이에도 그 민족과 함께 철학적 숨결이 함께 하며 전승된다고 보아야 하는 것이다.

겨루기의 '한' 철학적 이해

태권도 겨루기는 선수, 심판 그리고 관중이 어울러

'한'이 되는 승부의 한마당이며, 이(理: 규칙)와 기(氣: 기술) 그리고 감(感: 전술)이 교합하는 망(網: 네트워크)이 되고있다. 겨루기는 원○, 네모□, 삼각△의 기하학적 조형의 장(場)이고 이는 우주(하늘), 자연(땅), 인간(사람)의 '한' 사상에 뿌리를 두고 있다.

○은 우주 즉 청·홍의 득점부위, □는 자연 즉 정방형의 경기장(12×12m), △은 인간 즉 세 부심의 앉음새를 각각 상징하는 것이다. 그리고 주심은 경기를 운영하는 주재자로서 중심원리를 이루고 있다.

태권도 경기(겨루기)는 동양철학적 측면에서 경기장 매트는 지구(□)에 해당하고 우주, 자연, 인간에 상징되는 '한' 철학의 성수 3의 의미는 공간과 시간을 의미하는 우주이며 청과 홍 두 선수의 호구상의 색상의 득점 부위는 공간, 3분은 시간을 의미한다.

경기규칙이 우주적 질서이라면 득점을 위한 부단한 운동, 이기(理氣), 음양, 오행, 오상 등 원리에 의한 조건은 선수의 경기력에 좌우된다. 체육학적 이론으로 경기력이란 경기 수행 능력을 말하며, 일반적으로 체력, 기술, 전술 및 경기정신의 제 요인을 일컫는다.

경기 복장으로서 머리보호대 및 몸통보호대의 청·홍의 색상은 음양의 태극 원리에서 유래한다고 볼 수 있다. 이는 주심을 중심으로 한 좌우, 음양이 홍·청선수의 대칭

> 태권도 겨루기는 선수, 심판 그리고 관중이 어울려 '한'이 되는 승부의 한마당이며, 이는 우주(하늘), 자연(땅), 인간(사람)의 '한' 사상에 뿌리를 두고 있다.

적 관계이다.

겨루기 기술이란 태권도적 기술체계로서 차기, 지르기, 짓기 등 기술능력을 말하고 경기 정신은 끈질긴 인내와 극기로서의 정신력, 집중력 등을 의미한다. 그러므로 경기력은 동양철학적 의미에서 음양 오행五行과 오상五常에 해당한다. 음양 오행의 체육학적 의미는 음양(청홍) 두 선수간의 시합은 우주적 질서(경기규칙)을 준수하며 음과 양 즉 차기와 받아차기, 공격과 반격이라는 음과 양간의 치열한 기술교류로 볼 수 있다.

오행은 화(민첩성, 순발력), 수(유연성), 목(스피드), 금(지구력, 체력), 토(경기력, 전술)인데 천지(경기장)간에서 만물(공격에 의한 득점)을 생성하는 기운이며 행위이다. 그리고 오상이란 인의예의지신이다. 이는 인간의 본성이며 지켜야할 덕목이다.

즉 인仁은 모든 기술을 포용하고 구사하는 능력, 의義는 과감한 공격력, 예禮는 페어플레이 정신, 지智는 공방, 목표와 기술선택의 능력 및 전술을 뜻하며 신(信)은 자신감, 정신력, 집중력 등으로 표현할 수 있다.

겨루기에서 인을 지키기 위해 자기의 최선을 다하는 것이 의로운 행동이다. 그리하여 우리는 인의 정신을 살신성인으로 높이 기리는 것이다. 경기 '시작'과 '그만'에서

> 겨루기 기술이란 태권도적 기술체계로서 차기, 지르기, 짓기 등 기술능력을 말하고 경기 정신은 끈질긴 인내와 극기로서의 정신력, 집중력 등을 의미한다.

선수의 예를 지킴은 자기존중은 물론 상대에 대한 존경이며, 정확한 도덕적 판단은 지로서 상황적으로 적절함이요 통찰과 도덕적 자유에 근거해야 한다는 것은 신이다.

오상을 바탕으로 한 경기스포츠로서 겨루기는 경기력의 최대 성취를 위한 인간의 본성이요, 경기를 통한 도덕적 수행이 인의예지신이라는 오상의 덕목을 닦고 깨닫고자 하는 노력이 수신적 행위이다.

겨루기에서 서양체육학적 경기력이란 동양철학적 측면에서는 인간의 본성을 되찾고 다섯 가지 덕목을 향유하고자 하는 오상 정신이라 할 수 있고 이는 겨루기의 내면적 특성이다.

최선을 다해 최상의 경기력을 발휘, 잘 싸웠다는 도덕적 행위가 오상을 성취하고 자기의 인생(참피온)과 세계를 개척하고자 한계 극복에 도전하는 정신, 자기 성취의 완전한 실현을 위한 끊임없는 인간본성과 도덕적 행위의 모든 과정이 경기스포츠로서의 겨루기의 길道이다.

인간은 상징행위를 하는 존재이다.

인류의 문화와 문명의 본질을 시간, 장소, 인간 노력의 삼위 일체적 산물로 보고 이를 한민족의 뿌리인 동이문화의 내용인 우주, 자연, 인간의 '한' 사상과 음양의 태극사상과 대응시키고 있다. 인간은 사물을 인식할 때 먼저 상

> 겨루기에서 서양체육학적 경기력이란 동양철학적 측면에서는 인간의 본성을 되찾고 다섯 가지 덕목을 향유하고자 하는 오상 정신이라 할 수 있고 이는 겨루기의 내면적 특성이다.

징적 수신호로 접근한다. 그 같은 상징을 존재론적으로 규정(경기규칙)한 후 소위 과학적인 판단(판정)이 가능하게 된다.

동양의 정신세계를 가장 오랫동안 지탱해온 사상체계인 음양사상은 변화의 원리로 음양이 서로 어울리느냐, 대립하느냐로 우주의 움직임은 달라지듯 겨루기에서 이는 득점에 해당된다.

> 음양 즉 청홍 두 선수 간 기술변화의 형태가 태극원리이다. 그리고 공방의 기술은 아름다움이며 이는 동작선의 다이내믹한 긴장감에서 우러난다.

음양 즉 청홍 두 선수 간 기술변화의 형태가 태극원리이다. 그리고 공방의 기술은 아름다움이며 이는 동작선의 다이내믹한 긴장감에서 우러난다.

이어령(1995)은 "태권도의 아름다운 동작은 허공에 쓰는 붓글씨, 시간의 길 위에 그려가는 수묵화이다. 그리고 그것은 유일회성, 한번 뻗친 손이나 한번 들어올려 일격을 가한 그 발은 영원히 다시는 되풀이할 수 없는 것, 수정할 수도 되풀이할 수도 없는 절대의 행위로 끝난다."고 말한다.

청홍 두 선수는 겨루기에서 혼신의 힘을 다해 그 절대의 유일회성(득점)을 살리고 하는 것이다. 유일회성의 끝없는 반복적인 행위의 교차는 이기철학과 연결시켜 신체적 문화를 역동적 의미 생산체계로 파악할 수 있다. 신체를 전통철학의 기로서 기술철학, 정신을 이로서 전술로 파악, 일거수 일투족은 이와 기의 변증법적논리로 보는 이기철학이다.

이와 기는 우주와 인간을 설명한 성리학의 근간을 이루는 이론으로서 일반적 기는 형이하학, 이는 형이상학을 가리키고 인식론적으로는 이는 관념적인 대상(원리, 전술)이고 기는 실증적인 대상(힘, 기술)이다.

겨루기에서 공방의 행위는 이와 기의 상호작용으로 파악한 작용(주파, 파장)이고 기(技: 氣)는 점, 면, 선의 운동원리에서 창출되는 것이다. 겨루기는 이와 기의 역동적 관계양식(전술과 기술)에 의한 변화 원리이며 이기철학을 근간으로 한 코스몰로지cosmology이다.

이와 같이 겨루기는 한민족 전통철학이 담긴 코스몰로지로서 가장 한국적인 정신을 잘 나타내주고 있는 것이다.

겨루기의 '한' 철학은 우주, 자연, 인간-원, 네모, 삼각-점, 면, 선으로 상징되는 우주론적 기술체계, 역학적 운동원리, 경기장의 조형성을 함의하며, 이는 포괄적인 상징성적 원리(3·1)에 있다.

제9장
품새의 철학적 이해

주역에서 역易은 곧 변화라는 뜻으로 변화라는 것은 천지만물의 기본적 성격 즉 팔괘八卦가 뜻하는 건乾, 태兌, 이離, 진震, 손巽, 감坎, 간艮, 곤坤으로 그 변화하는 것은 음陰과 양陽의 작용에서 일어나는 것으로 고대로부터 동양인들은 변화의 중심점을 이루고 있으면서도 변하지 않는 것을 '태극太極'이라고 생각했었다.

태극1장에서 8장까지

태권도의 중요한 학습단원으로서 품새는 유급자 품새 8개와 유단자 품새 9개, 모두 17개로 제정되어 전세계적으로 보급되고 있다. 유급자 품새는 태극 1장에서 8장까지이며 유단자 품새는 고려, 금강, 태백, 평원, 십진, 지태, 천권, 한수, 일여 등이다.

태극 품새에서 태극이란 우주만물이 생긴 근원인 본체 즉 하늘과 땅이 아직 나뉘기 전의 세상만물의 원시상태를 말한다.

주역에서 역易은 곧 변화라는 뜻으로 변화라는 것은 천

> 태극 품새에서 태극이란 우주만물이 생긴 근원인 본체 즉 하늘과 땅이 아직 나뉘기 전의 세상만물의 원시상태를 말한다.

지만물의 기본적 성격 즉 팔괘八卦가 뜻하는 건乾, 태兌, 이離, 진震, 손巽, 감坎, 간艮, 곤坤으로 그 변화하는 것은 음陰과 양陽의 작용에서 일어나는 것으로 고대로부터 동양인들은 변화의 중심점을 이루고 있으면서도 변하지 않는 것을 '태극太極'이라고 생각했었다.

  태초에는 아무 것도 없고, 오직 혼돈만이 있었을 뿐이다. 반고씨盤古氏가 그 혼돈을 둘로 갈라 공간을 만들어, 그 안에 모든 존재자를 있게 하였다. 그 공간의 벽을 하늘이라 하고, 땅이라 한다. 그러므로 하늘과 땅은 만물을 있게 하는 존재공간이다. 이 존재공간을 주역周易에서는 건곤이라고 하였다. 다만 혼돈에서 공간을 만들어낸 것이 천지(하늘과 땅)라면 그 공간에서 시간을 만들어낸 것이 건곤이다. 그러나 시간은 공간을 통해서 인식되는 것이므로 건곤을 천지로 이해하기도 한다. (송항룡 1999)

  존재의 공간적 인식내용이 물상物象이요, 존재의 시간적 인식내용이 변화이다. 모든 존재현상은 이 두 가지 인식 내용 속에서 이루어지고 있다는 것이 역의 건곤이요, 음양이다. 그러므로 음양은 물상이요, 변화이다. 건곤을 천지라고 할 때에는 음양의 물상적 파악으로 태는 연못, 이는 불, 진은 우레, 손은 바람, 감은 물, 간은 산을 의미한다. 여기서 하늘, 연못, 불, 우뢰는 양의 성질을 나타내고 바람, 물, 산, 땅은 음의 성질을 나타낸다. 이같이 8괘는 물상의 공간적 표기요, 물상의 시간적 표기를 기호화 한 것을 효(爻 --, —)라하고 음양이다.

태극 품새는 태극의 원리에 따라 8괘로 나뉘고 인식상에서 시간은 공간과 분리되어 변화로, 공간은 시간과 분리되어 물상으로 파악되며 그것이 태극 1장에서 8장으로 각각 명명돼 있다. 이 분리, 파악되는 시간과 공간의 연계 속에서 존재자를 새롭게 파악하려는 것이 역易의 괘효卦 爻다. 그리고 거기서 파악된 존재가 다름 아닌 생명으로 살아있음의 존재자다.

태극 품새가 초심자에서 유급자의 수련 단원이 되고 있음은 우리 인간의 생명이 하늘에서 부여된 상태, 즉 생명체의 탄생이 태극품새의 과정이라고 볼 수 있고, 유단자 품새는 생명이 부여된 살아있음의 존재자로서 정신의 탄생으로 물상과 변화의 시공간에서 생활하며 참 인간이 되고자 수련하는 과정(=道)이 고려에서 일여에 해당하는 품새라 볼 수 있다. 그러므로 역에서의 건곤은 모든 존재하는 것의 존재형식이 시·공간이요, 그 형식 속에서 존재하는 실재가 살아있음의 존재자다. 천지는 물상이 아니요, 만물의 존재공간으로 그 가운데에 연못, 불, 우뢰, 바람, 물, 산이 있고. 이 천지를 시간과 공간으로 치환置換시키고 있는 것이 건곤으로 그 속에는 태, 이, 진, 손, 감, 간 등이라 일컫는다.

태극 품새는 태극의 원리에 따라 8괘로 나뉘고 인식상에서 시간은 공간과 분리되어 변화로, 공간은 시간과 분리되어 물상으로 파악되며 그것이 태극 1장에서 8장으로 각각 명명돼 있다.

제9장 품새의 철학적 이해

태극 1장은__ 팔괘의 건을 의미하며 건은 하늘과 양을 뜻한다. 건이 우주만물의 근원의 시초를 나타낸 것과 같이 태권도에 있어서도 맨 처음의 품새이다. 이 품새는 모두 18품과 20동작으로 구성되어 있고 기합은 18품 몸통반대지르기때 넣는다. 동작은 아래막기, 몸통안막기, 얼굴막기, 몸통반대지르기, 몸통바로지르기, 앞차기이며 서기는 앞서기, 앞굽이가 나온다.

태극 2장은__ 팔괘의 태를 의미하며 태는 연못을 뜻한다. 연못은 속으로 단단하고 겉으로는 부드럽다는 뜻이다. 이 품새는 모두 18품 23동작으로 구성되어 있고 기합은 18품 몸통반대지르기때 넣는다.

태극 3장은__ 팔괘의 이를 의미하며 이는 불을 뜻한다. 불은 뜨겁고 밝음의 성질을 지닌다. 이 품새는 모두 20품과 34동작으로 구성되어 있고 기합은 20품 몸통바로지르기 때 넣는다. 새로운 동작은 손날목치기, 한손날막기이고 서기는 뒷굽이다. 한 품이 세 동작으로 구성된 것이 특징이며 빠른 속도로 유연하게 동작을 실행해야 한다.

태극 4장은__ 팔괘의 진을 의미하며 진은 우뢰를 나타

한 품이 세 동작으로 구성된 것이 특징이며 빠른 속도로 유연하게 동작을 실행해야 한다.

123

내고 그것은 큰 힘과 위엄 있는 뜻을 지니고 있다. 이 품새는 모두 20품과 29동작으로 구성되어 있고 기합은 20품 몸통두번지르기 때 넣는다. 새로운 동작은 손날몸통막기, 편손끝세워찌르기, 제비품목치기, 몸통바깥막기, 등주먹치기, 몸통두번지르기, 몸통막기, 옆차기 등이다.

  태극 5장은__ 팔괘의 손을 의미하며 손은 바람을 나타내고 바람의 강약에 따라 위세와 고요의 뜻을 지닌다. 힘의 강약의 조절을 요구하는 동작이 많으며 모두 20품과 32동작으로 구성되어 있고 기합은 20품 등주먹앞치기 때 넣는다. 새로운 동작은 메주먹 내려치기, 팔굽돌려치기, 옆차며 동시에 옆지르기, 팔굽표적치기가 있고, 서기는 왼서기, 오른서기 및 뒤꼬아서기가 나온다.

  태극 6장은__ 팔괘의 감을 의미하며 감은 물을 나타내고 그것은 끊임없는 흐름과 유연함을 뜻한다. 만물의 생명원인 물의 특성처럼 기술의 연결이 물 흐르듯 유연해야 한다. 이 품새는 모두 19품과 31동작으로 구성되어 있고 기합은 12품 돌려차기 때 넣는다. 새로운 동작은 한손날 얼굴바깥막기, 몸통바깥막기, 바탕손몸통막기, 헤쳐아래막기, 돌려차기가 있고 품새의 중간에 나란히서기가 나온다. 수련상의 유의할 점은 돌려차기한 후 찬 발을 앞굽이 자세의 위치에 정확히 내딛기를 해야 한다.

태극 7장은__ 팔괘의 간을 의미하며 간은 산을 나타내고 그것은 육중함과 굳건하다는 뜻을 지닌다. 이 품새는 모두 25품과 33동작으로 구성되어 있고 기합은 25품 몸통옆지르기 때 넣는다. 새로운 동작은 손날아래막기, 바탕손거들어막기, 보주먹, 가위막기, 무릎치기, 몸통헤쳐막기, 제친두주먹몸통지르기, 엇걸어아래막기, 표적차기, 옆지르기가 있고 서기는 범서기, 주춤서기가 나온다. 새로운 동작이 다양하므로 연결성에 유의 해야 한다.

태극 8장은__ 팔괘의 곤을 의미하며 곤은 땅과 음을 뜻한다. 땅은 뿌리와 안정 그리고 시작과 끝의 뜻을 지닌다. 이 품새는 모두 27품과 38동작으로 구성되어 있고 기합은 3품 두발당성앞차기 때와 19품 뛰어앞차기 때 각각 넣는 것이 특징이다. 새로운 동작은 두발당성, 바깥팔목몸통거들어막기, 외산틀막기, 당겨턱지르기, 거들어아래막기, 뛰어차기, 팔굽돌려치기가 있다.

고려에서 일여까지

고려 품새는 고려의 선비정신을 본받으며 한반도의 정

> 고려의 선비정신을 본받으며 한반도의 정기가 모인 영산인 금강산, 태백산 등의 순서로 품새가 진행된다.

> 이 품새의 중요한 생명은 배달의 얼을 한껏 발휘할 절도와 완만성을 응용시킨 것이다.

기가 모인 영산인 금강산, 태백산 등의 순서로 품새가 진행된다. 선비란 상고 소두 제단의 무사를 칭하며 강력한 상무정신과 곧은 선비정신을 나타내고 고구려-발해-고려로 이어지는 선배(선비)의 얼을 바탕으로 엮어졌다. 이 품새는 모두 30품과 45동작으로 구성되어 있고 기합은 11품과 30품 칼재티 때 각각 넣는다. 준비서기는 나란히서기 통밀기이고 새로운 동작은 거듭차기, 손날바깥치기, 한손날아래막기, 칼재비, 무릎꺾기, 안팔목몸통헤쳐막기, 표적 지르기, 편팔굽옆지르기, 앞꼬아서기, 손끝제쳐찌르기 등 다양하다. 품새선은 사(선비 士)자로서 동작의 움직이는 형태는 우리 민족이 지닌 고요하고 아름다운 모습을 나타내듯 여러 가지 깊은 기술을 적용하였다. 이 품새의 중요한 생명은 배달의 얼을 한껏 발휘할 절도와 완만성을 응용시킨 것이다.

금강 품새는 한국의 명산이고 불교성지로 불교의 영향으로 붙여진 금강산을 상징해 산(뫼 山)자를 품새선으로 정했다. 금강이라는 단어는 여러가지 비밀스런 의미를 지닌다. 금강은 쇠 중에서 순일淳一하며 굳은 것이다. '강'은 쇠 중에서 나는 것인데 백 번 달구어서 녹슬지 않는다. 이 굳고 날카로운 것을 취하면 능히 만물을 끊고 무너뜨린다. 그리하여 불교에서는 쇠는 세상의 악령들이 대체로 꺼리는 물질이며 주술의 효과를 방해한다는 상징으로 신과 붓다들, 밀교 귀의자, 특별히 신성한 장소, 경전과 철학 체계 등을 가리키는 데 사용된다. 금강의 사전적 의미는 다양하다. 우리 나라의 명산으로 꼽히는 금강산, 불교 금강경에서는 금강신 등인데, 금강경에서는 금강석이라고 직설적으로 표현하지는 않았는데 그 어떤 물건이라도 능히 깨뜨릴 수 있고, 또 그 자체는 그 어떤 것에 의해서도 부서지거나 상하지 않음을 뜻하는 것으로 오히려 인드라신神이 가지고 있는 바지라金剛杵라는 뜻으로 이해된다.

이 품새는 모두 25품과 35동작으로 구성되어 있고 기합은 11품과 21품 산틀막기 때 각각 넣는다. 새로운 동작의 특징은 산틀막기, 금강막기, 바탕손턱치기, 큰돌쩌귀이고 서기는 학다리서기가 나온다.

태백은 한민족의 고대국가인 단군 조선이 개국한 아사달의 성산인 밝산을 의미하며 밝은 산은 한민족의 얼과 전통의 근원을 나타내고 홍익인간의 정신을 담고 있다. 태백은 지금의 백두산을 의미하며 민족의 태반이고 상징인 백두산이다. 일연의 〈삼국유사〉에 보면 하나님(환인)의 아들인 환웅이 부하 3천명을 거느리고 하늘에서 내려오신 곳이 태백산이라고 되어 있다. 또한 한민족을 백의 민족이라 일컫고 있음은 백(白)자를 태양신 숭배의, 일종의 제천의식의 상징으로 보아(태백산, 장백산, 백두산...)

> 태백은 한민족의 고대국가인 단군 조선이 개국한 아사달의 성산인 밝산을 의미하며 밝은 산은 한민족의 얼과 전통의 근원을 나타내고 홍익인간의 정신을 담고 있다.

태백산의 단군신화가 거기서 나온 백의민족의 문화로 연결되고 있다. 단군신화는 하늘(─)의 사상과 땅(▁), 그리고 사람(│)의 사상이 화합하는 사상이요, 음(땅)과 양(하늘)이 결합하는 사상이 단군의 탄생을 둘러싸고 잘 정리되어 있다. 그러므로 태백 품새의 품새선은 공(지을 工)자로 천지인 단군 개국신화를 상징하며 단군의 높은 이상을 바탕으로 생겨났다. 이 품새는 모두 26품과 38동작으로 구성되어 있고 기합은 8품과 22품에서 각각 넣는다. 새로운 동작은 손날아래헤쳐막기, 손날엎어잡기, 잡힌손목빼기, 금강골통막기, 등주먹얼굴바깥치기, 작은돌쩌귀 등이다.

평원 품새는 평탄하고 아득한 사방으로 넓게 펼쳐진 큰 땅(▁)을 의미하며 큰 땅은 생물의 모체로서 생명의 보존과 만물의 영장인 사람으로 인한 삶의 터전을 나타내고 본디本와 쓰임用을 뜻한다. 땅이 삶의 근본인 것같이 인체의 힘의 근원인 하단전의 기운을 모으고 얻어서 행동하기 위한 준비서기는 모아서기 겹손으로 시작한다.

이 품새는 모두 21품과 25동작으로 구성되어 있고 기합은 9품과 17품 등주먹당겨턱치기 때 각각 넣는다. 새로운 동작은 팔굽올려치기, 거들어얼굴옆막기, 멍에치기, 헤쳐산틀막기가 나온다.

십진 품새는 자연숭배와 원시신앙에서 나온 장생불사한

제9장 품새의 철학적 이해

다는 열 가지 물건 즉 십장생(해, 산, 물, 돌, 소나무, 구름, 불로초, 거북, 학, 사슴)을 말한다. 이러한 것은 십진사상에서 유리된 것이다. 십진은 열에서 백, 천, 만으로 늘어나는 십진법에서 무한대의 숫자를 형성하는 것을 의미한다. 품새선은 十자로 십장생의 사상 근본과 십진법에 의한 무한대의 숫자 형성 그리고 무궁한 발전을 뜻한다. 이 품새는 모두 28품과 31동작으로 구성되어 있고 기합은 5품 옆지르기와 23품 등주먹거들어얼굴앞치기때 각각 넣는다.

새로운 동작은 십장생의 수에 따른 열 가지로 황소막기, 손바닥거들어막기, 엎은손날지르기, 손날아래막기, 바위밀기, 손날등몸통헤쳐막기, 걸어올리기, 손날엇걸어아래막기, 손날등몸통막기, 쳇다리 지르기이다.

지태는 땅위의 사람이 하늘을 향해 딛고선 지상인人을 의미하며 지상인은 사람이 삶의 터전인 땅위에서 두 발로 차고 뛰는 싸움을 나타내고 사람의 생존경쟁 속에서 나타나는 갖가지 양상을 동작으로 표현했다. 모든 생물은 땅에서 나고 자라며 죽는다. 또한 계절을 변화시키는 바람도 땅위에서 생겼다가 땅위에서 사라진다. 지태란 하늘이 주신 최대의 생활처로 항여력恒如力을 주는 대능력자로 만유의 안식처이다. 품새선 ㅗ는 땅위에서 선사람과 땅위에서 하늘을 향해 솟구치는 사람의 모양으로 땅에서 나고 자라며 죽는 사람과 그 땅을 뜻한다. 이 품새는 28품과 37

자연숭배와 원시신앙에서 나온 장생불사한다는 열 가지 물건 즉 십장생(해, 산, 물, 돌, 소나무, 구름, 불로초, 거북, 학, 사슴)을 말한다.

동작으로 구성되어 있고 기합은 18품과 24품의 왼메주먹 표적치기와 몸통반대지르기 때 각각 넣는다. 새로운 동작은 한손날얼굴막기, 금강몸통지르기, 메주먹옆표적치기이다.

천권은 만물의 근본이며 우주 그 자체이기도 한 하늘이 가진 대능력을 의미하며 그 무한한 능력은 창조와 변화와 완성을 나타내므로 사람이 대능력을 무서워하고 경외하는 마음이 생겨서 으뜸가는 지상의 모양이나 뜻에는 하늘의 이름을 붙였다.

구천 년도 더 된 아득한 옛날에 한민족의 시조이신 환인 임금님은 하늘나라 임금이라 불리우시면서 하늘나라와 하늘산 근처에 하늘도읍을 정하셨고 하늘민족인 한민족의 사상과 행동을 동작으로 표현했다. 그리고 하늘에서 내리는 사람과 하늘의 뜻에 의한 사람, 그리고 하늘로부터 힘을 받은 사람과 하늘을 숭상하는 사람인 하늘사람이란 뜻과 하늘과 사람이란 뜻을 함께 지니고 있다. 천권의 품새선은 ㅜ자이며 준비서기는 모아서기 겸손이다. 이 품새는 모두 26품과 27동작으로 구성되어 있고 기합은 8품에서 왼발 옆차기 때 넣는다. 새로운 동작은 날개펴기, 밤주먹솟음치기, 휘둘러막기, 휘둘러 잡아당기기, 태산밀기, 금강옆지르기 등이고 자진발이 나타나며 동작의 특징은 움직임이 큰 동작과 팔동작이 완만한 곡선을 이루어 천권

제9장 품새의 철학적 이해

의 큰 사상을 담았다.

한수는 만물의 생명을 키워주는 근원이 되는 규모가 크고 많은 물을 의미하며 이는 생명의 탄생과 성장, 강함과 약함, 큰 포용력과 융화력 그리고 적응력을 나타낸다.

한수에서 한은 하나라는 뜻과 많다, 크다, 가운데, 같다, 가득하다, 함께, 오래 등 여러가지 의미를 뜻하고 있으며 하늘이라는 뜻과 모든 것의 뿌리라는 뜻도 담겨져 있다.

물은 냄새나 맛이나 색깔이 비록 없다손 치더라도 그 양이 작을 때는 약하지만 괴고 또 괴어 큰물을 이룰 때 그 힘이란 무섭게 변하는 것이 곧 물인 것이다. 한 방울에서 시작하여 큰 강물을 이루는 융화성은 사람이 배워야 할 진리인 것이다. 물의 본성은 언제나 순수하다. 물은 깨끗하여 '본래무일물本來無一物'이다. 일물도 섞일 수 없기 때문이다. 옛날부터 물처럼 좋은 것은 없다고 한다. 물의 속성이 깨끗한 것처럼 인간의 본성도 청정심이다. 그 청정심을, 인간의 깨끗한 마음을 되살리자는 것이 품새 한수의 교훈이다.

품새 한수는 수水자로 진행되며 27품과 34동작으로 구성되어 있고 새로운 동작은 손날몸통헤쳐막기, 메주먹양옆구리치기, 거들어칼재비 안팔목아래표적막기, 손날금강막기 등이며 물결처럼 유연하면서도 무서운 힘을 발휘하는 것을 동작하는 데 중점으로 두었다. 한수의 생명은 물

> 물은 냄새나 맛이나 색깔이 비록 없다손 치더라도 그 양이 작을 때는 약하지만 괴고 또 괴어 큰물을 이룰 때 그 힘이란 무섭게 변하는 것이 곧 물인 것이다.

의 속성인 유연성을 바탕으로 원심력으로 공방하는 융화된 통일성을 응용한 것이다.

일여 품새는 신라의 고승 원효대사의 사상의 정수를 의미하며 마음(정신)과 몸(물질)이 하나이면서 원리는 오직 하나 뿐이라는 높은 철리를 말하고 있다. 이것은 점이나 선이나 원이 하나가 된다는 뜻을 나타낸다. 원효는 "마음이 있어야 모든 사물과 법이 있는 것이다"며 "마음이 죽으면 곧 해골이나 다름 없도다. 부처님 말씀에 삼계가 오직 마음뿐이라고 한 것을 어찌 잊었더냐" 하였다.

이 품새에서 일여의 깊은 뜻을 적용하여 동작과 정신을 하나로 만들었다. 품새선은 불교의 상징인 卍자로 정하였고 준비서기는 보주먹 모아서기이다. 만卍자의 의미는 불교에 나타나는 길상만덕의 상象의 상징이며 또한 석가의 가슴복판에 있었다는 생래의 표시로서 불교의 법륜法輪을 표시하는 것이다. 이는 우리 나라 문화가 역시 불교권에 속하고 전체 품새의 명칭이 자연과 깊은 연계성으로 정신과 화합, 오직 하나라는 선불교의 경지로 몰입하게 된다. 태권도의 마지막 수련 단원인 일여는 선禪과의 관계 속에서 무예는 정신과 육체의 통합을 강조한다. 이는 선수행을 통해 누구든 의식 상태의 변혁을 이룰 수 있으며 고차원의 깨달음 즉 득도道를 할 수 있다고 본다. 동작의 움직이는 형태는 금강막기를 주 기술로 만들었다.

> 마음(정신)과 몸(물질)이 하나이면서 원리는 오직 하나 뿐이라는 높은 철리

이 품새의 중요한 생명은 등척성과 평형성을 주로 넣어 정신과 육체는 하나라는 표현으로 전신에 힘주어 움직일 때 근육과 정신을 일치시켜 무아의 경지에 도달하면 이는 곧 일여의 사상과 직결되는 것이다.

이 품새는 모두 23품과 27동작으로 구성되어 있고 기합은 6품과 13품에서 편손끝세워찌르기 때 각각 넣는다. 새로운 동작은 손날얼굴막기, 외산틀옆차기, 두손펴 비틀어 잡아당기기, 뛰어옆치기가 있고 서기로는 학다리오금서기가 나온다.

유단자 품새의 절정을 이루는 9번째의 품새 일여가 그 품새의 시작과 끝의 동작이 막기로 끝맺음은 태권도는 역시 호신護身의 무예임을 나타내고 있고 아홉(9)수의 의미성도 자못 심원하다. 이는 양수陽數로서 최고의 길수吉數를 말하며 또한 사람이 명을 다하면 미지의 구천 구만 장천으로 떠난다는 종교적 의미에서도 성수聖數로서 음 양의 신비성을 담고 있는 신비의 숫자이다.

품새는 태극사상, 그리고 '한' 민족 사상의 근원인 단군사상과 풍류도사상 등을 담고 있다. 태극의 생명사상에서 단군의 홍익인간의 '한' 정신, 그리고 금강, 태백 등 명산과 평원, 지태를 누비며 호연지기를 폈던 고구려의 조의선인 및 신라의 천지화랑이 무예를 익히며 신체를 연마했던 자연과 십진, 천권, 한수 품새를 통해 웅

> 정신과 육체는 하나라는 표현으로 전신에 힘주어 움직일때 근육과 정신을 일치시켜 무아의 경지에 도달하면 이는 곧 일여의 사상과 직결

지를 펴고자 함은 상생의 정신을 함양하자는 것이다. 그리고 종내는 무예 수련의 목적은 바른 기법, 바른 정신을 숙달해 심신의 중심을 바로잡고 나아가 하늘이 부여한 인성(인간본성)을 형성하고 사람됨을 이룩하는 데에 있다. 모름지기 태권도인은 품새 수련을 통한 개인적 체험과 관계를 새롭게 조망하며 유구한 전통사상의 중요한 흐름을 자신의 내면 세계에 습여성성習與性成될 수 있도록 정진해야 할 것이다.

제9장 품새의 철학적 이해

품새 수련의 구조적 본질

품새란 공격과 방어의 기술을 규정된 형식(틀, 형)에 맞추어 지도자 없이 수련할 수 있도록 이어 놓은 동작이다. 따라서 품새는 공격과 방어의 기본동작을 연결, 수련함으로써 겨루기 기술향상과 동작응용, 능력배양 그리고 기본동작에서는 익힐 수 없는 특수기술의 연마(숙달)를 할 수 있는 장점을 지니고 있다.

태권도에서 품새는 기본동작, 겨루기, 격파, 호신술 등과 함께 5대 구성 요소 중 하나이다.

품새란 공격과 방어의 기술을 규정된 형식(틀, 형)에 맞추어 지도자 없이 수련할 수 있도록 이어 놓은 동작이다. 따라서 품새는 공격과 방어의 기본동작을 연결, 수련함으로써 겨루기 기술향상과 동작응용, 능력배양 그리고 기본동작에서는 익힐 수 없는 특수기술의 연마(숙달)를 할 수 있는 장점을 지니고 있다.

품새는 품새선에 따라 수련하는 데, 품새선이란 품새를 할 때 발의 위치와 그 이동방향을 線線으로 표시한 것을 말한다. (국기태권도교본, 국기원 1987)

> 품새는 품새선에 따라 수련하는데, 품새선이란 품새를 할 때 발의 위치와 그 이동방향을 선으로 표시한 것을 말한다.

135

품새를 수련할 때는 몸의 신축(근육과 운동조절), 기법의 완급(속도조절), 힘의 강약(힘의 조절)을 조절 숙달시키는데 특히 주의해야 한다. (태권도교범, 이원국)

품새를 무수하게 반복함으로써 수련자들은 각 품새가 갖고 있는 본질과 이해에 도달 할 수가 있다. 반복된 품새 훈련을 계속하면 균형, 집중, 협동, 적절한 호흡조절, 자기 훈련을 얻을 수 있다. (태권도지도이론, 김대식 외 1명, 나남 1987)

품새에 대한 구조적 본질은 품과 품새선에 있다. 모든 품새는 각각 독자적 내재성으로서 철학적 원리와 사상을 담고 있고, 그것을 기호화 한 것을 품새선이라 일컫는다.

품새에서 품은 동작 수행을 위한 규범이고 품새선이란 품의 정형화한 틀로서 '경敬의 공간'이라고 정의할 수 있다. '경'이란 사람이 자기 생명의 근원에 대하여 존경하는 태도에서 나오는 행위라 볼 수 있다. 때문에 품새 수련에서 '경'은 마땅히 가져야 할 수행하는 태도로서 당위이다.

여기서 품과 동작의 관계는 품은 체體이고 동작은 용用에 해당한다. 품은 상象이며 동작은 그 상을 위한 움직임이며 기화氣化현상이라 하겠다.

하나의 완전한 품을 구현하기 위해서는 반복적 수련을

요하게 되며, 완벽한 품의 이해에 도달하고자 하는 수행이 품새선이라는 '경의 공간'에서 이뤄지게 된다.

우리가 품새를 수련할 때 단지 기술 동작의 숙달을 위해 혼신의 힘을 다하는 것은 결코 아니다. 그것은 단지 형이하의 기술을 몸으로 익히자는 범주에서 벗어날 수 없다.

태권도는 몸과 마음을 갈고 닦고자 하는 수양에 목적을 두고 있다. 그 까닭에 품새 수련은 단지 기술 동작의 숙달을 초월한 마음의 수양 즉 정신의 고차원적 경지境地에 이르고자 정진해야하는 것이다.

품새에서 품새선은 품이라는 상象을 위한 동작 즉 기화氣化 현상이 일어나는 공간인데, 이 공간은 기화현상의 동작을 동작이게 하는 리理로서 마음을 닦는 '경의 공간' 이다.

동양적 사유체계는 인간의 마음과 몸을 하나로 보며 심신일원론으로서 우리는 품새 수련이 단지 기술 동작의 숙달에 두지 않고 품이라는 형상을 깨우치며 마음과 몸, 그 하나됨의 수행을 지향하는 것이다.

태권도 품새 수련은 품(마음)과 동작(몸)의 합일의 이상을 실현하고자 하는데 있고, 그 목표를 달성하기 위해서는 끊임없는 자기수양이 따라야 하며, 그 수행 방법의 기본이 '敬'이라 하겠다. '경'의 궁극적인 목적은 理와 德

을 깨닫고 얻는 것이며 품은 理의 체이며 동작은 理의 用에 해당한다. 체용의 관계에서 실천을 통해 덕성을 함양하는 것이 품새 수련의 의미를 찾아볼 수 있다.

품새는 실천적 수양의 근본이다. 그 근본을 갈고 닦는 공간이 품새선이라는 '경의 공간'이라 하겠다.

퇴계는 '경'이란 몸의 주인은 마음이며, 마음을 주재하는 것이 바로 '경'이라 했다. 그러기에 마음으로서 품의 철리哲理를 깨우치고 몸으로 동작 기술을 숙달하고자하는 품새 수련은 성리학의 대가 퇴계의 수양법인 '거경궁리居敬窮理'에 있는 것이다.

태권도인은 모름지기 품새 수련의 궁극적인 목표를 '거경궁리' 즉 '경'의 공간에서 사물의 이치(품새, 품새선)를 사유하고 터득하는 것에 둬야 할 것이다.

태권도인은 품새 수련에 앞서 먼저 품새의 구조적 본질을 이해하고 각고의 수련을 통해 수신적修身的, 호신적護身的, 각신적覺身的 단계를 거쳐 궁극적으로는 인간완성, 자아실현 등 깨우침을 얻어야 하는 것이다.

제 10 장
태권도, 왜 '한' 철학인가

무도란 개념은 무술 또는 무예라고 달리 불리기도 하는데, 이는 서양의 스포츠라는 개념과 대조적인 의미로 '동양적' 수행행위(스포츠)로써 본능적 방위와 참 인간에 대한 성찰을 근거한 생명 개념을 중요시하고 있다.

태권도는 무도에서 출발하여 스포츠로 발전하였다. 오늘날 태권도인들은 태권도를 단순한 스포츠로서 인식하기에 앞서 아직도 무도로서의 가치관을 인식하고 본질적 수행관을 선호하고 있다.

무도와 스포츠의 합성어인 무도·스포츠라는 개념은 태권도를 특징짓는 대명사로서 널리 사용되고 있기도 하다.

임동규(2001)는 "서양스포츠나 동양무예가 다같이 심신의 조화와 균형적 발전이라는 기능을 하고 있다. 즉 서양스포츠가 외형적인 체력단련에 주안점이 있다면 동양무예는 전인격적인 인격도야라는 철학적, 도덕적 기반에 주력하고 있다."고 했다.

> 무도와 스포츠의 합성어인 무도·스포츠라는 개념은 태권도를 특징짓는 대명사로서 널리 사용되고 있기도 하다.
>
> 동양무예는 전인격적인 인격도야라는 철학적, 도덕적 기반에 주력하고 있다.

무도란 개념은 무술 또는 무예라고 달리 불리기도 하는데, 이는 서양의 스포츠라는 개념과 대조적인 의미로 '동양적' 수행행위(스포츠)로써 본능적 방위와 참 인간에 대한 성찰을 근거한 생명 개념을 중요시하고 있다.

여기서 무도, 무술, 또는 무예로 혼용되고 있는 무武의 발생은 '인간본능의 발현'이라고 볼 수 있다. 영어로는 Martial Arts이라는 하나의 개념을 사용하고 있다.

도道 개념에 대한 뜻은 깊고 다양하나 대체로 방법, 원리, 도리, 질서, 무극 등으로 이해되고 있다.

무도라는 개념은 무술이라는 개념이 원초적이며 무예, 무도라는 개념의 변천은 시대상의 반영 또는 의미부여의 차이이지 기술상의 본질에는 대저 분별이 없는 것이다.

그러나 오늘날 무도라는 개념은 인간의 움직임Human movement을 통한 정신성, 철학성을 강조하는 수련관으로 이해하고자 하는 경향이다.

반면, 스포츠라는 개념은 인간의 움직임의 특성상 경쟁성으로 특징 지워져 왔다.

스포츠Sports 개념의 어원은 라틴어에 뿌리를 두고, 이어서 프랑스어 'disport'라는 어원에서 다시 영어 Sports로 바뀌었다. 즉 '자기의 본래의 일에서 마음을 다른 곳으로 나른다는 것', '기분 전환을 하는 것'이라는 의미이다.

현대로 오면서 스포츠활동은 다분히 현실적이고 서양적인 인간의 생활문화에서 창출된 것으로 그 극대화는 올림픽경기대회일 것이다.

우리가 오늘날 태권도를 무도·스포츠라고 지칭할 때, 태권도에 있어서 무도성과 스포츠성을 함께 공유하고 있다고 보는 관점에서 유래한다.

무도의 본질이란 몸의 실천적 수행을 통해 정신, 철학적 기반을 통한 '자아실현'에 있다면 스포츠란 바로 상대와의 경쟁을 통한 '경기력 성취'를 중시한다는 차이를 알 수 있다.

무도로서 태권도가 추구하는 것은 '자아' 즉 '내면적, 무욕 상태의 자아 발견'에 목표를 두고 있다면 스포츠로서 태권도는 외적 현상으로서 경쟁을 통한 '타자 속의 자아 성취'가 목표가 되고 있다.

태권도가 오늘날 지속적으로 인기를 누리고 있는데, 무도에서 올림픽종목으로의 발전은 그 이면에 기술체계의 특성이 있을 것이다.

태권도의 기술체계란 단순한 호신술 측면에서뿐만 아니라 타 무술과 비교할 수 없는 본질-태권도의 구조적 이론적 배경을 내세울 수 있다.

무도·스포츠로서 발전한 태권도의 원동력은 무엇일까.

태권도를 태권도이게 하는 키워드를 '철학적 원리'라고

태권도를 태권도이게 하는 키워드를 '철학적 원리'라고 전제하며, 그것을 통해 무도·스포츠로서 태권도는 왜 '한'(3·1원리) 철학인가

전제하며, 그것을 통해 무도·스포츠로서 태권도는 왜 '한'(3·1원리)철학인가

1. '한'의 역학적 원리

정연종(1996)은 "인간을 소우주라고 한다. 인간이 왜 소우주인가를 구체적으로 살펴보기로 하자.

인간은 땅에 발을 딛고, 머리는 하늘 방향으로 두고 사는 음과 양, 땅과 하늘사이에 직립으로 서 있는 존재다. 음과 양 두 기운을 받아야만 살 수 있는 존재다."라고 했다.

소우주로서 인간의 신체를 세 부위로 구분할 수 있다.

직립 인간은 하늘을 향한 머리(○)와 땅을 딛고 선 다리(□), 그리고 몸통(△) 부위로 신체가 구성되며 '인간의 움직임'을 행하고 있는 것이다.

태권도의 기술체계를 구성하는 준거로서 역시 인체를 세 부위로 구분하고 있다. 머리에 해당하는 얼굴, 다리에 해당하는 아래(아랫도리의 준말), 그리고 몸통 부위를 지칭하고 있다.

이 세 부위가 하나를 이루어 신체라 일컫고 신체는 바로 인간을 의미하는 것이다.

셋(3)이 모여 하나(1)가 되고 하나가 다시 셋으로 나

뉘, 구분해 각각의 역할을 수행하는 다양한 동작이 태권도 기술체계의 요체라 하겠다.

얼굴, 아래, 몸통이라는 각각의 부위는 기호학적인 상징으로서 점, 면, 선으로 치환할 수 있다. 이를 다시 확장한 상징은 동양철학에서는 천/원(○)·지/방(□)·인/각(△)으로 삼재(三才) 또는 삼극三極이라 부른다.

태권도의 기술구사의 요체는 관절과 근육 그리고 골격의 기능을 말하고 있는데, 팔 또는 다리의 구조는 역시 '한'의 원리가 적용됨을 찾아 볼 수 있다.

여기서 '한'이란 어휘 속에 일一, 다多, 동同, 중中, 부정不定의 다양한 의미가 담겨져 있음은 쉽게 한글 사전에서 확인할 수 있다.

팔은 상완, 전완, 손. 다리는 대퇴, 하퇴, 발. 이 셋이 하나(3·1)로써 상생적 움직임을 통해 공격, 방어, 반격의 합목적적 기능 수행을 가능하게 하는 것이다.

다시 말해 태권도 동작과 신체의 역학적 원리는 우리 한글의 제작원리로서 하늘의 둥근 모양(·), 땅의 평평한 모양(—), 사람의 선 모양(ㅣ)에서 점, 면, 선(회전, 기저면, 중심선)으로 풀이되고 실제 그 원리를 담고 있다.

'한' 역학적 원리란 회전, 중심선의 위치, 기저면의 크기에 따른 인체운동의 생체역학Biomechanics of human movement과 관련된다.

> 셋(3)이 모여 하나(1)가 되고 하나가 다시 셋으로 나뉘, 구분해 각각의 역할을 수행하는 다양한 동작이 태권도 기술체계의 요체라 하겠다.

> '한' 역학적 원리란 회전, 중심선의 위치, 기저면의 크기에 따른 인체운동의 생체역학Biomechanics of human movement과 관련된다.

그리고 인체의 역학적 원리로서 점/'·'은 회전, 면/'一'은 기저면, 선/'ㅣ'은 인체의 생명 중추로서 중심선에 해당되는 형상이다.

예를 들어 태권도 겨루기에서는 상대의 변화무쌍한 움직임에 대응하여 자신의 즉각적인 자세의 변화를 나타내야 하며, 이는 반응력과 전술에 관련된다.

일반적으로 기저면이 좁고 중심이 높은 신체는 불안정하나 힘과 속도의 역학적 측면에서는 바람직한 자세이다. 점, 면, 선. 이 셋/'한'은 함수관계로 볼 때 운동원리로서 회전운동, 각운동, 선운동 등 운동수행을 위한 역학적 원리를 제공하는 동인이 되고 있다.

그러나 발차기 같은 연속 동작에서는 도리어 기저면을 벗어나는 경우를 볼 수 있다. 연속차기의 직선 운동에서는 빠른 가속도를 내기 위해서 중심이 반드시 기저면을 벗어나야만 한다. 그렇게 하여 넘어지기 전에 다른 발을 내딛어 새로운 기저면을 형성하는 과정이 반복된다.

그러나 품새에서는 안정성을 위해 기저면이 넓고 중심이 높든지 기저면이 좁고 중심이 낮아야 한다. 반대의 경우로 차기에서는 한 발로 기저면을 이루고 다른 한 발로 차기를 하는데, 이때 각운동과 중심은 높아야 효율적이다.

이 모든 원리가 '·', '一', 'ㅣ'의 '한' 사상이 태권도에서도 적용되는 것으로 볼 수 있으며, '한'의 역학적 원리는 바로 철학적 우주론이라고 할 수 있다.

2. '한'의 철학적 원리

인간은 상징 행위를 하는 존재이다. 사물을 인식할 때 먼저 상징적으로 접근하게 되며, 하늘·땅·사람의 삼극 사상은 원·방·각(○·□·△)의 상징적 도형으로 표현되고 있다.

태권도 수련은 바로 '한'의 철학적 신체론으로 하늘·땅·사람의 삼극(셋)이 하나(一)이며, 상완·전완·손의 셋이 하나이며 동시에 대퇴·하퇴·발, 이 셋이 하나로서 '한'의 체계화와 본질을 터득할 수 있는 키워드라 하겠다.

이 셋이 하나라는 상징 체계는 태권도에서 모든 동작의 근본으로 작용한다.

원은 회전으로써 운동이며 기氣, 방은 서기자세로서 기저면, 각은 팔의 각운동으로서 품/기技이다. 이 셋이 하나이며 '한'으로서 하나의 완전한 동작을 이루게 된다.

"이 '한'은 한민족 전통사상을 관통하는 개념으로서 중핵이고, '한'의 조화능력에 힘입은 외래사상을 한국 전통사상으로 파악할 수 있도록 해주는 요체라고 할 수 있다.

한국의 전통사상 속에 나타나 있는 주요 요점은 '한'의

> 이 모든 원리가 '·', '一', 'ㅣ'의 '한'사상이 태권도에서도 적용되는 것으로 볼 수 있으며, '한'의 역학적 원리는 바로 철학적 우주론

> 셋이 하나라는 상징 체계는 태권도에서 모든 동작의 근본으로 작용한다.

특징인 일즉다 다즉일一卽多 多卽一, 다양성, 불이성不二性, 조화성, 지양성, 통일성이라 할 수 있다.

'한' 사상의 인간관은 한마디로 몸과 마음의 관계를 분리하여 생각하지 않아 결국 몸과 마음의 관계가 이원적인 것도, 일원적인 것도 아님心身不二而不一을 말하고 있다"
(체육철학 1998)

좀더 구체적으로 표현하면 원Circle은 보편적인 상징으로서 전체성, 완전성, 동시성, 원초의 완전함을 뜻한다.

플라톤주의는 원을 움직이지 않는 영원의 움직이는 모습으로 보았고 선禪에서 비어 있는 원은 깨달음을 상징한다.

방Square은 생명과 운동의 동적인 하늘의 원에 대립하는 것으로써 지상존재, 정적인 완전함, 통합, 고정의 상을 나타낸다. 방과 원은 함께 법을 장식하는 것으로서 우주와 인간 세계에서 만물의 질서의 상징이라고도 한다.

각Triangle은 우주의 삼중성, 하늘, 땅, 사람. 아버지, 어머니, 자녀. 인간의 육체 · 혼 · 영. 신비한 숫자인 삼3을 나타낸다.

"보이는 하나의 시작은 보이지 않는 것으로부터 시작되는 것이며, 그 보이지 않는 것도 분석해 보면 세 개의 극체가 모여 있는 것이니, 그것의 근본은 무진장한 것이다.
一始無始一一析三極無盡本

하늘은 하나로써 하나이고, 땅은 하나로써 둘이며 사람은 하나로써 셋이다.天――地―二人―三"(천부경) 삼3은 하늘과 땅 사이에 있는 인간만이 천지의 모든 도(道)를 갖춘 완성체임을 강조하고 있다. 사람이 없다면 하늘과 땅의 존재 가치가 사라진다는 것이다. 3은 완성수이다. 인간은 하늘과 땅의 모든 기운을 갖고 있다. (정연종 1996)

태권도 동작은 만물의 형체와 자세, 접촉과 상호작용들의 효율적인 기술을 말하며 사람과 우주의 일치성을 반영하는 자연적 상징을 많이 포함하고 있다.

올림픽 스포츠의 이상으로 추구하고 있는 '보다 빠르게, 보다 높게, 보다 강하게'에는 '한' 역학적 원리가 잘 적용되고 있다.

기하학적 도형으로서 철학적 상징성은 '한'의 주체로서 소우주인 사람이 대우주인 자연과 하나가 된다는 것이다.

태권도의 요체인 품새는 '태극太極'에서 출발해 마지막 품새의 단원에서 길상 만상의 상징인 '일여一如'에 이르는 수행의 전과정을 우주적 차원에서 파악하려는 것이다.

태권도인이 일상적으로 연마, 단련, 수행 등의 개념으로 수련한다는 것은 우주론적 체계인 '한' 철학적 원리로서 '한'을 완성하기 위한 과정道이라 볼 수 있다.

무도 · 스포츠로서 태권도의 지평은 무한히 전개될 수도

> 태권도 동작은 만물의 형체와 자세, 접촉과 상호작용들의 효율적인 기술을 말하며 사람과 우주의 일치성을 반영하는 자연적 상징

있을 것이다.

태권도의 구성 요소 중 '겨루기'가 오늘날 국제 스포츠로 부상, 지난 해(2000)부터 올림픽 종목으로 발전해 가는 현상은 고무적이다.

그러나 무도로서의 태권도가 그 본래적 성질이 점차 희석돼 가는 경향이며 무도와 스포츠간의 조화와 균형을 잃지 않도록 태권도인의 지속적인 노력과 대안을 제시해야 할 것이다.

태권도는 무도로서 심신을 연마, 수신과 호신을 위하고 그 숙련의 도度가 최고 단계에 들어서면 자아실현이라는 경지에서 인간의 내면적 심성을 구현할 수 있다는 가치관에 있다.

그리고 현대 스포츠로서 태권도의 발전은 인류애의 꽃이라 할 수 있는 올림픽제전에서 인류공영을 위해 기여할 수 있게 되었고 그 정신은 경쟁을 통한 인간의 '무한 도전' 정신에 있는 것은 아닐까.

무도와 스포츠, 이 두 가지가 '둘도 아니고 그렇다고 하나도 아닌' 태권도의 현주소를 직시할 때, 21세기 태권도의 무도·스포츠로서의 발전은 다양한 지론의 '철학정립'에서 출발해야 할 당위성을 인식해야 할 것이다.

태권도는 한국을 대표하는 10대 문화 상징물(1996) 가운데 그 하나이다.

태권도의 학문적 발전은 1982년 용인대 태권도학과가 시효이다. 현재 국내에 10여개 대학에 태권도학과(1982)가 개설돼 있고 이미 8백여 명이 넘는 석·박사가 배출되었다.

국외의 경우에도 여러 국가의 아카데미에서 이미 태권도학과가 개설돼 있고 점차 국내외를 막론하고 확대돼 가는 추세이다.

이 같은 현상에 종주국 태권도인은 깊이 주목해야 하고 이제 모든 태권도학적 이론이 체육학에서 분리, 독립된 태권도학의 교과 커리큘럼이 정립돼야 하는 것이다.

태권도는 한국의 전통 문화, 사상은 물론 형이상·하학적 개념(how, why, what)을 아우르고 있는 철학적 인간의 움직임을 가능하게 한다.

- 우리는 태권도를 왜 수련하는가.
- 우리는 태권도를 어떻게 이해할 것인가.
- 우리는 태권도 수련을 통해 무엇을 깨달을 수 있는가.

이 세 가지 철학적 회의는 몸의 실천적 행위를 통한 자아발견의 성찰을 가능하게 하는 태권도와 수련자(인간) 간의 구조적 철학적 정초가 바로 '한' 즉 3·1원리에 근거지워지고 있다는 것이다.

오늘날 태권도가 한국에서 발생, 동서양을 뛰어넘는 보편적 철학적 아이덴티티를 새롭게 창조하고자 하는데 천착했고 이 논문은 그에 대한 해법으로 자리매김될 것으로 기대한다.

03 제3부-원리적 이해

제11장 태권도 동작이란 무엇인가
제12장 태권도 정신이란 무엇인가
제13장 품새의 '한' 철학적 원리와 사상

제11장
태권도, 동작이란 무엇인가

하이데거에 따르면, "우리들이 기술에 관하여 묻는 다는 것은 기술이란 무엇인가라고 묻는 것이다. 누구나 이 물음에 대답하는 데 두 가지가 있는 것을 안다. 그 하나는 기술이란 목적을 위한 수단이라는 것, 또 하나는 기술이란 행위라는 것이다. 이 기술의 두 가지의 규정은 일체를 이루고 있는 것이다.

> 동작은 기술의 한 수단이 되고 있다. 달리 표현하면 태권도 기술은 공·방의 기술체계로서 동작이다라고해도 무리는 아닐 것이다.

태권도의 특질은 공·방의 기술체계에 있다. 태권도에 있어서 공·방의 기술체계의 구조는 '동작' 개념이다. 동작은 기술의 한 수단이 되고 있다. 달리 표현하면 태권도 기술은 공·방의 기술체계로서 동작이다라고 해도 무리는 아닐 것이다. 우리는 기술과 동작 개념을 엄밀히 구분하여 사용하지 않는 경우가 많다. 그렇다면 과연 기술과 동작은 같은 의미로 정의되는 개념일까?

우리는 이 두 개념을 정의하고자 할 때 몹시 당황하게 된다. 태권도교본이라는 이름으로 유사한 내용의 여러 문헌에서 마저 기술이나 동작 개념에 대한 어떠한 정의도 찾아보기 어렵다. 기술과 동작은 어떻게 설명될 수 있는 개념일까?

기술 개념에 대한 사전적 정의는 어떤 일을 정확하고 효율적으로 해내는 솜씨 즉, 기예를 말하고 동작은 무슨 일을 하려고 몸을 움직이는 일 또는 그런 몸놀림이다.

다시 말해, 기술은 동작으로 표현되는 기법이고 동작은 신체적 행위를 말한다. 좀더 전문적·구체적인 정의를 체육 전문 사전은 이렇게 정의하고 있다.

"체육이나 스포츠에서는 기술이란 말이 흔히 지식적 요소와 감각적 요소를 확실히 구별하지 않고 쓰지만, 운동 그 자체는 물리적 현상이기 때문에 자연 법칙성에 따르고 있다.

따라서 신체 운동의 과학적 연구가 이루어지고 스포츠 기술이나 그 지도법에 관한 엄밀한 논의, 토론을 전개할 필요성이 더해감에 따라, 객관적인 것에 대하여 운동 기술을, 주관적인 것으로 운동 기능이란 용어를 쓰는 경우가 많아졌다."(《신찬체육대사전》 1995) 또 한편 기술에 대한 철학적 정의를 찾아볼 수 있다.

하이데거에 따르면, "우리들이 기술에 관하여 묻는 다는 것은 기술이란 무엇인가라고 묻는 것이다. 누구나 이 물음에 대답하는 데 두 가지가 있는 것을 안다. 그 하나는 기술이란 목적을 위한 수단이라는 것, 또 하나는 기술이란 행위라는 것이다. 이 기술의 두 가지의 규정은 일체를 이루고 있는 것이다. 왜냐하면, 어떠한 목적을 정하고 그 때문에 수단을 도입하거나 사용하거나 하는 것은 인간의 행위이기 때문이다."《기술론》小島威彦 역 1966)

이렇게 볼 때, 태권도 기술은 태권도적 동작의 운동 기능이라 할 수 있고 태권도 동작은 무예적 표현의 본질적인 수단이며 그 수단의 신체적 행위(움직임)라고 볼 수 있다. 그러나 우리는 일반적으로 기술과 동작 개념을 혼용해 사용하고 있는 것이다.

엄밀히 따져 구분할 때, 기술과 동작 개념정의는 다른 의미를 뜻하는 것이다. 그러나 대개의 경우 같은 뜻으로 쓰이고 있는데, 학습지도에 있어서는 분명히 구분해 용어를 사용돼야 할 필요가 있다고 보인다.

그러나 여러 태권도 교본(문헌)에서도, 이에 대한 명확한 개념 정의를 찾아볼 수 없는 현상이고 또한 저자마다 각기 다르게 정의하며 분류하고 있다. 우리가 애용하고 있는 최초의 협회공인 교본이라는 《태권도교본》(1972)에서도 '기본 동작' 편에 신체의 부위, 서기, 손기술(지르기, 막기 등) 및 발차기 기법을 포함시키고 있다. 이 같은 범주에 동조하는 듯한 사례 가운데 이교윤은 '태권도의 기본', 정현도는 '태권도의 기본동작'에서 다루고 있다.

'기술' '동작' '자세' 등 기본 용어에 대한 개념이 어

떻게 정의 되고 있는가를 다시 태권도 문헌에서 찾아보자
　태권도의 기술에는 손과 발을 이용한 공격과 방어의 기술로 막기, 지르기, 찌르기, 차기 등의 기본기술이 있고 이러한 '동작'을 변화시켜 실제로 공격과 방어를 효율적으로 하도록 한 응용기술이 있다. (정찬모, 1999)

　태권도는 작고 큰 부위를 사용하여 아주 작은 목표를 향하여 지르기, 찌르기, 치기 그리고 차기 기술로 공격하여 상대를 쓰러뜨리거나 그 반대로 상대방의 이와 같은 기술의 공격들을 막기 기술로 막아내는 것이다. 이와 같이 태권도는 독립된 여러가지 기술의 동작이 모여서 이루어지는데, 이 독립된 기술의 동작을 태권도의 기본(기본기술을 의미)이라 한다. (이학식, 2002)

　기본자세의 의의에 따르면 "어떤 무술이나 기본적인 준비동작과 기본자세가 있다. 기본자세와 기본기법이 그 무도의 모든 것을 대표하며, 태권도에서 동작을 시작하기 위한 기본자세는 기본서기이다." (김경지, 1993)

　김경지에 따르면 동작과 자세는 구분되고 자세는 바로서기를 지칭하며 같은 의미이다. 자세에 대한 설명에서 김홍만은 자세란 태권도의 동작구성이나 겨루기의 동작 방어 등 몸체의 균형을 잡아주는 것을 말한다. 예로서 앞서기 자세 등을 들고 있다.

　그는 이어서 "태권도는 자세에 따라서 동작을 여러 가

지로 사용되고 있으나 주로 막기와 지르기, 주먹과 손날 등으로 구분할 수 있다(김홍만, 2001)고 한다.

김홍만 역시 자세와 동작을 구분하고 있으며 '기법(기술 또는 동작)과 신체의 부위'를 동일개념으로 보고 있다. 이규형(2000) 역시 '공격목표(급소)와 신체사용부위'를 기본동작으로 분류하고 있다. Beardsley는 신체동작(motions)을 "인간신체나 신체 부분들의 위치와 변화를 일으키는 의지적인 근육성의 수축"이라 정의하고 동작을 움직임으로 보는 있듯 필자도 신체구분에 따른 공격목표와 사용부위는 하나의 명칭이지 동작이 될 수 없다는 견해이다.

신체구분에 따른 공격목표와 사용부위는 하나의 명칭이지 동작이 될 수 없다는 견해이다.

1) 동작의 형식

태권도 동작은 기술체계의 구조이며 원리이다. 한 동작의 완성은 손발을 수단으로 한 행위로서 공·방 중 어떤 형식으로 표현된다. 태권도의 모든 동작 중 그 본이 되는 동작을 기본 동작이라 한다. 태권도에서 기본동작을 13가지로 분류하고 있는 데, 수련자는 언제나 정확한 동작을 익히도록 부단한 연습을 해야하고 지도자는 학습지도에 각별히 유의해야 할 사항이다.

특히 초심자는 반드시 기본동작부터 배우고 익혀서, 복

잡하고 어려운 동작을 할 수 있는 기초로 삼아야 한다. 일반적으로 완성된 한 동작의 기법은 여러 개의 부분동작이 모여서 구성된다. 예를 들어 우리가 사용하는 문자인 한글에서 보면, 모음과 자음이 결합돼야 하나의 글자가 되는 것과 같은 원리이다. 구체적인 예를 들면, 태권도의 기본동작의 본이 되고 있는 '주춤서기 몸통지르기'는 주춤서기 자세와 몸통지르기, 두 개의 부분동작이 포함되어 이루어진 하나의 동작인 것이다.

이렇게 완성된 하나의 동작을 태권도에서는 완전동작完全動作이라 하겠다. 완전동작은 하나의 독립된 동작으로서 내적으로는 일정한 공격 또는 방어, 공격과 방어의 의식을 포함하고, 외적으로는 신체의 각 부위가 엄격한 순서와 규격에 배합되어 완성된 동작을 말한다.

예를 들면 '제비품 목치기'에서 상대가 나를 향해 머리를 목표로 공격해오는 것을 가정할 때 시선은 상대를 주시하며 앞굽이 자세를 하며 한 손은 팔목으로 얼굴막기(방어), 다른 손은 손날로 상대의 목을 치며 반격한다는 의식을 포함, 공·방의 목적을 수행하는 행위는 하나의 완전동작이 되는 것이다. 서기와 손의 도구적 행위 그리고 의식 및 시선 등 이 모두가 하나로 조화를 이루며 연계돼야 한다. 만약 신체의 각 부위가 개별적으로 움직이는 동작은 완전동작이라 할 수 없고 공·방의 동시적 목

> 일반적으로 완성된 한 동작의 기법은 여러 개의 부분동작이 모여서 구성된다.

> 완전동작은 하나의 독립된 동작으로서 내적으로는 일정한 공격 또는 방어, 공격과 방어의 의식을 포함하고, 외적으로는 신체의 각 부위가 엄격한 순서와 규격에 배합되어 완성된 동작을 말한다.

적을 제대로 수행하지 못할 것이다. 손과 팔, 발과 다리의 동작 형태를 보면 굽히기, 펴기, 오므리기, 돌리기 등과 같은 조절 기능이 모두 가능하다.

동작의 자세는 빠르고 정확하며 경직되지 않아야 한다. 손과 발 그리고 허리의 움직임이 동시적으로 연결되어 서로가 따르고, 온 몸이 하나가 되어야 하며, 신체는 중심을 잡고 균형을 잃지 않아야 위력을 발휘할 수 있게 된다.

신체의 중심을 잡는다는 뜻은 정신은 가라앉혀 고요해야 하고, 기氣는 단전에 모으고, 각부 관절은 제각기 각 운동적 기능을 수행한다는 뜻이다. 예를 들어 '앞서기 아래막기'에서 보면, 몸통은 약간 옆으로 틀고 두 팔목은 가슴 앞에서 교차하여 반대 방향의 작용을 할 때 허리의 반동을 이용해 막는 팔목에 기를 전달한다는 의식을 갖고 동작을 해야 한다. 전신에서 보면 허리는 둔부로, 둔부는 무릎으로 무릎은 발로 통하게 가라앉히고, 허리에서 어깨로 다시 팔목으로 기를 전달하여 합목적적 동작 수행이 요구되는 것이다.

신체의 중심을 잡는다는 뜻은 정신은 가라앉혀 고요해야 하고, 기는 단전에 모으고, 각부 관절은 제각기 각 운동적 기능을 수행한다는 뜻이다.

2) 동작과 품

태권도에서 동작은 기술의 내용(과제)이며 기술은 동작의 행위(운동)에서 얻게되는 결과로 볼 수 있다. 동작이 기술이다라고 할 때는 광의적 의미이나 엄밀히 따져서는 동작과 기술은 다른 개념이다.

동작과 품의 관계는 동작이 품보다 먼저인가 품이 동작에 우선 인가를 따진다는 것은 결코 쉽지 않은 것이다.

동작과 품은 몸가짐의 모양으로서 동작은 품의 움직임의 모양 진행 과정이라면 품은 동작 결과의 모양을 말한다. 태권도에서 동작은 품을 이루는 과정의 기술을 일컫고 품은 동작이 완성된 정적인 상태 즉 동작의 원형으로 이해할 수 있다. 동작은 동태動態이고 품은 정태靜態인 것이다.

그러나 태권도교본의 품새 설명 요약에서의 경우는 다른 의미이다. 교본에서는 서기, 동작과 품명으로 구분돼 있는데, 여기서 동작과 품명은 다소 다른 의미인 것이다.

품새는 여러 '동작'으로 구성되어 품새선의 진행 방향으로 몸의 움직임(발차기 등) 자체를 포함, 일반적 의미로 동작이라 한다. 달리 표현하자면, 품명으로서의 완전동작이 아닌 것 움직임 즉, 방향전환, 발차기 등의 움직임을 포함한 일반적 해석이라 하겠다. 차기 기법은 동작이라

동작과 품은 몸가짐의 모양으로서 동작은 품의 움직임의 모양 진행 과정이라면 품은 동작 결과의 모양을 말한다.

동작은 동태이고 품은 정태인 것이다.

하고 품이라 부르지 않는다.

앞차기를 예를 들어 설명하자면, 앞차기를 했을 때 발 표현의 순간적 자세를 정지 상태로 둘 수 없기 때문이다. 특히 뛰어 차기 기법의 예를 상정한다면 이해에 도움이 될 것이다.

동작은 그 규칙이 만든 사물처럼 끊임없이 변화하고 있는 하나의 행위로 이해할 수 있다. 동작 행위는 무술의 관계(특질)의 기본이다. 동작은 신체와의 끊임없는 관계 (소통)의 기초구조가 이 동작 행위의 존재 방식에 따라 규정되기 때문이다.

> 동작은 그 규칙이 만든 사물처럼 끊임없이 변화하고 있는 하나의 행위로 이해할 수 있다. 동작 행위는 무술의 관계(특질)의 기본이다.

3) 동작의 구성

동작은 그 동작의 규격이 정확해야 하듯 뚜렷하게 정해져 있다. 동작의 규격이란 완성된 하나의 동작을 할 때, 신체 각 부위가 일정한 시간과 공간에 따른 동작의 표준을 말한다.

하나의 동작을 예를 들어 설명을 해 보자.

'앞서기 몸통 지르기'의 한 동작은 서기와 지르기의 합성이다. 이 동작은 서기는 앞서기이며 지르기는 얼굴, 몸통, 아래 중에서 분명히 몸통이 목표이며 사용부위는 손날 또는 맨주먹이 아닌 바른 주먹으로 지르는 것을 표준으로 하고 있다.

이와 같이 하나의 동작의 구성은 얼굴·몸통·아래(아랫도리의 준말)- 신체의 세 부위- 이 셋이 하나를 이루며 하나의 동작이 된다. 얼굴·몸통·아래 이 셋의 상징은 점·선·면으로 운동 원리로서 작용하는 것이다.

점은 신체의 어느 한 부위가 움직이기 시작하는 기점起點의 위치와 동작을 마칠 때의 종점(終點; 부위)의 위치를 말한다. 또 점은 원으로서 나선회전, 중심重心, 기氣가 모인 부위 등 여러 가지 역할을 하며 여기서는 의식이 수반돼야 효과적이다.

선은 몸통을 지탱하는 중심선에 해당된다. 신체의 움직임은 몸통의 움직임을 말하며 선은 공방의 방법과 중심으로서 균형, 또 점의 이동 위치에 따른 선의 상태가 손과 발이 움직이는 괘도가 영향을 받게되기에 반드시 명확하고 합리적이어야 하는 것이다.

면은 발과 다리의 아래 부위의 역할을 수행하는 수평선에 해당된다. 면은 각종 서기, 신체를 이동할 때 속도, 발의 각 부위의 위치와 각 부위들이 향하는 방향 등 역할을 하게 된다.

면과 선은 시간과 공간의 함수적 관계에 있고 여기에 의식(얼굴에 해당)으로서 점은 그 이동 위치에 따라 선의 중심, 균형은 면의 안전도, 느린 속도에 영향을 미치며 선의 불안정, 균형 잃음은 빠른 속도와 강한 폭발력 등에 절대적 영향을 가져다주는것이다.

4) 동작의 흐름

동작의 흐름은 위력과 속도, 동작 미美 등과 연계된다. 동작은 흐름은 면면히 끊어지지 않고 관절은 신축성 있게 움직여야 한다. 관절(주로 어깨, 팔굽, 고관절)이 축이 되어 회전하면서 진행되는 동작들은 조화(타이밍)를 이루지 못하는 경우가 많다.

관절의 축은 흔들림 없이 안정되어야 정확한 회전궤도를 유지할 수 있게 된다.

차기에서는 고관절이 축이 되고, 팔은 어깨가 축을 이루며 굴신, 각 및 회전운동을 하게 된다. 축이 안정되지 못하고 좌우로 흔들리고, 운동궤도가 일정하지 않으면 정확한 동작을 구사할 수 없을 뿐만 아니라 축이 발하는 부위에 힘(기)을 전달할 수 없게 된다.

자동차나 수레에서 보듯 축이 움직이면 바퀴는 그에 따라 돌아 움직이게 되는 회전원리와 같이 인체의 축의 원리도 동일하다. 허리를 축으로 상·하체의 움직임도 예외일 수 없다. 축의 움직임은 의식(의도)이 지배하고 의식에 따른 시선도 축의 역할에 영향을 미치게 된다. 신체의

축의 움직임은 의식(의도)이 지배하고 의식에 따른 시선도 축의 역할에 영향을 미치게 된다.

세 가지 구분은 몸이 한 번 움직이면 몸 전체가 움직이지 않는 것이 없이 모두 따라서 움직여야 동작의 흐름이 순조로워진다.

흐름은 관계와 전달을 성취하는 내적 외적 흐름을 통해 모든 동작 표현에 있어서 중요한 역할을 한다. 흐름에 대한 묘사는 자연적인 흐름, 부자연스런 흐름 또는 멈춤 혹은 정지 등 완벽한 부동자세도 포함한다. 동작의 흐름은 무게와 시간과 공간과 흐름, 이 네 가지 동작요소를 표현하고 있다. 이 같은 동작요소의 결과는 무게(W)와 시간(T), 공간(S)과 흐름(F), 각기 두 요소를 지니면서 유연한/직선적인, 가벼운/견고한, 자유로운/탄력적인, 지속적인/갑작스런 등 객관적인 측정을 할 수 있는 양상으로 나타난다.

몸은 사람이 자신을 전달하고 표현하는 도구이기 때문에 중요한 것이다. 몸의 각 부분의 동작은 시간적, 공간적, 긴장적 특성으로 그 부분 또는 다른 부분들과 관계된다.

몸 동작은 공간 안에서 일어나고, 시간을 취하며 힘을 사용하는 몸의 자세 혹은 몸의 부분들의 자세의 변형으로써 알게 되었다. 이러한 연계에서 흐름에 대한 동작요소인 양상인 동작의 흐름이 중요하다는 것을 알 수 있다.

태권도의 동작은 전신을 사용하는 것이다. 근육과 관절 등 동작 장치와 운동시스템 전체가 작용한다. 동작의 과

> 태권도의 동작은 전신을 사용하는 것이다. 근육과 관절 등 동작 장치와 운동시스템 전체가 작용한다.

제를 해결하는 데는 관절에서 쇠사슬처럼 연결된 큰 근육군이 다이내믹하게 활동한다. 그 활동을 통해서 동작에 필요한 파워가 일어나는 것이다. (배영상 등, 2002;166)

5) 동작의 기능

동작의 기능은 다양하다. 동작은 기본에서 특수, 응용 동작으로 구분되고 있다.

태권도에서 일반적으로 동작을 지칭할 때는 기본동작을 말한다. 그만큼 기술의 기본을 이루고 있기 때문이다. 그리하여 기술도 기본기基本技를 아주 중시하는 것은 기본이 튼튼하지 못하면 건물의 기초가 되는 초석처럼 기술의 발전을 기대할 수 없기 때문이다.

다양한 동작의 기능은 태권도 기술의 특질을 잘 나타내 주고 있다.

기본동작은 수학의 기본이 구구단의 원리에서 출발하고 있는 것과 마찬가지로 태권도의 기본원리로서 작용한다. 동작의 기능은 기본동작, 품새, 겨루기, 격파 그리고 호신술의 본질을 이루며 분명한 수련체계를 갖게된다. 기본동작은 태권도 수련단원의 기초이며 그 숙련에서 품새 수련단원으로 나아가고 다음 단계로 겨루기(맞추어 겨루기, 응용겨루기 순), 격파 등 순서로 학습이 진행되는 것이

동작의 기능은 기본동작, 품새, 겨루기, 격파 그리고 호신술의 본질을 이루며 분명한 수련체계를 갖게된다.

다.

 기본동작은 기초 학습이며 품새는 다양한 동작의 연계로 일정한 틀에서 모의 실전의 기법을 익히며 각 품새 고유의 철학적 의미를 추구하는 심신 단련이다. 겨루기는 대인적 실전이며 그 학습단계는 맞추어 겨루기(세번, 한번 겨루기)에서 응용 겨루기로 진행되며 격파는 대물적 실전이며 자신의 위력을 스스로 측정해 보일 수 있다. 그리고 호신술은 일상적 생활에서 불의의 공격에 대한 호신기법을 말하는데 그 기법(동작)은 동작 기능의 종합으로서 다양하다. 상대의 공격형태를 분류하면, 손으로 가격해오는 경우, 발로 찰 때, 잡을 때, 조를 때 도는 흉기로 공격할 때 등을 가상, 그에 상응한 방어의 형태가 각기 다르다. 호신술은 대인, 대물에 대한 실전을 말한다.

 이 같이 동작의 기능은 태권도적 기법의 특질을 나타내며 그 특질의 상호관계성은 체계를 이루며 한 발 나아가 동시에 동일한 유와 종을 이루는 체제로서 이렇듯 동작의 기능은 다양하다.

제12장
태권도 정신이란 무엇인가

우리는 일상생활에서 '정신' 개념을 쉽게 표현하는 습성이 있다.

그리고 우리가 일상적으로 '정신'을 말할 때 대체로 긍정적인 측면에서 정신을 기리는 것이다.

즉 고귀한 희생정신이니 봉사정신 또는 개척정신 등을 말하고 한나라의 정신을 지칭할 때는 민족정신이라고 표현한다. 순간의 목적 달성을 위해 정신통일 또는 정신력 등 표현을 아끼지 아니하듯 '정신'은 몸에 대비되는 개념으로 상황에 따라 그 쓰임새도 다양한 양태를 띠게 된다.

그런 반면 스포츠경기에서 가장 값지게 기리는 개념으로 페어플레이 정신을 들 수 있다. 그렇다면 태권도에 있어서 태권도정신이 있을 것이며 지구촌 스포츠의 최대 제

'정신'은 몸에 대비되는 개념으로 상황에 따라 그 쓰임새도 다양한 양태를 띠게 된다.

전인 올림픽에서는 올림픽정신이라고 규정할 수 있다.
'정신'이란 과연 무엇을 의미하는 것일까.

마음, 정신의 정의

마음은 생각하고 믿고 의심하고 의욕 한다. 이러한 활동 또는 작용은 마음에 의하거나 또는 그 속에 있다.

로크에 따르면 우리는 '우리 자신 속에서' 이와 같은 '마음의 활동'을 관찰하며 사고, 의심, 회상, 믿음 기타 등등 무엇인가를 배우는 방식은 심리활동을 관찰하는 것이다.

이렇게 볼 때 마음이란 사람의 의지, 감정, 생각, 자각, 내성 능력, 자아성찰, 심적 모형을 만드는 능력, 등 이 모든 것들이 마음의 특성이며, 정신 작용의 근원이 되는 것 또는 그 정신 작용의 총체로 정의할 수 있다.

육체나 물질에 대립되는 것으로서 정신은 사물을 느끼고 생각하는 능력 또는 그러한 작용이라고 정의 내리고 있다.

이렇게 볼 때 마음과 정신은 동일한 개념으로 풀이되고 있다. 예를 들어 '저 사람은 정신이 나갔다'라고 말할 때 우리는 통념으로 저 사람의 마음이 정상적인 상태에서 벗

> 마음이란 사람의 의지, 감정, 생각, 자각, 내성 능력, 자아성찰, 심적 모형을 만드는 능력, 등 이 모든 것들이 마음의 특성이며, 정신 작용의 근원이 되는 것 또는 그 정신 작용의 총체로 정의할 수 있다.

어났다고 즉각적으로 판단하게 된다. '정신이 들다' '정신이 나다'고 할 때 즉각적으로 사리를 분별할 수 있는 정신이 생기다. 사리를 분별할 수 있는 이성적 능력이 돌아오다라고 생각하게 된다.

마음과 정신은 광의로 봐서는 동일한 개념이지만 일상적 생활에서 우리는 다르게 표현하고 있음을 알 수 있는데, 저이는 마음이 한없이 넓다 또는 좁다라고 말할 때는 포용력 즉 신체에서 가슴을 뜻하고 정신을 차려라, 정신이 팔리다 할 때는 정신이 두뇌에서 작용하는 것으로 인식하게 된다.

이것이 동양인의 사고 방식이며 생활 패턴이라고 볼 수 있는 특징이다. 이렇게 볼 때 마음과 정신은 동양인인 우리에게는 그 본본과 용用 즉 본디와 작용을 달리 분리해 사용하는 지혜를 갖고 있다고 할 수 있다.

실험심리학자인 니콜라스 험프리 박사는 마음이 하는 역할을 이렇게 설명한다.

"의식의 눈으로 자신의 마음을 들여다보면, 마음속에서 일어나는 일들을 알 수 있습니다. 그런 의식의 눈으로 볼 수 있는 일들은 인간 내부에 있는 '심적 모형'에 계속 입력됩니다. 이런 심적 모형으로 자신의 마음을 읽는 것처럼 인간은 다른 사람의 마음을 짐작하고 해석합니다. 때때로 우리는 자신의 마음이 온갖 욕망, 의지, 감정, 감각 따위로 가득 차 있음을 느낍니다. 이런 느낌들이 다른 사람들을 이해하는 기본 틀을 제공하는 것입니다."

그가 말하는 의식의 눈은 곧 '자아성찰'이며, 이것은 인간에게만 있는 독특한 특성이다. (마인드, 리처드 레스택 서울: 이론과 실천 1996:41)

최초로 인간의 마음을 이해하려는 노력은 철학과 함께 고대 그리스에서 시작되었다.

아리스토텔레스는 기원전 4세기경에 인간 마음의 작동은 인간이 알고 있는 어떤 것과도 다른 특별한 것이라고 주장했다. 즉 아리스토텔레스에게 마음은 몸과 독립적으로 존재하는 실체였다. 그는 인간의 몸에서 중요한 기관은 뇌가 아닌 심장이라고 생각했다.

그에 반해 플라톤은 마음(당시에는 '혼'이라고 불렀다)이 심장이 아닌 뇌에 있다고 보았다. 플라톤은 뇌가 둥글기 때문에 기본적으로 기하학적으로 완전한 도형인 구球의 모양에 들어맞는다고 생각했다.

현대에는 마음이 뇌 속에 있다는 사실이 대체로 받아들여지고 있다.

르네 데카르트는 마음이 있는 곳을 뇌라고 보았다. 그의

> 최초로 인간의 마음을 이해하려는 노력은 철학과 함께 고대 그리스에서 시작되었다.

유명한 "나는 생각한다. 그러므로 존재한다"는 말처럼 생각을 하는 중요한 정신과 존재하는 신체의 철학적 관계를 밝히고 마음과 신체의 철학적 접점의 위치를 찾는 데 더 관심이 있었다.

데카르트의 공식에 의하면 뇌를 포함한 신체보다는 정신, 즉 마음이 훨씬 중요하고, 정신은 신체 없이도 존재할 수 있다고 데카르트는 생각했다.

심신관계

태권도인들은 무도 내지 무도·스포츠라 일컫는 태권도 수련의 목적을 말할 때, 또는 수련의 가치를 말할 때 한마디로 마음과 몸을 갈고 닦아 강인하게 한다고 정의하고 있다.

심신 즉 마음과 몸은 인간 개체를 형성하고 있는 주체이다.

인간 주체로서의 마음과 몸의 상관 관계성을 논함에 있어 동서양 학자 즉 철학자, 심리학자들의 견해가 대체로 상반적이다.

마음과 몸, 정신과 육체의 관계를 말하기 전 우리는 습관적으로 마음 또는 정신보다 몸 또는 신체, 육체를 먼저 앞세운다. 그만큼 우리는 일상생활에서 가시적인 신체, 몸 또는 육체를 접하며 그 다음으로 마음, 정신을 그 개체의 주체인 성격, 인격, 양심 등의 척도의 기준을 삼으며 평가하는 것이다.

《웹스터 사전》은 '마음'에 대한 보충 설명을 다음과 같이 하고 있다.
"선행한 심리 내적 또는 외적 사건들을 신경조직은 지각하고 분류하고 변형한다. 또 현재 일고 있는 정보로써 예측 가능한 결과를 내다보고 그에 따라 어떤 행동을 시작하기 위해서 신경 조직 간의 협응이 일어난다. 이렇게 심리 내외적 사건에 대하여 신경조직이 반응하는 과정에서 나타나는 일련의 사건들이 조직화된 것이 마음이다."

우리가 몸담고 있는 동양에서는 육체와 정신을 대립의 관계보다는 상호보완적 조화관계로 파악하고 있으며 음양론, 지행합일론, 이기론 등을 통해서 이를 설명하고 있다.

동양의 사유체계에서 몸과 마음에 대한 철학적 규명에 있어 그 심도가 깊다.

조선 성리학의 이론적 기틀을 마련해준 중국 성리학의 대성자인 주희는 그의 심성론에서 마음은 인간의 모든 활동을 주재하는 주체성의 바탕이라 하며 성性을 정情으로

> 동양에서는 육체와 정신을 대립의 관계보다는 상호보완적 조화관계로 파악하고 있으며 음양론, 지행합일론, 이기론 등을 통해서 이를 설명하고 있다.

171

드러내는 작용을 하는 것이 바로 마음이라 하였다. 여기서 성은 인간의 본성으로 仁(한마음)·義(올바름)·禮(바른 몸가짐)·智(바른 헤아림)를 지칭하고 있다. 본성은 인간의 '理'요, '정'은 理(主宰)와 氣(作用)의 운동 곧 '유행'流行의 산물이다.

마음은 인간의 본성이 위치하는 곳이다. 즉 기로서의 '심'은 '성'을 스스로 속에 담고 있다. 그러므로 마음은 (性卽理이므로) '리와 기의 합'으로 성립한다.

> 마음은 누구에게나 하나밖에 없다. 그러나 성을 정으로 드러나게 하는 마음의 작용은 두 갈래로 이루어진다.

마음은 누구에게나 하나밖에 없다. 그러나 성을 정으로 드러나게 하는 마음의 작용은 두 갈래로 이루어진다. 타고난 원래의 본성天命之性이 그대로 표현되었을 때의 마음을 도심道心, 그렇지 못한 때의 마음을 인심人心이라고 주희는 부른다.

도심은 마음의 인식활동이 의리에 따라 이루어질 때의 것이고, 인심은 그것이 감각적 욕구에 따라 이루어졌을 때의 것이다. 인심에서 출발한 약한 마음을 인욕이라 하고, 이것은 곧 도심이 표현하는 천리天理를 어그러뜨리는 것이라고 주희는 보고 있다.

> 퇴계, 율곡 등 조선 성리학자들은 인간존재는 '이'와 '기'의 두 특성이 결합함으로써 이뤄져 있다고 보는 견해이다.

퇴계, 율곡 등 조선 성리학자들은 인간존재는 '이'와 '기'의 두 특성이 결합함으로써 이뤄져 있다고 보는 견해이다. 퇴계가 말하는 '리'란 '본연의 성'이고 '도심'이며 '천리의 보편성'이다. 그가 말하는 '기'란 곧 '기질의 성'

이고 인심이며 '인욕의 이기성'이다.

마음을 도심과 인심으로 구분하는 리기론에서 도심은 천리天理로서 인간을 포함한 만물의 본성으로서 '리'를 지칭하고 본연의 성으로서 인간의 본성인 사단四端(인의예지)은 선善 내지 도덕성을 지향하는 인간의 주체적 요인 즉 도심이라고 규정한 것이다.

주희에게 있어 마음의 주된 기능은 아는 것知이다. 앎은 '생각'思 또는 '지각'으로 표현되기도 한다. 앎의 과정은 옳고 그른 것을 구별하는 것(是非)으로 이루어지며 그것은 곧 본성인 '지혜(智)'를 실현하는 과정이기도 하다. 여기서 '지혜'는 다른 본성 내지 덕德으로서의 인·의·예를 어떤 의미에서 포함하고 앎의 궁극적 경지는 함(실천)을 통해서만 도달될 수 있다고 한다.

맹자는 몸과 마음의 관계를 소체小體와 대체大體로 구분하고 꼴을 지닌 구각을 몸, 꼴이 없는 영명靈明을 마음이라고 했다.

한편 조선시대의 실학자인 정약용은 심신이원론자로 규정할 수 있는 데 그는 대체, 소체의 구분에서 감각작용은 몸의 것이 아니라 마음의 것이라고 보고 있다. 그는 눈과 귀 등의 감각 '기관'은 물론 몸에 속하지만 그 감각적 지각의 '기능'은 궁극적으로 마음에 속한다는 것이다. '대체'는 곧 '마음'이며 '소체'는 곧 '몸'이다. 대체는 감각기관을 통해 전달된 대상성질들을 종합하여 판단할 뿐 아니라, 대상사물들의 성질을 전달하는 감각의 매개 없이 수·언어·기호 등 상징들의 관계를 이해·연산할 수 있는 사유의 기능을 보유한다. 그에게는 '대체'는 지적 활동의 통합적 주체 곧 인식주관이다.

> 동양에서 인간의 신체를 설명할 때 둘이 아닌 하나에서부터 출발한다.

동양에서 인간의 신체를 설명할 때 둘이 아닌 하나에서부터 출발한다.

이것은 하나의 동전에 두 면을 나타내는 것과 같은 원리로서, 한마디로 심신일여(마음과 몸은 하나)라는 표현에서 동양 즉 우리의 신체관을 발견할 수 있다.

예를 들어 태권도 품새에서 일여—如품새는 최고의 경지에 이르는 수련과정의 단계로 단순히 신체와 정신이 하나가 되기 위한 수련체계가 아니라 고된 수련을 통해 이상적 경지에 도달하고 지고 지순의 정신 세계-인격체를 깨닫고자 하는 데 의미를 두고있다.

여기서 지고 지순의 정신이란 무엇일까.

> 정신이라는 용어는 일반적으로 의식과 사유, 활동 그리고 심리상태를 포괄한다.

우선 정신이라는 용어는 일반적으로 의식과 사유, 활동 그리고 심리상태를 포괄한다.

즉 정신은 사유뿐만 아니라 의지도 포함하고 있다.

인간존재의 접근법

제12장 태권도 정신이란 무엇인가

동양인은 인간 존재에 관한 접근법에서 도덕적 윤리적 방법을 취함으로써 도덕적 윤리적 행위자로서의 인간과 그의 본성(인의예지)을 도덕적 윤리적으로 완전하게 하는데 역점을 두고 있다.

또한 서양 철학자 헤겔은 인간이 동물과의 차이는 인간만이 정신을 소유하고 있음을 강조하며 이것은 바로 인간의 주체로서의 본질이라고 강조한 바 있다.

서양문화의 근저에는 그들 사상의 근간을 이루는 지성적 사고로서 인간의 신체를 분석적이며 형이상학적으로 접근하면서 마음과 몸, 정신과 신체를 분리하여 갈등과 대립의 관계로 파악하고 있다. 반면에 동양문화의 근본적 원리인 직관적 사고방식으로 인간의 신체를 직관적으로 파악, 인간을 하나의 전체적인 유기체로 파악함으로써 정신과 신체를 대립과 갈등의 관계가 아닌 조화와 보완의 관계로 보고 있다.

태권도는 심신 즉 마음과 몸을 갈고 닦는다고 할 때의 의미를 우리는 이해할 수 있게 된다. 태권도에서 마음 수련이란 정신을 포함한 더 넓은 의미로 도덕적 윤리적 교육을 태권도라는 공방의 기술체계를 반복적, 지속적으로 수련하는 과정에서 함양, 체득하게 되는 것으로서 지행합일(앎과 실천은 하나)의 실천적 행위의 학습이다라고 말

> 동양인은 인간 존재에 관한 접근법에서 도덕적 윤리적 방법을 취함으로써 도덕적 윤리적 행위자로서의 인간과 그의 본성(인의예지)을 도덕적 윤리적으로 완전하게 하는데 역점을 두고 있다.

할 수 있다.

전통적 사고에서는 인간의 두뇌활동을 지식의 확장에 비중을 두고 있는데 반해 무도 수련은 덕을 쌓는 것으로 보고 있다.

김용옥에 의하면 전통적 사고에 있어 무도에서의 신체훈련이 무엇보다 중요시하는 것은 신체의 훈련이 바로 마음의 훈련을 의미한다는 것이다.

심신훈련이 무도의 본질이며 몸을 단련하는 것이 바로 마음을 계발하는 것으로 보며 중요시여기는 까닭은 몸이란 서구 사람들이 생각하는 정신과 분리되어 있는 물질적 의미의 육체가 아닌 정신이 스며있는 신체를 말하는 것이다.

무도수련의 신체훈련은 인간됨의 수련이라는 윤리적 의미를 함의하고 있어 태권도 지도자가 갖는 지도자 정신 즉 태권도 정신이 얼마나 수련자에게 영향을 끼치는가를 알 수 있다.

무도 태권도는 일거수 일투족에서 철학적인 의미를 찾아볼 수 있고 그 동작의 철학적 실천적 행위가 몸의 움직임을 통한 마음의 수련이라고 보는 것이다. 때문에 각 품새 명칭에서도 철학, 자연주의 사상 등 동양적 사상 내지 정신을 찾아볼 수 있다.

> 무도 태권도는 일거수 일투족에서 철학적인 의미를 찾아볼 수 있고 그 동작의 철학적 실천적 행위가 몸의 움직임을 통한 마음의 수련이라고 보는 것이다.

그 철학 정신을 우리가 어떻게 수련을 통해서 자각하고 깨달을 수 있는가를 태권도인 즉 수련자와 사범, 사제간의 끈끈한 관계에서 수련 내지 학습의 장에서 이뤄져야 할 과제이다.

태권도인의 정신자세

무도인의 자세는 바로 정신이다.
여기서 자세란 인체에 해당하는 바른 척추 즉 생명선에 대비할 수 있다.

우리의 일상적 신체활동에서 자세가 바르지 못하면 허리통증을 유발하듯 바른 자세는 정신의 소산이기 때문이다. 그리하여 정신이 자세를 지배한다는 의미로 보며 지와 행의 관계라고 규정지을 수 있다.

태권도 등 무도학습은 수련자가 자연적 속성과 유익한 내면의 교화로 물들어진 완전한 인간이 되기 위해서, 인내심을 기르며 고된 수련과정을 경험할 필요가 있는 필수적 부분을 구체화하는 것이다. 그것은 신체가 자신과 사회질서, 그리고 우주와 조화를 이루는 성숙하고 자아실현의 인간으로 발달시키기 위해 무술적 투쟁의 방법을 거쳐 정신단련을 경험시키는 정신교육의 과정이라고 여겨진다.

> 태권도 수련은 정신교육의 과정을 통해서 공동체 의식과 인간됨의 의식을 강화시킨다.

　태권도 수련은 정신교육의 과정을 통해서 공동체 의식과 인간됨의 의식을 강화시킨다. 무도의 투쟁형식을 통한 자아의 직면은 인간의 일상생활의 도전을 효과적으로 대처할 수 있는 자질을 향상시킨다.
　태권도 무도수련은 자기 수양을 위한 정신교육이며 이는 자아실현을 통해 인간의 심리와 성격의 개발에 깊이 뿌리 박혀 있다고 하겠다.
　그리하여 정신교육의 구체화는 관장 사범 등 지도자는 태권도적 기술체계, 철학적 문화적 양상의 전수자로서 행동하면서 학습자가 자아 발견을 할 수 있도록 교육적인 경험을 제공하려고 노력해야 하고, 반면 수련자인 피교육자는 무도의 가르침을 잘 받아들이고 정신강화 수련과정을 경험하기 위해서 융통성이 요구된다.
　특히 수련자는 수련에 있어서의 인내심, 근면성, 존경심, 끈기 등이 바로 잘 연마한 피 교육자의 표시로 나타나야 학습효과를 기대할 수 있다. 또한 수련자는 지도 받는 것에 대해 자기의 지도자와 무도를 향해 감사하는 마음을 가지게 되는 것이다.
　지도자와 수련자가 사제師弟의 관계에서 심오한 도를 연마한다는 의미는 도장에서 흰 도복을 입고 갖가지 상응한 띠를 매고 수련한다는 철학성에서 찾아 볼 수 있다.
　태권도 수련이란 지도자와 수련자간에 이뤄지는 엄한

규율 속에서 이뤄지는데 그것은 단지 기술체계의 전수가 전부일 수 없고 그 이상의 정신세계를 추구하는 것이다.

  태권도의 참 수련은 일상적 고된 반복적인 수련의 과정에서 인간정신을 고양하며 나아가 자아실현을 위한 인간됨의 본성에 귀의하고자 인간 정신의 심오한 고도의 경지에 몰입, 인성을 가다듬는 과정으로 인욕人慾을 제거하고 도심 즉 인간의 본성을 갈고 닦는 데 목적을 두고 있는 것이다.

  이것이 바로 태권도 수련의 요체라 할 수 있다.

> 태권도 수련이란 지도자와 수련자 간에 이뤄지는 엄한 규율 속에서 이뤄지는데 그것은 단지 기술체계의 전수가 전부일 수 없고 그 이상의 정신세계를 추구하는 것이다.

제13장
품새의 '한' 철학적 원리와 사상

체용의 관계에서 보면, 품새와 기본 동작이 체이고 겨루기, 격파, 호신술은 용에 해당한다. 또한 이 다섯 가지 기술 요소를 도덕적 덕목인 오륜에서 볼 때, 기본 동작은 예(禮;예절바름)이고 품새는 인(仁;인간성)이며 겨루기는 의(義;의로움), 격파는 신(信; 용기), 그리고 호신술은 지(智; 지혜로움)에 해당한다. 그러나 품새는 인간성(仁)으로서 다섯 가지 항상성(the five constant virtues)이라는 유학 덕목의 기본 구조의 상위 개념이요, 모든 다른 덕목은 인간성(仁;품새)의 양태로 이해될 수 있다. 따라서 품새 수련은 단지 몸의 기술 체득이 전부가 아니라 몸의 수련을 통한 마음의 수양을 더 중요시한다.

품새는 태권도의 천지天地이다.
품새는 기본동작, 겨루기, 격파, 호신술, 이 다섯 요소 중 중요한 의미와 가치를 지닌다.

품새 용어는 순수 우리말로 '품'과 '새'의 합성어이다. 종래의 품세品勢에서 한글화한 것이다. '품'의 자전적 의미는 ㉠ 윗도리 옷에서 겨드랑이 밑의 넓이 ㉡ 웃옷을 입었을 때 가슴과 옷과의 틈 ㉢ 안거나 안기는 것으로서의 가슴 ㉣ 비유적으로 따뜻이 맞아들이거나 감싸주는 곳 등

제13장 품새의 '한' 철학적 원리와 사상

이고 '새'는 생김새, 모양새(모양의 됨됨이)등 의 약자略字이다. 여기서 대비되는 것은 종전의 '품品의 기세勢' 적 의미의 품세에서 '어머님의 품, 조국의 품, 자연의 품에 안기다 등 의미의 품과 동작의 새를 뜻하는 품새로 바뀌었다.

자구적 해석에 따르면 품새 개념에서 '품'이란 동작을 감싸주는 공간 세계, 즉 자연天地으로 이해할 수 있다. 품새는 '동작을 따뜻이 맞아주는 어머님의 품'을 연상 할 수 있다. 자연은 동작이라는 한 그루의 나무에 비유해서, 뿌리는 아래로 줄기는 위를 향해 뻗어 싹을 틔우는 고귀한 생명으로 결코는 인고의 결과 잎과 열매, 꽃을 피우게 하는 '동작의 품' 天地이다.

체용의 관계에서 보면, 품새와 기본 동작이 체이고 겨루기, 격파, 호신술은 용에 해당한다. 또한 이 다섯 가지 기술 요소를 도덕적 덕목인 오륜에서 볼 때, 기본 동작은 예(禮: 예절바름)이고 품새는 인(仁: 인간성)이며 겨루기는 의(義: 의로움), 격파는 신(信: 용기), 그리고 호신술은 지(智: 지혜로움)에 해당한다. 그러나 품새는 인간성(仁)으로서 다섯 가지 항상성(the five constant virtues)이라는 유학 덕목의 기본 구조의 상위 개념이요, 모든 다른 덕목은 인간성(仁: 품새)의 양태로 이해될 수 있다. 따라서 품새 수련은 단지 몸의 기술 체득이 전부가 아니라

> '품'이란 동작을 감싸주는 공간 세계, 즉 자연으로 이해할 수 있다.

181

몸의 수련을 통한 마음의 수양을 더 중요시한다.

『국기태권도교본』(1987)에 따르면, 품새의 의의는 "공격과 방어의 기술을 규정된 형식(틀, 型)에 맞추어 지도자 없이 수련할 수 있도록 이어놓은 동작이다. 따라서 품새는 공격과 방어의 기본 동작을 연결·수련함으로써 겨루기 기술향상과 동작 응용능력 배양 그리고 기본동작에서는 익힐 수 없는 특수기술의 연마(숙달)를 할 수 있는 장점을 지니고 있다.

품새는 품새선에 따라 수련하는데, 품새선이란 품새를 할 때 발의 위치와 그 이동 방향을 선線으로 표시. '품새의 길道'을 말한다.

기술적인 측면에서 품새의 정의는, "품새가 곧 태권도이며(…), 태권도 정신과 기술의 정수를 모아 심신수양과 공방원리를 직접 또는 간접으로 나타낸 양식이다."

이렇듯 품새는 태권도의 본질을 내포하고 있는데 심신수련을 통해 그 본질을 이해 할 수 있도록 부단한 인내와 수련을 요구한다. 품새의 구조는 손(팔)과 발(다리)의 기술체계인 서기, 막기, 지르기, 차기 등 공방의 기법이며 '한' 철학 원리를 바탕으로 하고 있다. 태권도인은 품새의 '한' 철학 원리를 이해하고 수련하는 과정에서 심미적 예술성에 탐닉할 수 있게 된다. 따라서 품새는 심신의 조화

"공격과 방어의 기술을 규정된 형식(틀)에 맞추어 지도자 없이 수련할 수 있도록 이어놓은 동작이다.

로운 활동을 위한 철학적 행위 예술이라고 의미를 확장할 수 있다.

또한 품새는 각개 명칭과 품새선에 따른 다양한 동작 등, 이 셋이 모여 우주의 무수한 별들처럼, 자연 속의 여러 가지 의미망網으로서 태권도인이 안거나 안기어야 할 자연으로서 형이상의 철학을 내포한 형이하의 공간으로 이해할 수 있다.

따라서 『국기태권도교본』(1987)에 의하면, "품새의 품 하나 하나는 반만년의 유구한 역사를 통해 전통 사상의 정수와 경험을 바탕으로 이루어진 과학적인 기술의 결정체이다."

품새는 태권도 수련과정의 주된 학습단원이다. 학습단계는 유급과 유단(품을 포함)자로 구분, 품새 태극 1~8장場은 유급자를 위한 단원 그리고 고려, 금강…, 일여등 순順의 9개 품새는 유단자의 학습단원으로 구분되어 있다.

철학적 이해

품새는 자연이다. 그 자연 속에서 동작이 살아 숨쉬기 위한 생명체가 동작의 원리이다. 동작의 원리는 바로 생명력이며 그 생명의 존재 가치는 정체성으로서의 정신, 사상이다. 기본동작이 뿌리라면 잎과 열매는 특수, 응용 동작에 해당한다.

동작의 원형은 바로 품이다. 품과 동작의 관계에서 품은 정태(情態:morphostasis)이요 동작은 동태(動態:morphogenesis)이다. 품은 이理이고 동작은 기氣이다.

태권도에서 품과 동작은 이와 기의 관계처럼 그 선후를 가릴 수 없다. 무엇이 먼저이고 나중이 중요하지 않다. 동작이 품의 이를 좇아 움직이면 기를 낳고, 반대로 동작은 스스로 성性의 이를 내재화하고 있다. 동작의 발현이 기품氣稟이며 충기(氣:음양 이기二氣가 합해서 이룬 제3의 기)이다.

'한' 의 철학적 원리

천·지·인이라는 삼재·삼극과 음양 오행원리는 한국 전통문화의 구성원리이다.

한글은 그 대표적인 예이다. 즉 훈민정음은 철저하게 역易사상·음양론·오행론·삼재론이 결합되어 만들어 졌다. 한글의 구성은 ㉠ 하나의 글자를 삼재론에 입각해서 초성·중성·종성으로 구성된다는 것을 전제로, ㉡ 초성과 종성을 이루는 자음子音은 음양 오행론에 입각해서 만들고, ㉢ 중성인 모음은 천지인 삼재론에 입각 한 기본모음(·ㅡㅣ)을 창안한 다음에, 역사상의 원리에 따라 조

제13장 품새의 '한' 철학적 원리와 사상

합한 것이다.

삼재三才란 천지인(하늘·땅·사람)을 지칭하며, 이 셋은 원(圓: ○, ·)·방(方: ㅁ, ―)·각(角: △, ㅣ)의 도형으로 상징되며, 원리로서 작용한다.

음양陰陽이란 두 항의 대대적 관계로서 만물은 음(--)과 양(—)의 상대적인 짝을 이루고 있다. 음의 이면에는 항상 양이 있고, 양의 이면에는 항상 음이 있다. 그리고 그것들은 법칙에 따라 순환하고 있다.

오행五行은 나무木·불火·흙土·쇠金·물水을 지칭하며, 자연계의 흐름을 설명하는 데 동원된다. 카오스와 코스모스의 순환이 목·화·토·금·수로 반복 순환되면서 억천만 수를 창조해 낸다.

천지에는 목·화·토·금·수의 오운五運이 있어 생生, 장長, 화化, 수收, 장藏의 원운동을 반복하고 있다.

> 삼재란 천지인(하늘·땅·사람)을 지칭하며, 이 셋은 원(○, ·)·방(ㅁ, ―)·각(△, ㅣ)의 도형으로 상징되며, 원리로서 작용한다.

첫째, 태권도 동작의 원리는 천지인(·―ㅣ) 원리(3·1원리)이다.

태권도에서는 인간의 몸을 셋으로 나눠, 얼굴·아래·몸통 부위라 말한다. 이 셋이 모여 하나가 되어 동작을 구성한다. 즉 '한 동작'의 구조는 셋으로 얼굴, 아래, 몸통이다. 동작의 원리는 얼굴은 점(理"·), 아래는 서기(面: 一), 몸통은 선(線: ㅣ)이고, 그 속성으로 하늘(얼굴)의 도를 세워 음과 양이라 하고, 땅(아래)의 도를 세워 유와 강이며, 사람(몸통)의 도를 세워 인과 의로서 기품氣稟을 나타낸다.

하나의 동작을 이루는 구조로서 점·선·면, 이 셋은 유기적 관계를 이루고 점(·)은 이理로서 음양이요 방어와 공격, 방향과 시선, 속도와 안정, 기氣로서 접점(접촉하는 부위)이요, 선(ㅣ)은 몸통으로서 우宇요 공간성이다. 그리고 면(一)은 서기자세로서 주宙요 시간성이다. 점은 운동성에 의해 몸의 물질성이 중심과 균형, 속도와 안정, 강유(굳셈과 부드러움), 허실(빔과 참), 고저(높음과 낮음), 신축(풀어줌과 조여줌)에 관계되고 정신, 마음의 정신성은 방향, 시선, 반응, 판단 등의 감感, 인의仁義 등 영향을 미치는 동작의 원리로서 작용한다.

태권도 개념에서 태권(팔다리)의 길道이란, 팔은 어깨(천), 팔꿈치(지), 팔목(인)을 말하고, 다리는 고관절(천), 무릎(지), 발목(인)을 말하는데 팔과 다리는 각기 셋이 하나(3·1)를 이루며 공방의 기능을 구현하는 천지인원리이다. 팔의 기능이란 어깨는 팔의 뿌리에 해당하고 축이 되며 천일일天一一이고 팔꿈치는 방향조절, 힘을 전달하는 굴신 및 각 운동 기능을 하며 지일이地一二, 팔목은 손과 팔목 부위가 공격과 방어의 기능을 하며 인일삼人一三이다. 다리는 고관절이 허리와 연계, 항시 유기적 작용을 하며 다리의 뿌리로서 천일일天一一, 무릎은 서기의 자세, 힘을 전달하는 굴신 및 각 운동의 기능을 하며 지일이地一二, 발목에 해당하는 발은 이동과 변화, 발의 각 부위가 공격 기능을 하는 차기로서 인일삼人一三이다. 손과 발·팔과다리는 이 같이 '셋이 하나'로 3·1('한') 원리이다.

한 동작은 셋으로 나누고, 이 셋을 모두 어서 하나(동작)를 이룬다는 것이다.

'한' 철학적 원리는 『천부경』(天符經, 한민족 고유의 경전: 우주의 진화와 만물의 발생을 81자로 표현하고 있음)의 '한' 원리와 일치한다. 천부경에서 최초의 음양태극과 3태극(삼재)이 탄생했다. (정연종, 1996) 천부경의 핵심적인 개념은 '일(一) 즉 하나'라는 개념이며 "하나는 없음에서 시작되며, 시작된 하나는 셋으로 쪼개어져도 그 근본은 다함이 없다—始無, 始一析三極無盡本"로 시작된다.

『삼일신고』(三一新誥, 한민족 삼대 경전 중 하나)에서도 '하나는 곧 셋과 같고 나뉜 셋은 곧 하나로 돌아온다則一則三 則三則一'는 논리를 가장 중요하게 취급하고 있다.

이 동작의 원리는 천·지·인이라는 삼재·삼극의 체제적 구조와 그 질서가 사람속에서 천·지가 하나로 합일한다는 원리와 일치한다.

둘째, 태권도 동작의 원리는 음양 원리이다.

'한' 철학적 원리는 『천부경』 '한' 원리와 일치한다.

> 태권도 동작은 개체성과 고유성의 의미를 함축하고 있다. 동작의 개체성은 동태적인 힘이고 고유성은 공격과 방어의 기능이다.

태권도 동작은 개체성과 고유성의 의미를 함축하고 있다. 동작의 개체성은 동태적인 힘氣이고 고유성은 공격과 방어의 기능이다. 이같이 하나의 동작은 음양(공방, 안과 밖)의 보편적 개념으로 표현된다. 음양의 개념은, 태권도적 이론에서 응용되고 있는 개념으로는 치기(攻: 지르기, 찌르기, 차기 등)와 막기防, 움직임動과 정지함靜, 앞前과 뒤後, 느림緩과 빠름急, 나감進과 물러섬退, 위上와 아래下, 높음高과 낮음抵, 풀어줌伸과 조여줌縮, 굳셈剛과 부드러움柔, 강함强과 약함弱, 빔虛과 참實, 왼쪽(左)과 오른쪽右, 마음心과 몸身, 손手과 발足, 팔과 다리, 안內과 밖外 등 특성이다.

음과 양의 이항二項은 대립이 아닌 상호보완적 대대성 待對性을 이루며, 조화이요 창조이며 이기理氣이다. 음양의 운동성이 반복적이요 순환적이다. 품새에서 볼 수 있는 다양한 동작의 변화가 음양의 상생적 관계에서 질서를 이루며 배치, 조화를 이루고 그 움직임이 예술적 감흥을 자아내며 일거수 일투족 동작의 기운이 뻗쳐 공방을 하게 된다.

동작의 주체는 몸이다. 몸의 속도, 시선의 위치와 방향, 중심과 균형, 팔다리의 동작과 같은 몸의 기능과 위상으로 몸은 세계를 파악하고 이해한다. 그래서 몸은 시원적이고 인류학적이다.

셋째, 태권도 동작의 원리는 오행 원리이다.

오행五行은 태권도에서 오기五氣, 오기五技적 운행이며 순환이다. 五技는 기본동작, 품새, 겨루기, 격파, 호신술을 말한다. 이 모두는 동작의 기운의 결집이다.

五氣는 하나의 음양이며, 음양은 하나의 동작이고, 동작은 본래 품이다. 음양(동작)에서 오기가 나오는데, 각각 그 성性을 하나씩 지닌다.

태권도 수련단원으로서 이 다섯 요소는 수련자로 하여금 흥미를 잃지 않게 하는 학습동기를 부여하고 지속적·반복적 수련의 세계에서 몸소 체험을 통한 심신 연마와 인격확립의 초월적 지평을 넓힌다.

기본동작은 기본기술이요 품새는 동작의 우주에서 나를 찾아 나서는 깨달음의 공간이다. 그 수련·수양의 과정에서 얻게되는 기氣와 신信이다. 상대와의 겨루기는 실전에서 자신의 기技를 가늠해 볼 수 있는 스포츠 성취감의 체험이라면 격파는 동작技의 기氣를 강도 높은 격파물을 대상으로 깨뜨려보는 학습이다. 특히 격파묘기는 태권도문화를 홍보하는 매체 역할에 기여하고 있다. 호신술은 일상적 불의의 사고에 대처할 수 있는 호신적 기술로서 효

> 기본동작은 기본기술이요 품새는 동작의 우주에서 나를 찾아 나서는 깨달음의 공간이다.

용성이 높다.

  이 모든 동작의 원리는 다섯 요소가 오행의 원리에 의한 균형 있는 수련으로서 태권도의 오묘한 세계를 체험할 수 있다. 동작은 길(원리, 도)을 따라 세계를 열고, 동작의 세계는 몸의 조건에 의해 정신성과 물질성을 열어주고 또 그 자체가 동작에 안겨 무한한 가능성 즉 건강, 호신; 수양, 인성, 깨달음의 지평을 확장할 수 있다.

넷째, 태권도 동작의 원리는 태극 원리이다.

  태극은 우주 만물이 생긴 근원적인 본체로 이해할 때, 동작은 품의 동태動態이다. 품은 동작의 근원적 체(體: 본체)이고 동작은 품의 용(用: 작용)의 관계이다.

  인체의 측면에서 볼 때, 태극(허리의 원)은 음(아래)과 양(몸통)의 경계부위인 허리 부위에 해당한다. 허리 부위는 외연적으로 원형을 이루고 그 중심점의 부위가 단전이다. 단전은 기기氣機로서 태극점(점)에 해당한다. 그 점을 중심으로 허리의 움직임이 좌우, 전후 방향에 변화를 준다.

  인체의 허리는 태권도에서 태극개념이다. 점을 중심으로 한 왼, 오른쪽 어느 한 방향의 회전(움직임)은 팔다리의 자연스런 움직임을 수반하게 된다. 하나의 둥근 원속의 S자형(태극원)의 움직임이 음과 양으로 나누어진 태극에서 점을 중심으로 좌 우 회전을 하게된다. 이 때 한쪽은 소小에서 대大가 되고 다른 한쪽은 대에서 소가 되며, 이쪽이 줄어들면 저쪽은 늘어나서, 대에서 소에 이르기까지 한쪽은 다른 한쪽이 되는 것이다. 이것은 태극원의 곡선 속에 위치시켜 기를 통하게 하는 원리이다. 즉 우리 몸을 점(단전)을 중심으로 좌우로 비틀 때, 몸의 허리 뒷부분인 등 부위가 호선(弧線: 반원형의 선)을 그리며 기화氣化 작용을 하게 된다. 이 때 두 손을 좌우로 동시에 안에서 밖, 밖에서 안으로, 또는 두 손을 어느 한 방향으로 움직이는 원형운동(태극운동)의 형태가 이루어진다.

다시 말해 허리가 움직이면 팔이 자연적으로 따라서 움직인다는 원리이며 이때 허리의 움직임이 팔은 원전圓轉·선전旋轉을 하게 된다. 그리하여 허리의 움직임은 신축 운동과 비틀기 운동, 두 가지 운동태로 구분된다.

수학 원리로서 원판의 회전이론을 설명해 보자.

회전하는 원판에서 원판, 그 자체는 그리 빨리 회전하지 않는다. 빨리 회전하는 것은 원판이 바닥과 접하는 '점'인 것이다. 이 현상은 야구장에서 관중들이 파도 응원을 하는 것과 비슷하다. 즉 관중들이 팔을 들었다 내렸다 하면서 만드는 파도는 경기장 주위를 빙 돌지만 개개인은

> 인체의 허리는 태권도에서 태극 개념이다. 점을 중심으로 한 원, 오른쪽 어느 한 방향의 회전(움직임)은 팔다리의 자연스런 움직임을 수반하게 된다.

제자리에 머물러 있는 것과 같다. 회전하는 속도는 원판이 바닥에 접근할수록 더욱 증가한다는 결과를 낳는다.

이 회전 운동은 인체의 태극인 허리에서 단전의 점을 축으로 좌우·음양 어느 한 쪽의 회전에서 팔의 움직임은 자연스럽게 따르게 되는데, 같은 방향 또는 반대 방향의 작용을 하게 된다. 이 태극 원리는 점의 기화 작용(기세의 선)은 허리의 움직이는 측면에서 보면 조여주고 풀어주는 신축적 몸의 운동이며 특히 호흡과 함께 조화를 이루며 흐르는 물처럼 자연스런 움직임을 갖게 한다.

이 운동을 철학적 의미로 해석하면, "태극도형(원)은 음과 양 두 질서가 서로 갈등하지 않고 조화를 이루며, 완벽한 하나의 원을 만들어 내는 지구와 인간의 창조 원칙을 상징한 도형이다."(정연종, 1996) 이와 같이 인체 구조의 자연의 원리를 이용한 원형의 움직임은 태극원리로서 모든 무술의 원리로서 '공방의 원형'이 된다.

또한 태극원리의 원형 동작은 여러 관절과 뼈, 근육의 유연성과 탄성(탄성력)을 높여 신경계의 여러 가지 기능을 완화시켜 가동력을 높여 준다.

품새의 정신과 사상

제13장 품새의 '한' 철학적 원리와 사상

태권도 학습단원으로서 비중이 높은 품새는 품새 명칭과 그에 상응한 품새선(품새의 길道), 그리고 동작들로 구성돼 있다. 수련자의 학습단계에 따른 품새의 구분이 하나의 질서를 유지하고 기능과 정신, 나아가 사상 등 깨달음의 길로 안내한다.

태극 품새는 태극의 깊은 사상과 뜻을 담아 태권도 입문 초기의 유급자를 대상으로 제정되었으며 품새선과 서기가 변화되지 않는 태권도 기본사상을 배경으로 하였다.

태극 품새는 모두 1~8장으로 제정돼 있고 각 장의 품새선은 팔괘 즉 건(乾: 하늘), 태(兌: 연못), 이(離: 불), 진(辰: 우뢰), 손(巽: 바람), 감(坎: 물), 간(艮: 산), 곤(坤: 땅)의 순(順)으로 한 괘卦씩 배정하였다.

태극 1장(하늘: 양)은 만물의 근원이 되는 시초를 뜻하며 태극 8장(음: 땅)은 뿌리의 안정 그리고 시작과 마침의 뜻을 지닌다. 그 둘의 사이(공간)에 양과 음의 성질을 지닌 대립되는 요소의 상징물로서 6개를 택하고 있다. 팔괘는 태극과 더불어 질서정연하게 운행되고 괘의 ─ 는 양陽爻이고 ─ ─ 는 음陰爻을 뜻하며 우주현상의 근본 원리와 조화를 생성 발전시켜 나아간다. (국기원編, 1987)

이 태극팔괘의 우주현상의 요소는 소우주로서 인간에게

> 이 태극팔괘의 우주현상의 요소는 소우주로서 인간에게는 물질성과 정신성 그리고 사단과 칠정(기쁨, 성냄, 슬픔, 두려움, 사랑, 미움, 욕망)의 이·기로 해석할 수 있다.

는 물질성과 정신성 그리고 사단(四端: 仁義禮智)과 칠정(七情: 기쁨, 성냄, 슬픔, 두려움, 사랑, 미움, 욕망)의 이理·기氣로 해석할 수 있다. 동양의 이기론에 따르면 인간에게서 발견되는 정신현상은 이(理: 원리)요, 그 밑받침이 되는 에너지의 원천은 기(氣: 생동력)로 표시된다. 이는 사단, 기는 칠정에서 나오는 것으로 간주된다.

이와 기의 관계는 체와 용의 관계와도 같은 것이어서 이것은 불가분의 것이다. 이에 주자는 말한다.

"태극은 천지만물의 이를 합하여 하나로 통칭한 것이다. 태극은 천지만물의 이로서 천지만물이 있기 이전에 있었다.(…) 이가 있으면 기도 있고 기의 흐름에 따라 만물이 생성된다. 천하에 이가 없는 기가 없고, 또 기가 없는 이도 있을 수 없다. 이는 일찍이 기를 떠난 적이 없다. 그러나 이는 형이상이고 기는 형이하이다. 이와 기는 본래 선후로 갈라 말할 수 없으나, 연원을 추구하려고 한다면, 먼저 이가 있었다고 할 수밖에 없다. 그러나 별도로 존재하는 것이 아니라, 기 속에 존재하고 있다. 기 없이는 이가 붙어 있을 곳이 없다"(주자어류)

유단자 품새는 고려, 금강, 태백, 평원, 십진, 지태, 천권, 한수, 일여의 9개로 구성, 1967년에 제정되었다.

「국기태권도교본」(1987)에 따르면, 품새 고려(高麗: 士)는 선배를 의미하며 선배는 강력한 상무정신과 곧은 신비정신을 나타내고 고구려-발해-고려로 이어지는 선배(선비)의 얼을 바탕으로 품새로 엮어졌다.

금강(金剛; 山)이란__ 더 할 수없이 강함과 무거움을 의미하며 강함과 무거움은 한반도의 정기가 모인 영산인 금강산과 부처의 호법으로 음양의 두 신장(神將)이며 무술이 가장 세다는 금강역사 가운데 더욱 강맹하고 파괴되지 않으며, 남성을 상징하는 금강을 나타내고 이 두 가지 요소가 한데 어울려 품새가 되었다.

태백(太白; 工)은__ 한민족의 고대국가인 단군 조선이 개국한 아사달(아씨땅)의 성산인 붉메(밝산)를 의미하며 밝은 산은 얼과 전통의 근원 신성함을 그리고 홍익인간의 사상을 나타낸다. 태백은 수없이 다른 위치와 말로 나타나 있지만 그 가운데 대표적인 것이 민족의 태반(胎盤)이고 상징인 백두산이며 단군의 높은 이상을 바탕으로 품새가 생겨났다.

평원(平原; 一)은__ 아득한 사방으로 넓게 펼쳐진 큰 땅을 의미하며, 큰 땅은 생물의 모체로의 생명의 보존과 만물의 영장인 사람으로 인한 삶의 터전을 나타내고 본디 本과 쓰임用에 따른 평화와 투쟁을 바탕으로 품새가 이루어졌다.

십진(十進; 十)은__ 십장사상에서의 십장생을 의미하며, 십장생은 해, 구름, 산, 물, 들, 소나무, 불로초, 거북, 사슴, 학을 일컫는 것으로 이러한 하나의 천체와 네 개의 자연, 두 개의 식물과 세 개의 동물은 사람의 믿음과 바람과 사랑을 나타내므로 이를 상징하고 변화하는 품새가 십진이다.

십장생은 해, 구름, 산, 물, 들, 소나무, 불로초, 거북, 사슴, 학을 일컫는 것

지태(地跆; ㅗ)는__ 땅위의 사람이 하늘을 향해 두 발을 딛고선 지상인地上人을 의미하며, 지상인은 사람이 삶의 터전인 땅위에서 두 발로 차고 밟고 뛰는 삶과 싸움을 나타내고 사람의 생존경쟁 속에서 나타나는 갖가지 양상을 동작으로 엮은 것이 지태 품새이다.

천권(天拳; ㅜ)은__ 만물의 근본이며 우주 그 자체이기도 한 하늘이 가진 대능력大能力을 의미하며, 그 무한한 능력은 창조와 변화와 완성을 나타내므로 사람이 대능력을 무서워하고 경외하는 마음이 생겨서 으뜸가는 지상의 모양이나 뜻에는 하늘의 이름을 붙였다. 9천년도 더된

제13장 품새의 '한' 철학적 원리와 사상

아득한 옛날에 한민족의 시조인 환인 임금님은 하늘나라 임금이라 불리면서 하늘 바다와 하늘 산 근처에 하늘도읍을 정하셨고 하늘민족인 한 민족의 사상과 행동에서 태권도가 생겨났다. 이런 웅대무비한 역사와 사상의 바탕 위에 천권 품새는 제정되었다.

한수(漢水; 水)는__ 만물의 생명을 키워주는 근원이 되는 한물을 의미하며, 한물은 생명의 탄생과 성장 강함과 약함, 큰 포용력과 융화력, 그리고 적응력을 나타낸다. 한은 하나라는 뜻과 많다, 크다, 가운데, 같다, 가득하다, 함께, 포함한다, 잠깐, 오래 등 여러 가지 많은 뜻을 가지고 있으며 하늘이라는 뜻과 모든 것의 뿌리라는 뜻도 담겨져 있다. 이런 의미와 부술 수도 끊을 수도 없는 물의 특성을 기술에 적용하여 한수가 꾸며졌다.

일여(一如; 卍)는__ 신라의 위대한 승려, 원효대사의 사상 정수를 의미하며, 원효사상은 마음(정신)과 몸(물질)이 하나이면서 원리는 오직 하나 뿐이라는 높은 천리를 말하고 이것은 점이나 선이나 원이 하나가 된다는 뜻을 나타낸다. 태권도 수련의 완성은 모든 기법과 동작이 모양이나 운용을 다르게 배우고 행하지만 궁극에서는 합쳐져서 나아가 정신과 동작이 일체가 되는 깊은 무예의

> 원효사상은 마음(정신)과 몸(물질)이 하나이면서 원리는 오직 하나 뿐이라는 높은 천리를 말하고 이것은 점이나 선이나 원이 하나가 된다는 뜻을 나타낸다.

진리가 바탕에 깔려져 있는 품새가 일여이다.

품새의 '한' 사상

위에서 품새의 정신과 사상을 살펴보았듯, 태극 품새는 생명사상이고 유단자 품새는 조화사상으로서 '한' 사상이다.

9세기 신라의 석학 최치원(崔致遠, 857~?)은 난랑의 비문에서 이렇게 적었다.

"우리 나라에는 깊고 오묘한 도가 있다. 이를 풍류風流라 한다. 이 교를 설치한 근원은 선사에 상세히 실려 있거니와 이는 삼교를 포함한 것이요, 모든 민중과 접하여서는 이를 교화하였다."(國有玄妙之道 曰風流, 說敎之源 備祥仙史, 實乃包含三敎, 接化群生.『삼국사기』, 신라본기, 진흥왕)

우리 나라의 고유한 도道 곧 민족의 정신을 '풍류'라 했다. 풍류도는 유·불·선 삼교가 도입되기 이전부터 있었던 우리의 고유한 민족의 정신이다. 그런데도 삼교의 근본 진리를 이미 내포하고 있는 것이었다. 실로 현묘한 도라 말할 수 밖에 없다.

우리 나라의 고유한 도 곧 민족의 정신을 '풍류'라 했다.

제13장 품새의 '한' 철학적 원리와 사상

풍류라는 말 뿌리는 부루夫婁를 한자로 사음(寫音: 소리나는 대로 적음)한 것이다.

부루는 우랄·알타이어의 부르칸(,Burkhan)과 그 말 뿌리를 함께 하는 것으로 불·밝·환·한·한울·태양 등의 뜻과 함께 일자(一者; '한')를 나타내는 개념이다.

삼교에서 유교의 본질을 "자기를 극복하고 예로 돌아간다"克己復禮는 데서 찾고, 불교의 본질을 "일심의 근원으로 돌아가는 것"歸一心之源에서 찾으며, 도교의 본질을 "사심 없이 자연의 법도에 순응한다."無爲自然는 데서 찾을 수 있는 것이라면 이 세 가르침은 다 같이 자기와 이 세상에 대한 집착으로써 형성된 자기 중심주의의 세계를 극복하고 하늘이 내린 천성으로 돌아가기를 가르치고 있다. 이러하듯 풍류도는 실로 한국인으로 하여금 ',' 사람됨의 길'을 걸으며 '사람다운 삶'을 이루게 하는 민족의 얼인 것이다. 풍류도는 실로 유·불·선 세 삼교를 다 포함하고 있는 것으로 이러한 포괄적인 성질을 나타내는 우리 말은 '한' 이다.

이 '한' 사상은 고려 품새에서 상무정신과 선비정신의 하나(한) 즉 문무文武를 다 갖추고 깨닫도록 한다. 선비는 열린 지평과 새로운 가능성을 찾아 자연에 나선다.

품새 금강, 태백, 평원, 십진은 자연적이고 범우주적인 현묘玄妙한 조화 속에서 소요유(逍遙遊, 장자의 개념: 산

'한' 사상은 고려 품새에서 상무정신과 선비정신의 하나(한) 즉 문무를 다 갖추도록 깨닫도록 한다.

책)하며 새로운 자아를 창조하는 과정이다. 품새 지태, 천권은 힘차게 땅을 밟고 하늘을 향해 높이 날아오르는 호기(浩氣: 호연한 기운)와 용맹정신을 키워준다. 한수는 물이 돌, 나무, 들짐승 등의 몸 속은 물론 흙과 돌과 바위 틈 사이에 까지 자유로이 출입할 수 있듯이 두께 없이 부드러운 마음도 천지만물 속을 막히거나 거리낌없이 자유롭게 왕래할 수 있음을 말한다. 인간은 마음을 회복하려면 습관적인 삶 속에서 욕欲과 지知의 활동에 의하여 오욕汚辱의 때로 더럽혀진 마음을 씻고 닦아야 한다는 것이 품새의 길道이며 9단계 일여 품새는 점·면·선이 하나되는 만물 조화의 가르침이며 품새의 '한' 정신이다.

장자는 도와 하나가 될 수 있는 마음이란 비움虛이며 한(一)이 되며 고요靜한 마음이라고 보았다. 유교는 유기체적이고, 인간은 우주의 소우주이고 거기에는 하나의 도道만 있다는 견해를 분명히 한다.

"천지에서 몸을 받고 음양에서 기를 받는다"는 장자의 가르침은 품새 수련의 완성과 한사상을 적절히 드러내고 있다.

품새는 사람됨의 길이다

제13장 품새의 '한' 철학적 원리와 사상

품새 태극 사상은 인간의 생명사상이고 유단자 품새는 자연 속에서 수련을 하며 사람됨의 길을 안내한다. 생명은 어디에서 기원하였을까? 생명이라는 말은 원래 성명性命이라는 말과 통하여 쓰였다. 『중용』中庸에서 말하기를 "천명지위성天命之謂性"이라고 하였다. 천지만물이 하늘天로부터 그의 본성을 받았다는 측면에서 말하면 성性이지만 하늘이 천지만물에게 각각 그의 본성을 부여하였다는 측면에서 보면 명命이다. 이러한 의미를 가진 性과 命이 합하여 성명 또는 생명이라는 개념이 이루어 진 것이다. 하늘로부터 고귀한 생명을 부여받은 사람은 태극 품새를 수련하는 과정에서 천지만물의 근원인 8괘의 우주정신을 깨달으며 생명사상을 숭상하며 유급자 과정을 벗어나 독립된 사람됨의 길에 들어서는 단계가 유단자의 입문 세계이다. 고려士 품새는 바로 선비로서 걸어가야 할 덕목을 갖추도록 수련·수양의 길을 인도한다.

품새의 고된 수련의 과정은 자기를 극복하고 예禮로 돌아가고자 하는 도덕적인 길이고 인간의 본성을 찾고 일심一心의 근원으로 돌아가 사람다운 삶을 이루고자 하는 수양의 길이다. 유가儒家에서는 예의 근원이 인의仁義라고 말한다. 그래서 맹자는 "어짊仁은 사람의 편안한 거처요,

> 품새 태극 사상은 인간의 생명사상이고 유단자 품새는 자연 속에서 수련을 하며 사람됨의 길을 안내한다.

201

의로움義은 사람의 바른 길이다"라고 했고, 공자는 "군자는 의로움으로써 바탕을 삼고 예로써 그것을 행한다"고 했다.

우리가 인격적 자기 수양을 통해 선하고, 참되고, 아름답고, 위대하고, 성스럽고, 신령스러운 존재로 변할 수 있다는 맹자의 주장은 그의 도덕 형이상학의 토대를 이루고 있는 인간·우주화에 근거하고 있다. (뚜 웨이밍, 1999)

인(仁: 인격성)을 실천하려면 예의 길을 따르지 않을 수 없다. 사람의 도덕성을 의미하는 인(仁)은 도덕적 자기 수양을 통해 도달하는 인간 최고의 경지로 묘사되곤 한다.

인(人+二)은 사람과의 관계에서 성립되는 것으로 덕행, 자애, 인간성, 사랑함, 인간다운 마음씨, 선함 등을 뜻하는 개념이다.

무도에서 예禮는 수련·수양의 첫 단서(端緖: 일의 실마리)이다. 도장(道場) 출입시 예를 행하고 선후배, 동료 간에 예를 올리며, 그리고 겨루기는 물론 품새수련에서도 시작과 마침에서 경건하게 예를 다한다. 예禮는 개인으로부터 시작해 가족, 나라, 세계를 완성하는 형식이다. 예에 가장 적합한 것은 피상적이고 형식적인 허세보다는 진실한 마음이기 때문이다.

태권도 수련은 몸과 마음心身의 닦음이다.

제13장 품새의 '한' 철학적 원리와 사상

태권도는 인간(태권의 상징성)이 참사람이 되기 위한 길(도: 닦음)에 나서는 것으로부터 출발한다. 몸과 마음을 갈고 닦음이란 인간의 성숙을 지향하며 사람이 되는데 있다.

품새에서 품새 이름과 그에 상응한 품새의 길(품새선)이 수련자의 자기 수양을 위한 길道이다. 자기 수양이라는 완전한 인간이 되는 수련은 아픔과 고난이 따른다는 것을 자각하면서 시작된다.

길을 추구하는 선비(고려 품새선 士)는 결코 멈추지 않고 '길에 마음(의식)을 두며' 그의 마음을 늦추지 않고 덕德을 붙잡아 놓치지 않는다. 선비는 문화文로서 자신을 넓히고 예절禮로서 자신을 정련(精練: 잘 단련함)시키기 위하여 항상 인간성仁에 의지하고, 기예를 닦는데 힘쓰는 것이다.

> 자기 수양이라는 완전한 인간이 되는 수련은 아픔과 고난이 따른다는 것을 자각하면서 시작된다.

유단자 품새의 첫 번째 고려는 '길道을 추구하는 선비'(士: 지식인)가 되는데 있는 듯하다. 길을 추구하는 선비는 "자기의 짐인 인간성을 짊어지고 나아가며, 쓰러지는 순간까지 자신의 길을 단념하지 않는 사람이다. 길道을 추구하는 선비로서 유단자는 세상을 개척하여 전일(全一: 완전한 모양)한 전망(perspective)에 따라 건립하려고 각고(刻苦: 몹시 애씀)의 노력과 감내(堪耐: 어려움을 참고 견딤)가 요구된다.

품새의 길에서 만나는 많은 동작은 몸소 체험을 통한 수양의 과정이다. 품새 수련은 직접적인 체험이라는 수행 활동 속에서 존재 내면의 깊숙한 곳에 감추어져 있는 인간 본성을 되찾는 길道이며 '반성과 실천'은 필수적 덕행이다. 수련은 전인全人의 체험이다. 인격 전체를 포함해서 '몸소 체험함' 없는 수련은 수련답지 못하다.

수련이란 '하나'에서 시작하여 열이 되고, 열에서 돌아오면 다시 원래 그 '하나'로 돌아가는 것이다.(검도와 인간, 1998)

공자는 "길은 사람을 넓힐 수 없지만, 사람은 길을 넓힐 수 있다"고 말한다.

품새는 수련자가 반성하고 실천하는 끊임없는 자기 교육self-education과정에 대한 정신을 잘 드러내고 있다. 품새의 길은 태극太極에서 시작, 일여一如에 이르는 길이며 다양하게 열려 있다.

품새의 '한' 철학적 원리와 사상은 이해와 실천을 통해 개아個我: 닫힌 자아가 범아凡我: 열린 자아로 새롭게 탄생하는 초월의 과정이다. 결국 품새는 태권도 수련자를 위한 '사람됨仁: 인간성의 길道: 깨달음'이다.

수련은 전인의 체험이다. 인격 전체를 포함해서 '몸소 체험함' 없이는 수련은 수련답지 못하다.

04 제4부-수련적 이해

제14장 격파, 그리고 단련의 모든 것

제15장 태권도 수련의 구조적 본질
수신 | 호신 | 각신

제16장 태권도 수련, 어떻게 할 것인가
몸과 마음을 닦는다는 것과 그 방법론을 중심으로

제17장 태권도, 도道란 무엇인가
태권도의 철학 범주를 중심으로

제18장 태권도, 인간관 그리고 수행관
철학적 인간관, 문화적 수행관

제14장
격파, 그리고 단련의 모든 것

태권도 수련(학습)프로그램도 점차 흥미위주의 교육으로 치닫고 있어 기본기基本技, 품새는 물론 격파, 호신술 등 전통적 무예 수련의 장르가 소외, 사장되고 있는 듯하다.

전통적 의미의 '도장'이라는 개념이 체육관이라는 용어로 변해 그 의미소마저 점차 바래고 있다. '무예를 연마하는 곳 즉 도를 닦는 다는 곳, 도장'이라는 마당이 '체조나 경기 등을 하기 위하여 설비된 건물' 또는 '건강한 몸을 만들 목적으로 하는 교육의 곳'을 뜻하는 체육관이라는 명칭을 선호하고 있음은 몹시 우려하지 않을 수 없다.

태권도 수련(학습)프로그램도 점차 흥미위주의 교육으로 치닫고 있어 기본기基本技, 품새는 물론 격파, 호신술 등 전통적 무예 수련의 장르가 소외, 사장되고 있는 듯하다.

그러나 태권도의 경기화로 겨루기가 '태권도'를 특징짓는 현실에서 태권도를 무도·스포츠라 일컫고 있다. 그러한 가운데 무도, 무예로서 태권도의 본성으로 되돌아가자는 운동이 '태권도 한마당'이라 하겠다.

무도, 무예의 본질은 태권도를 학습하는 도장의 프로그램에서부터 실행되어야 하며 그 초석은 특히 '격파 단련' 등 수련체계를 강조할 수 있다.

단련의 개념

'단련'의 사전적 의미는 첫째, 쇠붙이를 달구어 두드림. 둘째, 몸과 마음을 닦음, 즉 심신을 단련하다 또는 매운 것을 익숙하게 익힘으로 설명되고 있다.

첫째의 의미를 좀더 구체적으로 설명하자면, 단련은 금속을 불에 달구어 두드려서 강하게 만드는 것을 뜻하는 말인데, 이것이 교육이나 체육의 방법으로 전용된 말. 체육 운동은 주로 대근육군大筋肉群의 운동으로서, 신체에 대해 격렬한 운동을 계속적으로 하다보면 지친다든가 피로 또는 슬럼프slump 현상이 나타난다. 이런 경우 단련방법으로서 지친다든가 피로 등을 이겨 나가기 위해 다소 무리를 참으면서 운동을 행하게 한다. 이때 생명력이 약

> 무도, 무예의 본질은 태권도를 학습하는 도장의 프로그램에서부터 실행되어야 하며 그 초석은 특히 '격파 단련' 등 수련체계를 강조할 수 있다.

다소 무리를 참으면서 운동을 행하게 한다. 이때 생명력이 약한 사람은 도리어 파괴 상태로 이끌 수도 있으나 그렇지않은 사람은 이런 격렬한 학습에 의해서 그 힘을 증대시킬 수가 있다.

한 사람은 도리어 파괴 상태로 이끌 수도 있으나 그렇지 않은 사람은 이런 격렬한 학습에 의해서 그 힘을 증대시킬 수가 있다. 추운 겨울철이나 여름철에 격렬한 운동을 장려하는 것도 역시 이런 이유에서이다. 이런 기후적인 악조건을 하나의 저항으로 하여 맹렬한 연습을 거듭함으로써 기술이나 체력의 향상을 도모하려는 것이다. 이런 계절적인 저항의 방법 외에 작업적 저항, 물적 저항, 또는 정신적 저항 등의 방법이 있다. (신찬체육대사전 진보 1996:170)

격파 단련

단련은 격파를 위한 기초 과정이다.
태권도에서 격파는 전통적 의미로 분류하면 품새, 겨루기, 격파 순순으로 태권도의 위력을 송판, 기와, 벽돌 등 단단한 물체를 소재로 직접적으로 표현해 보일 수 있는 척도이다.

그리고 태권도에서 단련이란 신체의 일부분을 강하게 하여 무기화 시키는 것을 말한다. 무기화의 수단이 되고 있는 손이나 발, 그 밖의 부분을 단단한 물체에 반복적 충격을 주어 뼈나 근육을 단단하게 만들고 피부에 굳은살을 생기게하며 반복하여 때리는 가운데 속도나 힘의 양을 조절할 수 있다.

'단련'의 개념에서 둘째, 몸과 마음을 닦음. 즉 심신을 단련하다라는 뜻은 포괄적인 함의이며 태권도에서는 수련修鍊(마음과 힘을 닦아서 단련함) 또는 연마鍊磨(갈고 닦음)라는 단어를 즐겨 사용하고 있다.

'단련'이라는 개념은 좀더 구체적 의미로서 손날을 단련하다, 주먹을 단련하다 등 신체의 특정 부위를 단련시키는 방법의 전문화된 개념이라 말할 수 있다.

> '단련'이라는 개념은 좀더 구체적 의미로서 손날을 단련하다, 주먹을 단련하다 등 신체의 특정 부위를 단련시키는 방법의 전문화된 개념이라 말할 수 있다.

격파 단련의 정보

현재까지 국내에서 발간된 태권도 관련 문헌은 백여종이 되는 데, 그 가운데 격파, 단련에 관한 정보(자료)는 10% 미만이다.

최초의 문헌인 화수도교본(황기 조선문화출판사 단기 4282(1949) : 189)에서 '수족단련법手足鍛鍊法'을 보자.

"이 수족(손발)을 단련하자면 주로 도구가 필요하다. 이 간도구稈道具에 대해서는 후기하기로 하고 여기서는 이에 의하여 단련법부터 기재하기로 한다. 수手 단련시에는 우선 간도구대 전면(앞)에서 심신을 안정하고 하복부에 힘과 중심重心을 잡고 우족 전굴자세(오른 앞굽이)로 우정권(오른 주먹)을 차도구(이 도구)에 향하야(향해) 단련"으로 시작되는 설명이 이어진다.

"그리고 우수(오른손)가 종終하면(끝나면) 좌수(왼손)도 동일 요령으로 단련하되 보통 좌방(왼쪽)은 약하므로 우방(오른쪽) 30회 단련하자면 좌방은 5,60회 가량 단련하여야 한다."

그리고 권법교본(최석남 동서문화사 단기 4288(1955):45) '기초 단련법'에서 기초 단련법은 권법(태권도)의 생명이라고 말할 수 있고 그 주된 단련부위는 손과 발이다. 손과 발의 단련은 틈이 있는 대로 때와 장소를 가리지 말고 끊임없이 실시하면 여하한 위기에서도 이것을 박차고 안전을 얻을 수 있으며 나아가서는 위대한 위력을 적에게 발휘할 수 있다. 주먹으로 치면 십수개의 기와장이 부서지고 목판(송판)이 부서지는 것이다. 수도(손날)로 치면 벽돌이 이삼매(두세개)나 짤려지는 것 같은 것은 결코 우연으로 되는 것이나 어느 특수한 소질이 있어서 그러는 것이 아니고 오로지 단련에 의한 성과임을 강조한다." 는 등 단련에 관한 자세한 설명이 있다.

단련鍛鍊

'단련'은 태권도 교본의 한 편篇을 차지하고 있다. 단련 또는 단련법의 항목으로 각 문헌마다 다소 차이를 나타내고 있으나 소홀히 취급한 교본도 없지 않다.

　1972년 대한태권도협회에서 간행된 교본은 품새편이라는 특성으로 '품새'에 한정된 내용이다. 그러나 1987년 국기원에서 발간한 국기 태권도 교본(국기원편)은 목차 제8장 태권도 시범에서 '격파'라는 설명에서 "태권도 시범의 꽃이라 할 수 있는 격파 시범은 묘기 격파와 위력 격파가 있다. 격파 시범은 묘기를 연구하면 할수록 기술이 개발될 수 있는 전망이 많으며 각종 공격부위를 이용하는 특수격파와 커다란 위력을 과시할 수 있는 위력격파 시범 등이 포함되어야 한다.'라는 짤막한 언급 뿐이다. 반면에 태권도 겨루기, 태권도 시범, 태권도 선수훈련 등에 비중을 두고 있어 태권도의 경기화, 스포츠 태권도를 지향한 편애로서 교본의 편집 의도가 정책적이었음을 배제할 수 없다.

단련편

　단련구, 단련대를 이용한 단련에 관련된 내용을 게재한 교본으로서 1970년대 이전에 발간된 문헌은 권법교본(최석남 4288(1955), 당수도교본(황기 계량문화사 1958), 태권도 지침(최홍희 정연사 1966) 등이 있다.

> 태권도 겨루기, 태권도 시범, 태권도 선수훈련 등에 비중을 두고 있어 태권도의 경기화, 스포츠 태권도를 지향한 편애로서 교본의 편집 의도가 정책적이었음을 배제할 수 없다.

그리고 1970년 이후에 발간된 교본은 수박도대감(황기 삼광출판사 1970), 정통 태권도 교범(최영의 불이출판사 1971), 태권도교서(최홍희 정연사 1973), 종합 태권도전서 (김병운, 김정록 서림문화사 1985), 태권도교본(이교윤 일신서적공사 1989), 무도교본(육군사관학교 형설출판사 1989), 태권도(송후섭, 김종오 진원출판사 1990), 등을 찾아볼 수 있다.

단련 목적

품새를 수련하면 신체의 신축, 속도의 완급, 힘의 강약 등 기술과 신체 전체의 단련이되며, 겨루기를 수련하면 팔목, 손날 등 방어하는 부분만 단련된다. 그러나 실지 위력을 나타내는 공격 부위인 주먹, 손끝, 손날, 팔굽(손기술)과 앞축, 뒤축, 발날, 발등(발기술)등의 부분을 단련시키기 위해 태권도의 단련 기구를 이용하여 별도로 단련해야 한다.

즉 일격一擊 일축一蹴이 필살(반드시 죽임)의 위력이 있어 그것을 치명타가 될 수 있도록 힘을 길러야 한다. (신찬체육대사전 진보 1996:170)

또는 단련 목적은 평소 공간만을 공격하던 것을 실질적인 공격 목표를 가정하여 체험과 중심과 거리와 손발의

단련 목적은 평소 공간만을 공격하던 것을 실질적인 공격 목표를 가정하여 체험과 중심과 거리와 손발의 사용 부위를 단련시키는 목적이 있다.

사용 부위를 단련시키는 목적이 있다.

단련법

단련법은 기본동작과 기술의 위력 및 파괴력을 증진시키기 위하여 반드시 필요한 것으로 꾸준한 노력과 계속적인 단련을 하여야 그 효과를 거둘 수 있다. 단련 기구에 의한 단련과 기구를 사용하지 않는 단련의 두 가지 방법이 있다.

요령:
- 꾸준한 성의와 노력 및 인내심을 요한다.
- 정확한 사용 방법을 숙지한다.
- 자기 체력, 체질에 적합한 단련을 한다.
- 수련 정도의 수준을 감안, 단계적 질과 양의 진행
- 시선, 거리, 중심, 방향, 힘과 호흡 등에 유의할 것
- 단전에 중심과 힘을 모아 단련할 것.

단련구 제작법

단련구란 단련기구의 준말로서 단련대와 같은 뜻으로 사용되며 크게 고정식 단련대鍛鍊袋와 이동식

단련대, 그리고 휴대용 단련대로 구분할 수 있다.

　단련기구는 / 단련대 -주먹, 손날, 등주먹, 팔굽을 단련. / 단련 백 -앞축, 뒤축, 발날과 주먹, 손날, 팔굽 등을 단련. / 모래단지 -손끝, 손가락의 압력 단련 등 목적이다.

-단련대 :

단련대는 대와 베개로 구성된다.

만드는 방법은 대는 어떤 나무이든 곧은 사각기둥이 좋으며 길이는 수련자의 키에 따라 차이가 있으나 일반적으로 전장 2m, 두께 7cm, 넓이 8cm 정도의 각목을 경사지게 깍아서 상판은 7cm, 두께가 1.5cm 정도 되도록 한다. 볏짚 베개는 길이 30cm, 두께 5cm, 넓이 8cm 정도의 볏 짚단을 만들고 새끼줄로 볏짚을 감는다. 이 볏짚베개를 대에 고정 시키면 된다.

설치하는 방법은 일정한 장소에 땅을 좁고 깊게 파서 80cm 정도로 묻어 세워놓고 주위에 돌이나 목재로 앞뒤를 받쳐 시멘트로 고정시키면 된다. 이 고정식은 우선 마당이있어야 한다. 반면에 도장(체육관)이나 건물 옥상에 설치 용이한 이동식은 실내외 어디서나 설치, 효과적으로 사용할 수 있으나 제작비용이 다소 많아 경제적 부담이 있다.

그리고 휴대용은 길이 26cm, 넓이 7.5cm, 두께 5cm

정도의 각목을 3등분하여 각목의 중간에 이중의 홈을 파내고 만들거나 튼튼한 나무판 3개를 포개고, 그 사이에 짧은 판을 끼워서 만든다. 나무의 홈에 스프링을 넣어 탄력성이 있도록 하면 더욱 좋다.(종합 태권도 전서 김병운 김정록 서림문화사 1985)

-단련 백 :

단련 백은 큰 백bag과 작은 백으로 구분한다.

큰 백은 길이 120cm, 직경 60cm 정도의 큰 자루에 톱밥 및 가죽 또는 헝겊 조각을 약 15관 정도 넣고 로프나 쇠사슬로 어깨 높이 정도로 매단다. 주로 발의 단련에 많이 사용되며 탄력보다는 힘의 저항력을 키우는데 도움이 된다. 작은 백은 길이 60cm, 직경 30cm 정도의 작은 자루에 톱밥 도는 가죽 조각을 넣는다. 이것을 신장 높이 정도로 매달고 좌, 우로 이동하는 반동을 이용하여 뛰어 차기 등 민첩성과 순발력 등을 증진시키는데 많은 도움이 된다.

-단련 그네 :

직경 약 10cm, 길이 150~180cm의 중심나무(또는 나무 묶음)에다 약 5~4cm 두께로 볏짚을 대고 새끼줄로 단단히 감는다. 양쪽에 고리를 달고 약 2~4cm의

밧줄로 매단다. 높이는 양쪽에 로라를 달아서 높이를 조절할 수 있게 한다.

-단련공 :

권투 연습에서 사용하는 펀치 볼을 대용해서 사용할 수 있다. 설치법은 고정식 또는 진동식이 있다. 고정식 설치는 공의 양끝에 고무공을 매어 수련자의 키에 따라 높낮이를 조절하여 천장과 바닥에 당겨 매어 사용한다.

-단지(모래통) :

단지는 손아귀의 힘을 기르기 위한 방법과 단지에 모래를 담아 손끝 찌르기 단련을 위한 방법이 있다. 단지는 목이 곧게 쭉 빠지고 둘레에 테가 있어야 손가락으로 쥘 수 있어야 한다.

격파의 대가大家

극 진 가라데의 창시자 최영의(서울출생 1923-1996)는 격파, 격투기의 대가라 해도 과언이 아니다. 그는 세계의 어느 누구보다도 맨손 결투를 하여 명성을 떨쳤다. 미국에 가서 많은 권투 선수와 레슬링 선수들과 맞서 통쾌히 물리치고 소 50두와 싸워서 이긴 후에도 자기가 세계 제일의 강자라 생각할 수 없었다고 한다. 그가 미국을 순회하며 시범을 보일 때 군중이 형(품새)이나 깨어보기(격파) 연무만으로는 만족하지 않고, 레슬링 선수나 권투 선수와 맞서 싸우게 되는 입장이 되어, 그 모두를 반죽음을 시켜왔다고 한다.

그는 20세 무렵에 손날로 기와 20매을 깨고, 24~28세 사이에 30매를 손날로 꼈다.

또 벽돌 2장을 손날로 부수고 12cm 직경의 소의 뿔을 손날로 깨뜨렸다.

"나는 왜 그렇게 많이 깰 수 있었는가? 그 대답은 간단하다. 나는 9세 때부터 권법에 입문. 수련하면서 강하게되는 것만을 생각했다. 보통 수련자의 3배를 연습하고, 실제로 두 번에 걸쳐서 3년 간 입산을, 무도 수련만으로 일생을 살았다. 체격은 아이 때는 적었지만 당시는 20관 정도로 기력도 충실하고, 모든 의미로 최고조였다. 그 무렵 누구를 상대로 해도 혹시 질 것인지 모른다고 생각한 일은 한번도 없었다."고 술회했다.

초기 육칠십년대 태권도 사범이 구미歐美로 진출, 가라데의 아성에서 생소한 '태권도'를 알리며 보급하는 데 실

> 그는 20세 무렵에 손날로 기와 20매을 깨고, 24~28세 사이에 30매를 손날로 꼈다.
> 또 벽돌 2장을 손날로 부수고 12cm 직경의 소의 뿔을 손날로 깨뜨렸다.

은 격파가 큰 몫을 수행했다. 필자도 60년대에 유럽에 진출, 태권도의 씨앗을 뿌리는 과정에서 격파로 인해 부상을 입기도 했다.

그리고 지금도 시범프로그램에서 격파가 차지하는 비중은 높고, 그 인기도 단연 으뜸이다.

해외에선 지금도

승급·단심사에 있어 철저히 격파실기를 빠트리지 않는다.

격파는 자기와의 싸움이고 단련의 수준을 평가하는 페러다임이며 자신감을 갖게하기 때문이다. 심사나 시범을 보일 때 격파의 묘기에 일반 사람들은 신기神技라 생각하는 경향이다.

격파는 누구든지 태권도의 기초를 연마하면 어느 정도 기와나 판자를 깰 수가 있다.

격파에서 제일 중요한 것은 정확하게 기와나 판자의 중앙에 주먹머리나 손날로 맞치는 것 이상으로 당기는 손을 날카롭게 조여서, 허리를 회전시키고 균형을 유지하는 것 등이 중요한 것이다.

물론 이렇게 되기 위해서는 사용부위의 단련과 상응한 기술체계를 숙련해야 하는 전제가 따른다.

> 격파는 자기와의 싸움이고 단련의 수준을 평가하는 페러다임이며 자신감을 갖게하기 때문이다.
>
> 격파에서 제일 중요한 것은 정확하게 기와나 판자의 중앙에 주먹머리나 손날로 맞치는 것 이상으로 당기는 손을 날카롭게 조여서, 허리를 회전시키고 균형을 유지하는 것

제14장 격파, 그리고 단련의 모든 것

그러나 태권도의 한국적 풍토는 격파와는 먼 거리였는데 수년전부터 국기원에서 고단자 심사실기의 필수과목으로 채택하고 있음이 다행이라 하겠다.

국기원에서고 단자 심사실기의 필수과목으로 채택하고 있음이 다행이라 하겠다.

단련구의 변천

도시 소재 체육관에서 전통적인 방식의 단련대를 설치한다는 것은 쉬운 일이 아니다.

우선 아동 위주의 수련생을 위해 필요성이 없고, 새끼, 볏짚 등 재료를 구하기도 만만하지 않다.

외국에선 플라스틱 제품의 이동식 단련대가 개발돼 있어 인기를 얻고 있다. 반면에 국내에는 겨루기 위주이다 보니 발차기 훈련용 표적물(타킷) 등이 다양하게 개발돼 있다. 그리고 재래식 샌드백sand bag 대신 공기, 물 등을 이용한 도구로 변하고 있다.

격파물 소재도 인공 판자, 기와 등 모조품이 개발되고 있다. 또 '태권도 한마당' 경연에서는 기와 대신 화강석을 사용하고 있다.

그리고 발 격파를 위한 기계식 고정 틀이 수년 전에 개발돼 사용해 오고 있다. 그러나 여러 단체의 시범단이 해외 나들이 때에는 어김없이 송판을 아직도 직접 지참하는 이유는 어디에 있을까. 태권화를 신고 얄팍한 송판을 고집하며, 고난도 기술만을 내세우는 아집은 버려야할 유산이다.

격파 단련 문화

태권도 무도화는 격파 단련의 문화에서 성숙돼야 한다. 태권도 한마당의 격파 종목은 격파에 대한 위력 및 인식, 그 중요성이 점차로 고조되고 있다.

그리고 국기원 고단자 심사과목에 격파를 실기 필수로 실시하고 있음은 고무적인 현상이다. 격파는 더 이상 시범, 심사를 위한 단련 범주에서 탈피하고, 일선 도장에서 일상적 수련 프로그램의 장르로서 격파를 위한 단련, 단련을 통한 정신수양 그리고 격파 문화의 환경이 개선, 태권도 무도의 본성을 되찾는 운동으로 확산돼야 한다.

태권도인이 스스로 '태권도'를 '무도·스포츠' 또는 '관광문화 상품'이라 일컫고 있는 오늘의 '지금 바로 여기'에서 우리 태권도인은 열린 마음으로 한민족 무예, 무도로서의 태권도 발전을 위한 진지한 성찰과 연구욕구를 갖고, 그 의욕에 따르는 실천이 있어야 한다.

제 15 장
태권도 수련의 구조적 본질
- 수신修身

　수신이란 몸의 닦음, 몸을 닦는다는 것을 뜻하는 한자어이다.

　몸이라는 것은 몸뚱이와 마음의 하나됨으로 말미암아 생겨난 일종의 운동체라 말할 수 있다. 몸의 닦음은 마음에 의한 운동체로서 지키고 버릴 것을 분별하는 바른 앎과 바른 몸가짐에 근거한다.

　예로부터 인간이 몸을 닦음에 있어 제일의 덕목으로 예禮와 인의仁義를 들고 있다. 유학에서 도덕의 두 가지 원천은 내적인 인의와 외적인 예이다.

　인의는 예(예절)보다 상위 개념이다.

　안연이 인仁에 대해 묻자, 공자는 "극기복례克己復禮"라고 답하였다.

공자는 인·의·예·가 서로 떼어놓을 수 없도록 뒤섞여 있다는 것을 명백하게 보여 주었다. 만약 의가 예의 바탕이라면 인은 예의 원천이다. "자기를 극복하고 지배하며 예로 돌아감克己復禮"의 유가적 교훈을 태권도 수련에서도 그대로 적용되며 강조되어야 할 덕목이다. 그만큼 태권도는 수련을 통해 수신을 하자는 데 목적을 두고 있기 때문이다.

유가에 따르면 "도를 수양하는 것이 교육이다."

전통적 유가에서는 교육이나 배움을 "도덕적 본성을 존중하는 것", "배움과 탐구의 길을 따르는 것" 혹은 "예법으로 자기를 수양하는 것" 등의 개념으로 이해하고 있다. 마찬가지로 태권도에서 수련은 전인全人(인격성)을 포함하고 있으며 수신 즉 '몸을 닦음'이라는 말이 시사하는 것처럼, 비록 마음이 몸의 주인이더라도 마음과 몸은 분리될 수 없다. 수련이란 마음의 수련임과 동시에 몸의 수련을 뜻한다.

태권도의 일상적 수련에서 일거수 일투족(동작)이 표적(합목적성)을 벗어나면 자신을 돌아보고 자기 반성을 하게된다. 그것이 태권도의 길道이다.

공자는 그의 제자들에게 '도'에 대하여 확고히 뜻을 세

올 것을 권고하며 "도에 뜻을 세우고 덕에 매진하고 인에 의지하고 예에 노닐어라"라고 하였다. 마찬가지로 태권도에 입문하여 수련하고자 함은 자기를 완성시키고자 하는 힘겨운 과정으로 도(도리, 규범 등)를 따르고자 하는 뜻을 세움에서부터 시작한다. 이는 도덕성을 존중하는 것이며, 수련과 수신의 길을 따르는 것이다.

  태권도인이 반복적인 수련을 통해 처음부터 꾸준히 도덕적인 결심을 굽히지 않는 극기정신으로 도와 하나가 되는 것과 같이 자기 수양, 수련과 수신의 목적이 평정으로 회귀하는 것이며 겸양과 솔선을 앞세우는 것이라고 인정해야 한다.

  유가에 따르면 천하(하늘아래)에 오직 하나의 도만이 있다고 한다.

  "그 도는 하나('한')이며 이것은 유일한 것이다." 하늘과 땅의 도는 "어떠한 이중성도 없는 것이며 그래서 불가해한 방법으로 생산한다." 자기 수양의 목표는 도와 일치하는 것이며, '끊임없는', '영원한', '명백한' 그리고 '무한한' 도의 창조적이고 변형되는 도의 리듬(흐름)으로 조화되는 것이다. 그 도를 따른다는 것은 고요함靜과 움직임動, 안과 밖, 그리고 이(원리)와 기(동작), 사이에 영향을 미치는 데 관계한다는 것이다.

태권도 수련도 다를 바 없다. 태권도의 기술체계를 숙달함에 있어 도에 따라 무리 없이 물처럼 유연하게 손발과 몸이 하나되어 움직임을 보여야 하는 것이다.

태권도에서 하늘과 땅에 해당하는 것(부위)은 인체에서 손과 발이며, 그에 의한 모든 동작은 특히 품새에서의 상징성에서도 찾아볼 수 있다.

품새를 숙련한다는 것은 수신과 수양의 지름길이다.

유가에 따르면, 충분히 인간답게 사는 것은 자기 수양을 하는 행위이다. 태권도에 적용하면 열심히 수련하여 인간답게 사는 길을 열어 가는 것이다. 자기 수양과 수신을 한다는 것은 제한된 자아의 공간을 하늘과 땅 그리고 만물이 같이하는 넓은 자아로 변형시키려는 부단한 노력을 기울임을 의미한다.

유가에서는 수신은 정심(바른 마음)이 필요하고, 이 정심正心은 절제에서 나온다. 절제는 알맞게 조절하고 이해하는 것이다. 정심에는 성의가 필요하며, 성의에는 격물치지(格物致知: 사물의 이치를 연구하여 앎을 명확히 함)가 필요하다. 여기서 중심이 되는 개념은 동작의 원리에 짜라 몸을 닦는다는 것이다. 도의적인 인간상 (인성)의 구현은 수양과 배움이 필수적이기 때문이다.

몸을 닦음에 있어 바른 마음을 전제로 한다고 하는 데, 바른 마음 즉 정심이란 "몸을 닦음이 마음을 바르게 함에 달려 있다는 것은, 자신의 노여움에 마음이 너무 영향을 받으면 곧 마음이 바르게 될 수 없고, 걱정하는 바가 있으면 곧 마음이 바름을 얻지 못한다. 마음이 있지 아니하면(의욕, 정신집중력) 보아도 보이지 않고 들어도 들리지 않으며, 먹어도 맛을 알지 못한다. 그래서 수신은 정심에 달려있다고 한다." 우리가 자기실현을 하는 과정에서 사람이 자연과 조화를 이루는데 핵심적인 요소가 성의이다. 또 성의는 격물치지와 필연적인 연관성을 갖고 있다. "만물이 내 안에 있으니 반성(몸의 훈련과 마음의 수양)과 자기 성찰을 통해 정성을 들이면 그것보다 더 큰 기쁨은 없다."

도는 절대적으로 주어진 획일적인 원칙이 아니며, 도가 사람을 만드는 것이 아니라 사람이 도를 만드는 것이기 때문에, 도를 닦는다는 것은 몸의 닦음과 배움을 통해서, 그리고 스스로의 깨달음을 통해서 얻게 되는 것이다. 정성은 하늘의 길이요 정성 되게 하는 것은 사람의 도이다.

태권도의 수련체계는 수신적, 호신적 그리고 마침내 각 신적 단계로 나아가는 과정에 있으며, 그 첫 출발이 수신에 있다. 태권도에서 수신도 정심에서 출발하고 목표를 세워 지극한 성의로서 몸을 닦는데 매진하게 되면 마침내 태권도의 깨달음의 경지에 이를 수 있게 될 것이다. 그리하여 그 최고의 경지에 이르러 달인의 지평(고매한 인격성)을 열 수 있다고 볼 때, 모든 얻음德은 자기(몸의 닦음)에서 출발하고 자아(깨달음)에로 돌아옴에 귀착되는 것(자아실현)이다.

태권도 수련의 구조적 본질
- 호신護身

호신이란 몸을 보호함을 뜻한다.
호신과 관련되는 용어는 다양하다. 무사들이 호신용으로 지니는 칼을 의미하는 호신도를 비롯하여 몸을 보호하는 법으로써 호신법, 불교적 용어로서 호신용으로 지니는 호신부護身符, 재해로부터 몸을 보호하고자 모시는 부처 즉 호신불護身佛 등이 있다.

태권도를 비롯한 무예에서는 몸을 보호하기 위한 체기(體技)로서 호신술이 있다.

태권도에서 호신술이란 기본동작, 품새, 격파, 겨루기와 함께 태권도 수련단원의 구성요소 가운데 하나이다.

태권도의 모든 체기가 바로 호신용의 기술적 특성을 이

> 태권도의 모든 체기가 바로 호신용의 기술적 특성을 이루고 있으나 별도로 호신술이라는 요소로 독립돼 있다.

루고 있으나 별도로 호신술이라는 요소로 독립돼 있다.

호신술에는 맨손술과 대무기술對武器術 즉 대인술對人術과 대물술對物術로 구분하고 있다.

여기서 호신이란 그와 같이 학습의 장으로써 일반적으로 독립된 호신기술을 뜻하는 좁은 의미의 개념이 아니라 넓은 의미의 개념으로 무예의 수련 단계를 의미하는 것이다.

무예의 기술성의 제일 원리는 호신에 있고 그 기술성을 바탕으로 한 무예 정신에 있다

무예의 특성은 공격과 방어의 기술체계이나 공격은 방어를 먼저 전제로 하며 살법이 아닌 생명을 살리는 활법活法이 바로 무예의 본질이며 정신이라 하겠다.

다시 말해 방어를 위한 공격이란 무예정신에 입각한 정의, 약자를 위한 정정당당함, 또는 정당방위 등 전제 조건을 이루며 살상적 무기술인 체기體技가 체體이고 그 쓰임이 용用의 관계에서 무예의 길은 체용이 무예의 바른 정신에 근거 지워지고 있다. 전통적 동양적 사고방식에 의하면 측은지심惻隱之心, 시비지심是非之心이 용의 준거로 삼을 수 있다.

플레스너는 인간은 '중심을 이탈하는 존재'이라고 하였다. 이와 같이 중심의 개념이 중요하듯 호신의 기본은 중심에 있고 중심이란 기본기와 바른 정신을 의미한다.

무예의 특성은 공격과 방어의 기술체계이나 공격은 방어를 먼저 전제로 하며 살법이 아닌 생명을 살리는 활법이 바로 무예의 본질이며 정신

호신의 기본은 중심에 있고 중심이란 기본기와 바른 정신을 의미

그리고 기본기란 기본이 되는 기술 즉 동작을 일컫는 기적인 현상태이고 바른 정신이란 얼, 영혼, 마음, 의식 등을 아우르는 총체적 의미의 내면의 세계 즉 본성(한얼)을 말한다.

태권도에 입문하면 제일 먼저 예를 배우게 되며 도복을 접하게 된다. 예의 시작은 수신의 기본적 행위이며 도복은 질서를 위한 예의 바탕을 이루는 도의로서 기본이 되고 있다. 도장을 출입할 때의 예, 선후배간의 예절, 도복을 정갈히 간수하는 법도 등 모든 것은 인간 됨이 수신의 근원적 바탕이 된다.

이렇게 볼 때 수신이 먼저이고 다음으로 체기의 습득에 들어서게 되며 체의 중심에서 각종 기술의 단계로 진행됨이 무예의 학습이다. 바른 마음에서 바른 몸의 움직임은 필수적 단계로 이행되고 마음이 바르지 못하면 결코 바른 자세, 올바른 동작 등을 실행 할 수 없게 된다.

그러나 학자에 따라 견해를 달리할 수도 있으나 몸의 움직임 즉 신체의 움직임을 통해 정신을 가다듬게 되고 그래서 자기자신을 수양하게 된다는 것이다. 호신적 기술의 수련을 위한 방법에도 시대적 발전과 개인의 차이를 인정해야 하는 문제가 있다.

호신적 기술의 수련은 몸의 훈련을 통해 마음의 훈련과

> 호신적 기술의 수련은 몸의 훈련을 통해 마음의 훈련과 인격의 향상을 지향하는 실천적 의도라는 의미이다.

인격의 향상을 지향하는 실천적 의도라는 의미이다.

 태권도에 있어서 실천은 보통 수련, 단련, 연마 등으로 일컬어지고 있다. 불교적 용어를 빌리자면 수행에 해당하는 의미로서 그 수행의 중심은 엄격한 계율에 있다. 그러나 태권도에 있어서 수행이란 몸의 움직임에 있고, 정신이 함께 하는 중심의 역동성이 변화를 가능하게 하며 그 변화란 바로 신체의 이동 즉 운동을 뜻한다.

 베르그송과 퐁티에 의하면 "신체는 하나의 습관화된 감각-운동회로(또는 과정)로 보고 있다. 생리학적 이론으로 이 회로는 우선 감각기관을 통하여 외계의 상황을 수동적으로 인지하고 감각신경에 의해 정보의 전달을 중추에 보낸다. 그 정보에 의거하여 의식이 판단을 내리고 중추에서 지령이 발생되어 원심성 회로(운동신경)에 의해 신체운동이 일어남으로써 신체는 능동적으로 외계의 사물에 연결되는 것이다."

 태권도적 기술동작의 습득은 지속적인 몸의 움직임을 통한 기술의 체화體化에 있다.

 몸이 동작을 익히며 자기화 되어야 하는 고된 수련이 수반돼야 가능한 것이다. 조건자극을 가함으로써 기술이 체화된 단계에 이르면 외부의 자극에 무조건반사, 반응력을 나타낼 수 있게된다. 이 단계는 태권도의 기술숙련이 신체의 주체화로 고도의 경지에 이른 것을 의미한다.
 서구의 이론으로는 기술의 숙련은 운동강도, 시간, 빈도 및 운동방법 등 요소에 의해 좌우된다.

 호신의 일정한 수준의 경지에 이르고자 하면 먼저 자신의 마음을 바르게 가지고 기술 동작에 몸을 맞추어 가는 훈련이므로 반복에 의한 체득, 체화가 가능한 것이다.
 바른 마음, 바른 신체의 움직임은 중심을 잡는 것에 있고, 그 중심의 운용은 변화, 이동을 의미하는 운동의 형태로 나타난다. 머리는 정신, 마음, 얼이 중심이며 몸통은 중심, 균형이 그리고 손과 발은 중심의 변화를 의미하는 이동, 속도, 기술성 등 이 셋이 하나로 표현되는 전일성의 태권도적 기술동작을 창출하게 되는 것이다.

> 자신의 마음을 바르게 가지고 기술 동작에 몸을 맞추어 가는 훈련이므로 반복에 의한 체득, 체화가 가능한 것이다.

 다시 말해 호신은 수신에 이어 거쳐야 할 두 번째 단계로써 몸은 사람됨의 상황을 표현하는 상징이며 몸은 곧 인간이 육체적인 존재임을 말한다. 마음과 몸이 항시 함께 하듯 호신은 마음의 수양임과 동시에 몸의 수양이다.

> 마음과 몸이 항시 함께 하듯 호신은 마음의 수양임과 동시에 몸의 수양이다.

태권도 수련의 구조적 본질
- 각신 覺身

태권도 수련체계는 심신 연마에 뜻을 세우는 수신에서 시작하여 기술체계를 숙련하는 과정인 호신, 그리고 마지막 단계는 각신에 있다고 할 수 있다.

태권도 수련체계는 심신 연마에 뜻을 세우는 수신에서 시작하여 기술체계를 숙련하는 과정인 호신, 그리고 마지막 단계는 각신에 있다고 할 수 있다.

각신이란 몸을 깨닫는다. 또는 몸으로 깨닫는다라는 뜻으로 해의할 수 있다.

여기서 몸이란 마음을 내포한 인간 개체를 의미한다. 인간이란 만물의 척도라 하듯 철학적 의미로는 규범적, 가치적으로 신, 동물과 대립되는 존재로서의 사람을 말한다.

인간은 다른 동물과는 달리 심신으로 구성돼 있다. 마음과 몸의 관계성은 학자에 따라 견해를 달리하고 있다. 그러나 동양적 사유방식은 일반적으로 심신 일원론이 지배적 경향이다.

동서를 막론하고 과학자, 철학자들은 특히 인간의 '마

음'이란 무엇인가라는 것에 천착해 왔다. 고고학자 리처드 리키 박사는 마음이란 자신에 대해 의식할 수 있는 능력이라고 보고 있다. 또 철학자 존설은 "의식은 마음의 본질적인 면이다. 마음에 대한 이론은 모두 그 탐구의 중점을 의식에 두어야 할 것이다."고 의식의 중요성을 말하고 있다.

이렇게 볼 때 의식은 바로 마음을 지칭하는 것으로 볼 수 있다. 즉 자기 자신에 대해 의식할 수 있는 능력이란 자각, 상징, 내성능력, 자아성찰, 심적 모형 등 이 모든 것들이 마음의 특성이라고 한다. 결국 마음이란 사고, 감정, 경험처럼 마음에서 일어 나는 정신현상이라고 부르는 어떤 대상을 지칭하는 것이 아닌 '과정'을 지칭하는 말로서 이해할 수 있다.

우리가 기술을 익힌다는 것은 단지 몸의 움직임을 통하는 데, 무엇을 어떻게 익힐 것인가라고 할 때 의식을 집중하여 마음을 움직이게 한다는 정신현상이라고 보는 것이다. 마음은 생물로서의 우리 삶의 일부분일 뿐이다. 그럼에도 우리가 살아가는 데는 마음을 가장 중요하게 여기고 있는 것이다. 심신관계에서 마음이 주체라면 신체는 객체에 해당하는 것으로써 심신은 양의성을 띠고 있다고도 한다.

> 태권도 수련체계에서 몸을 만들고 최상의 기량을 숙련하는 것은 호신적 단계의 목표이다.

태권도 수련체계에서 몸을 만들고 최상의 기량을 숙련하는 것은 호신적 단계의 목표이다. 그러나 무예 수련을 통해 우리가 바라고 지향하는 것은 그것이 전부이라고 보지 않고 정신, 마음, 인격이라는 주체성의 완성에 있다고 볼 때 마음과 몸의 관계에서 일본의 니시다西田학자는 "신체는 마음의 움직임에 저항하는 무게 있는 것, 자기의 인간으로서의 주체성을 구속하는 기체적 제약인 객체성을 제시하고 있다. 그럼에도 불구하고 반복훈련을 계속함으로써 마음의 움직임과 신체의 움직임은 점차로 일치하게 된다." 그가 든 예를 보면 뛰어난 화가가 감흥을 받아 '붓이 움직인다'는 경지에서 행위하는 것과 같은 상황이 되면 마음의 움직임과 신체의 움직임은 하나가 되고 그 이상적 상태인 '심신일여'의 경지에까지 도달하게 될 것이다라고 했다.

기법은 수양과 각고의 수련에 의해 이루어진다고 할 수 있다. 즉 마음의 움직임과 신체의 움직임을 일치시킨다는 것은 그 양의성을 실천적으로 극복하고 신체를 주체화하는 것을 의미한다는 것이다.

태권도 수련을 통해 우리가 '득도의 경지'에 이른다는 뜻은 수련, 수행, 연마 등의 최고 과정을 의미하는 것은 아닐까. 그 최고 과정이란 단순히 일정한 기능을 학습할

뿐만 아니라 그 학습을 통해 자기 인격을 향상시켜 가는 의미를 함축한다고 볼 수 있다.

무도, 무예, 무술 수련을 통해 자기정신의 향상과 인격 형성을 지향하는 것이란 일종의 실천이라고 할 수 있다. 기법, 기예란 단순한 기술적인 활동이며 실용적인 측면을 목적으로 한다면 태권도에서 도는 심미의 경지로서 실용적인 목적을 초월한 것이라 할 수 있다. 그러나 도는 결코 기법, 기예 밖에 있는 것이 아니라 그것이 승화된 경지라고 할 수 있다. 즉 기예가 도의 경지에 이르렀다는 것은 질적인 변화를 의미한다.

특히 태권도 등 무예 수련은 불교의 수행법과는 달리 정적이 아니라 동적인 자기 실천이라고 볼 때, 기술체계를 숙련하며 그 반복적인 고행적 실천에서 정신, 마음의 세계를 닦는다는 데 가치를 두고 있는 것이다. 즉 몸은 기술의 자기화로 깊어지고 마음은 버리는 비움空으로 가득차야 한다는 반대 현상의 과정이 필요한 것이다.

다시 말해 니시다西田의 철학에 의하면 객체인 신체는 점차로 주체화되어 마음은 대립하는 주체 즉 자아의식과 같은 존재방식을 잃게 된다. '우릴 비운 우리'라고도 할 수 있는 물物이 되어 물物에 이른다라고 표현한다.

태권도에서 각신의 과정이란 태권도적 기술체계를 숙련하고 그 진수를 체기화體技化하는 득도의 과정이 자기를

> 도는 결코 기법, 기예, 밖에 있는 것이 아니라 그 것이 승화된 경지라고 할 수 있다. 즉 기예가 도의 경지에 이르렀다는 것은 질적인 변화를 의미한다.

무無로 승화시키는 끝없는 길이라 볼 수 있다. 마음이 무無가 될 때 모든 유(有=기예)를 자유롭게 나타낸다는 역설적 논리가 성립될 수 있다.

태권도 등 무예는 도를 형상화한 것이다. 무예의 철학적인 원리를 궁구하면 도 혹은 하늘(자연의 법칙, 질서)에 귀결된다고 할 수 있다. 인간은 신체와 더불어 마음을 가지고 있다고 하듯 마음과 몸의 하나됨의 경지란 각신을 통한 이와 기, 성과 마음에 이르며 그것은 바로 이, 성으로써 도 즉 '한'의 세계에서 무한한 '자유'에 도달한 것이며, 실용적인 단계에 진입한 기예의 완성태라고 할 수 있다. 오랜 숙련 끝에 얻어지는 기예의 숙달은 인간으로 하여금 즐거움을 얻게 하고 자유의 경지에 들어가게 한다. 이 때의 기기는 이미 그 원리에 구애받지 않게 된다고 볼 수 있다.

태권도에서 '도'의 형이하학적 이론이 수신과 호신의 경지에 들어서는 것이라면 '도'의 형상학적 이론은 각신의 경지, 즉 입신入神을 지칭한다. 각신이 추구하고자 하는 것은 인간이 살아 숨쉬고 있다는 생동감과 정신적 안위, 그 향유와 더불어 '자유'의 경지라고 할 수 있다. 각신의 주체인 인간이란 심리철학에서 역설하는 자유인으로서의 인간 현상 즉 인간은, 자연 법칙이 명하는 대로 사는 존재가 아니라, 자신의 마음 속에 있는 신념(세계관)과 소망(가치관)에 따른 합리적 행위를 선택하여 살 수있는 자율적 존재를 말한다.

각신이란 결국 태권도의 궁극적 목표로서 참된 자아를 찾고 종내는 태권도적 기술체계의 원리를 좇고 추구하며 그리고 즐기며身, 그것을 통해 전인, 인격체, 자아실현등 내적 성찰의 완성心을 의미하는 것으로 볼 수 있다.

> 인간은, 자연 법칙이 명하는 대로 사는 존재가 아니라, 자신의 마음 속에 있는 신념(세계관)과 소망(가치관)에 따른 합리적 행위를 선택하여 살 수있는 자율적 존재를 말한다.

제 16 장
태권도 수련, 어떻게 할 것인가
— 몸과 마음을 닦는 다는 것과 그 방법론을 중심으로

태권도는 태권도적 기술체계를 매개로 몸의 움직임을 통한, 몸의 움직임에 의한 몸 닦기의 한 방법이다. 태권도인은 몸 닦기의 방법의 다양성에도 불구하고 태권도를 통해 애정을 갖게 되고 태권도에 의해 자신의 몸을 닦는 방법을 즐기는 것이다

> 몸을 닦는다는 것은 마음과 몸을 함께 닦는 것을 의미한다.

여기서 몸을 닦는다는 것은 마음과 몸을 함께 닦는 것을 의미한다. 인간의 몸에 대한 이론은 여러 갈래가 있을 수 있다. 먼저 몸과 마음을 각각 분리해서 보는 이원체계의 사고방식이 있고 또 몸과 마음이 둘이 아니고 하나로 보는 일원론적 사유체계가 있는데 학자간의 논쟁은 지금도 계속되고 있다

그러나 일반적으로 태권도인으로서 우리가 태권도를 수련한다는 것의 중요한 의미를 '몸을 닦는다는 것은 바로 마음을 동시에 닦는다는 것'에 두는 경향이 지배적이다.

그렇다면 태권도를 통해, 태권도에 의한 우리의 몸 닦기란 과연 어떠한 방법인가라는 근원적 질문은 아주 중요한 의미로 부각된다.

태권도를 지도하는 사람이나 태권도를 수련·학습하는 모든 이에게 공통된 화두로 받아들일 수 있다. 즉 태권도 지도자와 수련자 모두에게 해당되며 지도·학습의 목표이며 지향성으로 볼 수 있다.

우리는 몸 닦기의 한 방법으로 태권도 수련법이란 무엇이며 과연 어떻게 닦아야 할 것인가라는 의문을 안게 되는데 그 출발의 중심점은 바로 '태권도' 개념이다.

태권도라는 개념은 일반인에게는 스포츠와는 또 다른 의미로서 받아들이는 경향이고 실은 다소의 선입감을 전제로 한다. 그것의 구별은 스포츠가 몸의 움직임을 통해 몸을 튼튼히 가꾸고 즐기는 성취감에 있다면 태권도는 바로 그 본질적 개념으로 무술·무예·무도라는 개념을 전제하고 있는 것에 주목할 필요가 있다.

태권도의 자구적字句的 해의

> '몸을 닦는다는 것은 바로 마음을 동시에 닦는다는 것'

> 스포츠는 몸의 움직임을 통해 몸을 튼튼히 가꾸고 즐기는 성취감에 있다면 태권도는 바로 그 본질적 개념으로 무술·무예·무도라는 개념을 전제하고 있는 것에 주목할 필요가 있다

우 리가 먼저 '태권도跆拳道'라는 단어를 상기할 때 직감적으로 자구적 해의를 하게 될 것이다. 태권도라는 자구는 태와 권 그리고 도, 이 셋이 하나로 합성된 보편화된 고유명사임을 알 수 있다.

회삼귀일會三歸一적 글자 구성이 태권도의 중요한 의미체로서 작용하고 있다.

첫 째, 태권도의 글자를 '태'를 축으로 해서 바로 세워보면 도-머리, 권-몸통, 태-다리의 형상을 이뤄 글자 그 자체가 직립한 인간을 상징하고 있다. 즉 도道는 머리에 해당하고 권拳은 몸통의 대표적 목적수단의 도구가 되며 태跆는 이동수단의 도구로 발을 의미하는 것이다. 이와 같이 태권도라는 글자 자체는 '너무도 인간적인 몸짓'으로 다가옴을 이해할 수 있게 된다. 그 몸짓이란 태권도에서 동작과 품으로 표현되고 품은 동작의 원형을 이루는 것으로 이해할 수 있겠다.

둘 째, 태권도는 태권의 도-손과 발의 길을 의미한다. 손과 발은 인간 행위의 수단이 되고 있어 한시도 우리는 그것의 움직임을 멈출 수 없는 것은

태권도에서 동작과 품으로 표현되고 품은 동작의 원형을 이루는 것으로 이해할 수 있겠다

아닐까. 물건을 손에 들고 이곳에서 저곳으로 이동하는 일상적 생활 수단이 바로 우리의 삶이기도 하다. 한편 스포츠의 현장에서는 종목에 따른 손과 발의 역할이 다양하게 구분되기도 한다. 손을 주로 하는 스포츠로서 복싱, 야구, 배구 등이 있으며 반대로 발을 주종으로 하는 운동은 축구, 마라톤, 달리기 등이며 손과 발이 함께 하는 운동의 대표적 종목으로 수영을 비롯해 유도, 태권도 등으로 구분되며 그 특성이 각기 다양하다.

셋째, 태권도의 자구에서 '도道'의 의미망을 살펴보자. 도는 ① 길-통행하는 곳, 방향, 노정, 도리 등 ② 도- 준수하여야 할 덕, 시행의 방법으로서 도장/유도. 예악·학문·기예 등의 의미이다. 이렇게 볼 때 태권도에서 '도'가 시사하는 의미가 단순하지 않음을 알 수 있다

『도덕경』제1장은 "도道라고 할 수 있는 도는 도가 아니다", "도道라고 할 수 있는 도는 영원한 도가 아니다"라고 시작하고 있다. 도의 본체론적 측면에서 '도'에는 두 가지 측면이 있다는 것이다. 하나는 이름을 붙일 수도 없고

드러나 보이지도 않는 신비의 측면이요, 다른 하나는 이름 붙일 수 있고 드러나 보이기도 하는 현상의 측면이라는 것이다

앞에서 태권도 자구에서 '도'를 얼굴에 비유하기도 했는데, 인간의 얼굴은 현상적으로는 천의 얼굴이듯 김 아무개 또는 박 아무개라는 현상적 측면을 뜻하기도 한다. 그러나 김 또는 박 아무개의 얼굴 표정이 수시로 변화하듯 그가 생각하고 속으로 품고 있는 마음 쓰임새를 누구도 알 수 없는 신비의 한 측면이라고 볼 수 있는 것은 아닐까

넷 째, 태권도 자구에서 우리는 쉽게 그 철학적 의미를 가늠해 볼 수 있는 것이다. '태권'이 형이하形而下라면 '도'는 형이상形而上의 의미를 함의하고 있다. 달리 표현하자면 '태권'이 몸뚱이라면 '도'는 정신, 마음으로서 몸과 마음의 관계로 이어지는 것이다.

다섯째, 태권도 자구에서 「역경」의 음양의 상보성을 찾아볼 수 있다.

태권'이 형이하라면 '도'는 형이상의 의미를 함의하고 있다.

이와 같이 태권도의 자구적 해의가 다양하듯 그 정의도 학자에 따라 각기 달리 규정되고 있음을 알 수 있다.

태권도의 다양한 정의

태권도란 건전한 인격 형성의 목적 달성을 위하여 인체의 중요 부위를 단련, 무기화 시킴으로 신체를 종합적으로 강화시켜나가는 동적인 무도다.(김철, 1986;85) 태권도란 승패를 궁극적으로 하는 무술이 아니라 유형 무형의 시련을 넘어서서 단련을 기초로하여 땀을 흘리고 수련을 통해 인간완성을 위한 노력을 시도하는 데 그 의의가 있다. (이원국, 1968;29) 태권도는 경기 이전에 무도나 몸을 닦는 수련이다. 몸은 신체와 정신을 포함한다. 몸이 곧 우리의 육신이요 몸이 곧 우리의 마음이다. 결국 몸 안에 우리의 신체도 정신도 나눌 수 없는 하나로 존재되어 있고 그 자체를 우리는 '몸'이라고 하는 것이다. (류병관, 2000:47) 태권도는 한국 고유의 무예로서 손과 발, 그리고 전신을 움직여 상대방을 강타하여 넘어뜨리는 운동을 뜻하는데, 태권도 동작의 묘기는 손, 발, 몸, 정신에서 발휘되는 것이다. 이러한 태권도는 신체를 강건하게 할 뿐만 아니라 심신 수련을 통해 인격도야에 이르게 하며, 기술단련을 통해 타인의 공격으로부터 자신의

몸을 방어할 수 있게 하는 운동이다. (김경지, 1993;128)

이 같은 정의를 요약해 보면, 태권도는 손과 발을 이용하여 공방의 기술성을 숙달하는 것이며 그 과정에서 몸과 마음을 강인하게 할뿐만 아니라 정신 수양을 하게되며 인격 형성, 인간완성, 인격도야 등 수양성을 지향하고 몸 닦기가 바로 마음의 닦기로 이어진다고 보고 있는 것이다.

태권도의 기술체계

태권도의 기술체계의 구조는 두 가지 측면에서 살펴볼 수 있다.

하나는 몸의 움직임에 의한 기술성에 있다. 이는 공방의 특성을 띠고 있는 태권도적 기본동작이라는 고유성, 개체성이 품새, 겨루기, 격파 및 호신술로 확장되며 이 오행적 오기五技가 태권도의 구성요소이다. 또 다른 하나는 마음의 수양성에 있다. 수양성이란 마음 닦기로서 이理의 각覺과 덕德의 중中에 의한 인격체 형성을 지향 하는 것으로 볼 수 있다. 이는 동작의 원리적 지각, 자각, 궁리, 각성을 통해 동시에 그 수행이 덕의 중으로 해서 도덕적 품성의 배양이다.

이에 대한 구체적 설명은 다음 장에서 언급하기로 하고 먼저 태권도 기술체계의 기본 이 되는 '기본동작'을 보자.

태권도의 기본동작은 다양한 기술체계의 초석으로서 각 개체의 동작은 동작이게 하는 물의 원리가 있다. 그것은 공격과 방어라는 동작의 구성원리로서 음양 원리와 동작의 구조에서 철학적 원리로서 천지인 태극 사상이 있다. 이 모두는 우리 삶의 뿌리이며 문화로서 생활 여러 면에서 작용하는 우리 전통문화의 구성 원리이기도 하다.

몸의 두 손(두 팔)과 두 발(두 다리)에서 손은 치기(지르기, 찌르기 등)와 막기, 발은 차기와 짓기(스텝의 개념, 서기 등)의 영역을 수행하게 된다. 일거수 일투족이 합목적적 실천과 반성이 의식적·반복적으로 이어져 몸과 마음을 갈고 닦는다는 것이 태권도의기술체계의 원리이다.

기술성의 숙달은 겨루기나 격파 등을 통해 실제로 가공할 위력을 발휘하게 되는 것을 인식할 수 있는데, 몸의 기술성이 몸의 현상적 외재적 요인이라면 반대로 마음의 수양 성은 인격체, 자아실현, 인격 도야 등 포괄적 의미로서 도덕적 품성으로 비현상적 내재적 요인으로 작용하게 되는 것이다.

태권도의 기술체계는 단지 신체적 단련만을 의미하는 것이 아니다.

태권도적 동작의 개체성은 '서기와 공방성의 도구 및 이理' 즉 이 셋이 하나의 구조로 고유성을 띠고 그 동작 하나에는 기술적·철학적·예술적 정신을 내재하고 있다.

> 태권도의 기본동작은 다양한 기술체계의 초석으로서 각 개체의 동작은 동작이게 하는 물의 원리가 있다.

> 일거수 일투족이 합목적적 실천과 반성이 의식적·반복적으로 이어져 몸과 마음을 갈고 닦는다는 것이 태권도의기술체계의 원리이다.

> 태권도의 기술체계는 단지 신체적 단련만을 의미하는 것이 아니다

그러한 까닭으로 해서 태권도의 꽃이라 할 수 있는 품새에 대한 중요성을 잠시도 잊어서는 안될 것이다. 왜 태권도인은 품새를 수 백 번, 수 천 번 반복해서 수련해야 하며 급·품·단의 심사에서 품새 장르에 비중을 두고 있고 있는가의 깨우침이 있어야 도를 통해 덕을 쌓을 수 있게 될 것이다.

마음 닦기란 가능한가

마음心은 사상과 행위의 중심지로 모든 생각, 말, 행동이 마음을 경유하여 결정된다.

사실 인간에게 마음이 없으면, 사유와 행위의 불능을 일으키기에 마음은 인간의 주재자라할 수 있다.

퇴계에 의하면 몸의 주재主宰는 마음이고 마음의 주재는 '경敬'이라 한다. 그 는「심학도」에서 한 몸의 주재로서 허령하며 지각을 지닌 신령스러운 마음 지체는 하나이지만, 마음에 대한 이름은 여러 가지로 보고 있다.

율곡은 몸을 기를 수 없이도 마음은 기를 수 있다고 한다. 그렇다고 몸과 마음을 질적으로 다른 것으로 보는 것이 아니고 둘 다를 기氣로 보는 견해이다. 마음은 어리석은 것을 지혜롭게, 어질지 못한 것을 현숙하게 바꿀 수 있다. 이것은 마음의 허령은 타고난 것에 구애받지 않기

몸의 주재는 마음이고 마음의 주재는 '경'이라 한다.

때문이라고 한다. 우리의 마음이 허령 즉 보이지 않지만 영험하다는 것에 문제의 핵심이 있는 것 같다.

 마음은 길러지는 것이라고 보는 것이다. 실제로 우리가 경험하게 되는 것은 욕구, 욕망, 욕심 등 마음의 상태를 예로 들 수 있다. 마음먹기가 가장 중요하다고 강조하고 있는데 마음먹기가 그대로 마음 기르는 일에 다름 아님을 분명히 밝히고 있다.

 인간의 욕망은 마음을 그 올바른 자리에 머무르지 못하게 한다. 마음을 수양하는 한 방법으로서의 '과욕寡欲'을 통해 인간에게 욕정이 일어나게 하는 것을 멀리 하도록 하여 그 마음이 외력의 영향을 받지 않도록 한다. 이 마음이 정正을 잃지 않게 되는 것이다. 이러한 과욕은 성격상 욕망을 일으키는 요인을 멀리하는 '원욕遠欲'이 필연적으로 수반된다. 그러나 욕망이 제거된다고 해도 반드시 그것을 대신할 무엇인가가 없다면 인간은 방황하며 공허해 한다. 그렇기에 결국 과욕은 '마음가짐養心'의 소극적인 방법에 불과하다. 반면 욕망이 제거된 바로 그 공허한 자리'를 '인의仁義'로 대체하는 것, 바로 '인'에 '즉자대면'하고 '의'에 '대자대면'하는 인에 머물고 의에 따르는 '거인유의居仁由義'는 양심의 적극적인 방법으로 자리한다.(서명석 · 이우진 옮김 2000:86) 인간의 욕심은 한계가 없으나 그 욕심을 억제하고 절제하는 것은 역시 마음의

> 욕망이 제거된 바로 그 공허한 자리'를 '인의'로 대체하는 것, 바로 '인'에 '즉자대면'하고 '의'에 '대자대면'하는 인에 머물고 의에 따르는 '거인유의'는 양심의 적극적인 방법

작용이 가능하기 때문이다. 우리의 마음이 욕심으로 가득 차 있다면 어떻게 해야 할까. 그것을 억제하는 마음, 절제하는 마음을 갖도록 하는 것이 바로 마음을 기르고 닦는 일이 된다.

그 방법으로서 퇴계는 '경' 철학으로 설명하고 있다.

'경'은 마음의 주재로서 마음을 바르게 함, 흩어진 마음을 찾음, 마음이 제자리에 있음, 자신을 극복하고 예로 돌아감, 홀로 아는 마음을 삼감, 한결같이 굳게 잡음, 경계하고 두려워 함, 잡아서 보존함, 마음으로 생각함, 마음을 가짐, 마음을 다함 등이라 했다.

마음을 다스리는 것을 '경'과 '원욕'이라는 개념을 들어 설명하고 있다.

미국 하버드대 옌칭연구소의 칼톤은 '경'에 의해 마음을 제어한다는 것은 자기의 인간 으로서의 유기적인 작용의 전부를 제어하는 것, 극언하면 마음이 마음을 제어하는 것이라고 말하고 있다.

마음이 경하면 덕이 엉겨 모여 마음에 있게 되고, 용모를 공경히 하면 덕이 용모에 있게 된다고 보는 것이다. 이러하듯 몸과 마음의 관계성은 안과 밖, 주체와 객체, 주인과 그릇 등으로 비유되기도 한다. 결국 마음은 인간의 주재자라고 할 수 있다

그렇다면 태권도인은 어떻게 태권도 수련을 통해 몸과

마음을 닦을 수 있다는 것일까

태권도적 몸과 마음을 닦는 방법이란

앞에서 잠깐 언급했듯 우리는 태권도적 몸과 마음의 닦는 방법을 두 가지 측면에서 고찰해 볼 수 있겠다.

첫째는 '이理의 각覺'이다

먼저 '이'라고 하면 떠올릴 수 있는 의미는 理와 氣의 관계성이다. 이 이와 기의 관계는 철학자들의 논쟁의 중심체를 이루고 있는데, 특히 성리학에서 심도 있게 다루어지고 있다. 이와 기란 형이상과 형이하, 무와 유, 도와 기器는 물(物, 존재자)을 인식상에서 갈라 놓은 두 개념이다. 理는 형이상, 도, 무로서 인식되지 않는 존재자의 세계를 말함이요 氣는 형이하, 유, 기器로서 인식된 존재자의 세계를 말한다

또한 이 이와 기를 사물을 사물이게 하는 본성을 '이'라고 하기도 하고 '기'라고 주장하기도 하는 의미로서 '이'의 의미망도 여러 갈래이다

자전적 의미로는 다스리다라는 뜻으로 옥을 갈다, 일을 다스리다, 다스려지다, 깁다, 수리하다, 도리로서 천리, 윤

'이'라고 하면 떠올릴 수 있는 의미는 리와 기의 관계성이다. 이 이와 기의 관계는 철학자들의 논쟁의 중심체를 이루고 있는데, 특히 성리학에서 심도 있게 다루어지고 있다.

리, 이치, 사리로서 이론, 철리, 물리, 원리, 결, 나무, 살 등의 잔금으로서 목리, 문리 등이다. 그리고 '각'의 일반적 의미망으로 '각'이란 잠을 자다 눈을 뜨는 것, 그릇을 떨어뜨려 깨는 것, 컴맹에서 깬다, 또는 불교에서 순간의 깨우침 즉 돈오頓悟(최고의 각의 경지)이듯 깨어나고 열려야 하는 것이다. 태권도에서 우리가 생각해 볼 수 있는 것은 '동작' 기술의 원리, 이치 등으로 받아들일 수 있겠다. 우리가 태권도를 열심히 수련하며 그 요체를 숙달하는 지름길은 '동작' 기술의 내재성의 이해가 요체이다. 때문에 지도자나 수련자는 필히 '동작'의 원리, 이치의 '각'을 함으로써 한 차원 높게 정진할 수 있게 된다. '각'이란 여기서 원리적 측면의 지각知覺, 자각自覺, 궁리窮理, 각성覺性을 의미하며 쉼 없이 자기 수련에 대한 반성과 성찰이 있어야 하고 그것을 매개로 하여 의식적·반복적 실천적 행위가 필히 수반돼야 하는 것이다. 동작의 '이의 각'을 통한 '반성과 실천'이 수반될 때 몸은 그 기술성을 체화體化하게 되며 기술의 자기화가 몸에 습習하게되는 것이다. 즉 이것이 몸을 닦는 요체이라 하겠다

둘째는 '덕(德)의 중中'이다

'덕'은 도(道)를 행하여 체득한 품성이다. 덕은 선(善)

과 같은 맥락을 이룬다

「대학」수장手章에서 "대학의 도는 밝은 덕을 밝히는 데 있으며, 백성을 새롭게 하는 데 있으며, 지선至善에 머무름에 있다"고 한다. 덕virture은 공동체 사회 속의 공동선 common good을 촉진하는 데 도움이 되는 인간의 특질이다. 덕을 지향하는 도덕성에서 공유된 관심, 목표, 그리고 서로 같이 느낄 수 있는 성취감이 중심점이다. 아리스토텔레스에 의하면 덕을 기르는 것은 결코 개인적인 관심사가 아니며, 개인의 기분에 맡겨둘 수 없을 만큼 너무나 중요한 것이다. 우리는 덕 있는 행위를 하는 데 익숙해질 때에만 덕 있는 사람이 될 수 있다고 할 때, 훈련과 습관을 통해 같은 내용을 학습해야 한다. 즉 덕을 기르고자 하는 것은 단지 마음속으로 외워서 습관화되는 것이 아니고 몸의 실천이 수반돼야 하는 것이다

그리하여 덕은 인격의 원리로서 작용한다. 덕이라고 할 때 상기되는 덕성·덕목으로 유가의 인의예지신을 들 수 있다.

그러면 덕의 닦음을 어떻게 해야하는 것일까

덕의 중中이란 덕의 집중執中을 뜻한다. 집중은 과부족·치우침이 없이 마땅하고 떳떳한 도리를 잡음을 말한다. 달리 표현하면 집중은 중도中道로서 두 극단(이와 덕)을 떠나 한편에 치우치지 않는 공평한 길이요 중절中

> 덕은 인격의 원리로서 작용한다. 덕이라고 할 때 상기되는 덕성·덕목으로 유가의 인의예지신을 들 수 있다.

> 덕의 실현은 지속적인 반성과 실천을 요구한다. 덕과 문화는 필연적으로 연결되어 있다.

> 자기 수양의 목표는 도 즉 덕과 일치되는 것이며, '끊임없는' '의식적' '리에 따르는' 그리고 '도의 절대적 성실함'에 있다.

節로서 과불급이 없게 동動하는 마음을 말한다. 덕의 실현은 지속적인 반성과 실천을 요구한다. 덕과 문화는 필연적으로 연결되어 있다. 덕을 갖는다는 것은 장애물-'동작의 이理'를 극복하기 위한 도덕적 힘을 갖는다는 것이며, 자기훈련으로 문화의 노릇은 인간이 수양하도록 돕는 것이다. 태권도를 수련한다는 숙련의 문화는 태권도인들의 목적을 증진시키는 것에 대한 능력을 발전시키는 데 도움이 된다. 자기 수양의 목표는 도 즉 덕과 일치되는 것이며, '끊임없는', '의식적', '理에 따르는' 그리고 '도의 절대적 성실함'에 있다. 동작의 일거수 일투족에 있어 덕목으로서 仁은 태권도를 사랑하는 마음이며 태권도인의 한마음이고 태권도장에서의 공동체 의식이다. 인의 마음은 동작기술의 총체적 보살핌으로 해서 義는 바르게 지르고 차고 막고 하는 행위의 올바르고자 하는 마음이다. 禮는 藝이기도 해 아름다운 행위의 마음이며 智는 동작의 구조, 원리를 꿰뚫어 보는 안목의 마음이며 信은 '할 수 있다', '될 수 있다'라는 의로운 용기의 마음으로 이 모두가 함께 작용해야 '동작의 理의 覺' '德의 中을 통해' 몸과 마음의 수양·닦기養心가 가능한 것이다

군자가 활을 쏠 때, 화살이 표적에서 벗나가면 자신을 돌아보고 자기 반성을 하게 되는데 그것이 활쏘기의 道라

한다.

 우리 태권도인은 태권이라는 몸뚱이로서 도의 기술성과 수양성(도덕성)을 깨우치려면 한번 내지르고 한번 막고 하는 등 행위에서 목표를 벗어나면 자신을 돌아보고 반성과 실천을 반복적으로 거듭해야 한다. 이것을 跆拳道의 道라고 볼 수 있다.

 태권도는 반성과 실천을 중시한다. 배움(수련)에서의 기술적·도덕적 반성에의 부단한 노력과 실천에서의 진지한 노력이 요구된다. 반성과 실천을 위해서는 몸에 익히는 습관이 필요하다. 배우는 사람의 자발적 참여가 없다면 태권도적 지식과 교육(수련)은 전수 될 수 없다. 반성적 사고의 목적이 도를 알기 위한 것이라면 이 앎은 실천에 의해 자기의 것이 된다. 생각(사고)에 대응되는 실천 공부에 대해 공자는 "배우고 생각하지않으면 얻는 것이 없고, 생각하고 배우지 않으면 행동이 위태롭다"고 일깨운다

 우리는 태권도에 뜻을 확고히 세우고 수련한다는 것의 총체성을 "도에 뜻을 세우고 덕에 매진하고 仁에 의지하고 藝에 노닐어라(『논어』, 述而(7-6))라는 것에서 찾아볼 수 있다. 태권도를 수련한다는 것은 마음을 함께 한 몸의 닦기를 반성과 실천의 과정으로 보며 그 원리적 방법을 '이의 각'과 '덕의 중'의 상호연관성

> 한번 내지르고 한번 막고 하는 등 행위에서 목표를 벗어나면 자신을 돌아보고 반성과 실천을 반복적으로 거듭해야 한다.
> 태권도의 도

> "배우고 생각하지않으면 얻는 것이 없고, 생각하고 배우지 않으면 행동이 위태롭다"

> 태권도는 몸과 마음 닦기의 한 방편으로서 크나큰 긍지이며 삶의 길이다.

interconnectedness으로 살펴 본 것이다.

태권도는 몸과 마음 닦기의 한 방편으로서 크나큰 긍지이며 삶의 길이다. 수련법은 기술의 기계적인 암기가 아니라 무술적·무예적·무도적이고 도덕적이고 지적이며 정서적인 모든 것의 일체가 되는 전인全人의 체험이다. 인격 전체를 포함해서 '몸소 체험함'이 없이는 수련이 수련답지 못할 것이다. "배우고, 묻고, 반성하고, 궁리하며 변별하고, 실행하는" 과정을 통해 인격 도야, 인간 형성, 인격체, 자아실현 등 도와 하나되는 자연적 짝을 이룰 수 있는 것은 아닐까.

제17장
태권도, 도道란 무엇인가
— 태권도의 철학 범주를 중심으로

태권도는 무도이다. 오늘날 무도의 개념이 점차 흐려지고 있는 현상이 태권도는 스포츠인가 무도인가 하는 혼선을 빚고 있다 무술·무예·무도 등의 개념도 같은 맥락으로 회자되고 있다. 하지만 태권도의 본질은 무도일 수밖에 달리 없다.

오늘날 태권도를 스포츠로 인식하는 경향이 확산되고 있다.

그러나 태권도인들은 태권도를 무도·스포츠라고 일컫고 있으며 그 현상이 보편적인 듯하다.

태권도는 무도이다. 오늘날 무도의 개념이 점차 흐려지고 있는 현상이 태권도는 스포츠인가 무도인가 하는 혼선을 빚고 있다. 무술·무예·무도 등의 개념도 같은 맥락으로 회자되고 있다. 하지만 태권도의 본질은 무도일 수밖에 없다.

스포츠로서 태권도 인식은 태권도의 여러 구성요소 중 '겨루기' 부문을 현대 스포츠의 틀에 맞춰 운용·발전시

> 태권도는 무도이다.

켰기 때문에 일부에서는 태권도를 스포츠라고 이름하고 있는 것이다. 태권도 스포츠화의 실례는 2000년 시드니 올림픽 공식종목 채택이라 할 수 있다. 그러나 태권도에 앞서 무도 종목 중 일본의 유도가 처음으로 1964년 동경 올림픽에 정식 종목으로 채택되었다. 그렇다고 해서 유도를 단지 스포츠로 간주하지는 않는 것이 일반적 경향임을 감안할 때 태권도도 마찬가지로 예외일 수 없다.

태권도의 명칭은 태권과 도의 합성어이다.

> 태권도의 자구적 의미는 '태권의 도'는 '손발의 길'이다.

태권도跆拳道 자구에서 자전적 해제로 跆자는 뛸 태, 밟을 태, 拳은 주먹 권이다. 그리고 道는 길 도 등을 의미하고 있다. 여기서 우리가 쉽게 이해할 수 있는 것은 발을 의미하는 跆와 손을 의미하는 拳 즉 '태권'의 상징성은 인체의 주요 부분이며 운동변화의 일상적 도구로서 무기역할의 수행에 있다. 반면 '도'의 철학적 범주는 한마디로 딱히 무엇이라고 정의하기가 쉽지않다.

도에 대한 뜻은 시대와 학파에 따라 달리하고 또한 오랜 역사를 거치는 과정에서 올바른 원리원칙 · 정신능자 精神能者 · 당위준칙의 뜻에서 태극 · 일자—者 · 이리 · 기氣 · 마음心 · 성性 등 그 의미 또한 다의적이다.

태권도의 자구적 의미는 '태권의 도'는 '손발의 길'이다. 본시 길을 의미하는 '도'는 모든 인간에겐 일상적 생

제17장 태권도, 도道란 무엇인가

활에서 한시도 빼놓을 수 없는 일상적 만남의 길(도로)을 뜻하는 현상이다. 반면에 현상적 길의 다른 의미는 초현상적 의미이며 그 道길의 철학적 범주는 폭이 넓고 더욱이나 심오한 경지이다.

임동규(1991)는 道란 인간이 마땅히 지켜야 할 최고의 윤리적·도덕적 규범이다. 따라서 검도, 유도, 합기도, 궁도 할 때의 도란 단순한 격투기술만이 아니고 전인격적인 수양의 전범까지를 포함하는 것이며, 한 걸음 더 나아가 우주 자연, 인생과 사물의 궁극적 원리를 규명하는 최고의 철학이기도 한 것이다.(무예사연구, 서울, 88쪽)라고 말한다.

태권도 명칭 제정에 기여한 최홍희(1983)는 '태권도'를 이렇게 말한다.

태권도의 글자로 풀이하면, 태跆는 발로 뛰고 차고 밟는다는 뜻이고 권拳은 주먹으로 찌르며 혹은 부순다는 뜻이며 도道는 옛 성현들이 포장한 올바른 길 즉 정신 수양을 말함인데 이를 총괄적으로 말하자면 맨손과 발로 호신을 위해 뛰고 차고 지르고 막고 피하는 등의 동작들을 움직이는 목표에 재빨리 그리고 적절히 작용하여 최대의 타격을 주는 기술에다 정신수양을 포함한 무도인 것이다.(태권도백과사전 1, 평양, 21쪽)

또한 김대식(1987)은 태권도의 현대적 의미로서, 태권도는 우주와의 일치의 일부분인 기품 있는 의지의 방어를 목적으로 하는 자연스러운 한국의 행동질서로 정의될 수 있고 한다. (태권도지도이론, 서울, 60쪽)

이렇듯 태권도는 무도이다. 도의 핵심적 함의는 신체 건강을 바탕으로 호신 기술성의 원리에서 출발, 의지적 행동질서로서 전인격적인 수양의 전범으로까지 확장, 그 철학적 범주를 확장 정의하고 있다.

이 주제에 따라 필자는 태권도의 도론을 무도 태권 '도'의 철학 범주를 중심으로 살펴보기로 한다.

> 태권도는 무도이다. 도의 핵심적 함의는 신체 건강을 바탕으로 호신 기술성의 원리에서 출발, 의지적 행동질서로서 전인격적인 수양의 전범

1. 도가 동작을 낳고

도는 만물의 본체, 혹은 본원이다. 태권도에서 품과 동작은 도에서 생성된다. 품과 동작은 신체의 손과 발(팔과 다리)에서 생성된 도구이며 무기로서 목적론적 수행이 도를 근원으로 하고 있다. 품과 동작은 도를 최고 범주로 보는 철학 논리구조에서 본체론과 생성론이 통일된 것으로 볼 수 있기 때문에, 도는 또한 만물의 본체, 혹은 본원으로 규정되는 것이다.

품과 동작은 체용體用의 관계이다. 품은 동작의 체이고 동작은 품의 용이다. 품은 동작의 원형Archetype으로서

정태情態·morphostasis인데 반해 동작은 동태動態·morphogenesis이다. 동작動作의 자전적 의미는 몸과 손발을 움직이는 짓이다.

그러나 태권도에서 의미하는 동작이란 품을 원형으로 하고 그것의 규정에 의한 의식적인·자발적인 행위이다. 동작의 속성은 변화變化이다. 변은 동(움직임)이요 화는 기화氣化이다. 동작이란 공방의 변화를 말하며 몸의 움직임에 의한 기화작용을 하는 변화(음양·공방)이치를 드러낸다. 이 같이 동작은 변화를 근본으로 하고 변화는 시간과 공간이 끊임없이 변화하고 있기 때문에 실천(수련)이 요구된다.

무도를 포함한 모든 스포츠는 그에 상응한 기술로 규정되는 동작으로 구성돼 있다.

태권도 동작은 기술을 형성하는 본본으로서 정형화한 손발의 움직임이다.

동작의 내적 동기와 몸의 기능 사이에는 거의 수학적인 관계가 존재하고 그 철학적 의미는 삼재에 있다. 얼굴·몸통·아래로 구분하는 신체는 소우주로서 인간의 본체인 대우주에 해당하는 하늘·땅·사람의 삼재사상에 연원하고 있고 그 세 부위가 동작구성에 있어 수학적인 관계를 형성하며 동작으로 표현되는 것이다. 동작은 원·방·각의 삼재적 도형과 운동성 등의 원리를 따른

> 동작은 원·방·각의 삼재적 도형과 운동성 등의 원리를 따른다.

다.

하나의 동작은 고유성을 띠고 그 운동성은 얼굴은 원(圓: ○)이며 음양, 몸통은 각(角: △)이며 유강, 아래는 방(方: □)이며 서기 즉 안정과 변화 등의 속성을 나타난다.

태권도 동작의 일거수 일투족이 완벽하고 결과적인 동작의 완성이 흐름이어야 한다는 근원은 동작과 움직임이 나오는 인간의 내적인 삶의 한 부분으로 이해되고 있다.

때문에 개체의 각 동작의 흐름은 거擧, 격擊, 반返의 세 단계를 거치며 반복된다. 거란 치기에서 팔, 차기에서는 발의 들어올림(예비동작)이며 격이란 가격(공격), 격퇴(방어)이고 본 동작이며 반이란 다시 원상태로 되돌아옴을 뜻하며 다음 동작을 위한 준비 과정이다.

동작은 태권도에 있는 기술로써 신체 표현의 본질적 수단이다. 손발은 자유롭게 움직이는 생명의 세계에서 유래 없는 무기이다. 살생을 유발할 수도 있는 동작의 행위는 신중해야 하고 일거수 일투족의 행위가 항시 의식적, 수양적이어야 하는 것이다.

동작의 수행이 정신적 지배에 의한 움직임이어야 하는 것이다.

태권도에서 무기로 무장하지 않은 손발이란 그 자체로서 별 의미가 없다. 손발은 그 자체가 무기가 되기 위하

각 동작의 흐름은 거, 격, 반의 세 단계를 거치며 반복된다.

여 품·동작이라는 체계로서 기술형태에 의하여 이루어진다.

동작의 본이며 체로 작용하는 품은 원형으로서 정체성을 교시하고 있다. 하나의 동작 기술을 체험으로 몸에 익히는 과정은 그만큼 반복적·지속적 운동을 요구하고 품의 모형에 근접해야 한다.

때문에 동작의 흐름은 신체의 각 부분이 동작 속에 놓이게 되는 순서에 강하게 영향을 받는다. 그러므로 동작의 흐름의 조절은 신체 각 부분의 동작에 대한 조절과 밀접하게 연결된다. 특히 손과 발은 저항의 무게, 형태, 장소, 한마디로 공간 속에 있는 사물들을 구별한다. 손발은 수단과 목적의 원리에 따라 품과 동작의 형태로 완성된 태권도 기술체계의 특성이다.

특히 태권도 기술의 기본을 형성하는 기본 동작은 태권도의 기본적 망網이요 핵이다.

도는 동작을 낳는다.

『도덕경』42장에서 노자는 말한다.

도가 하나를 낳고, 하나는 둘을 낳고, 둘은 셋을 낳고, 셋은 만물을 낳는다. 道生一, 一生二, 二生三, 三生萬物

> 동작의 본이며 체로 작용하는 품은 원형으로서 정체성을 교시하고 있다.

> 도가 하나를 낳고, 하나는 둘을 낳고, 둘은 셋을 낳고, 셋은 만물을 낳는다.

도의 운동변화 과정이 만사만물을 생성한다는 사상에서 출발하고 있다.

2. 도는 이理이다

이(理)의 간단한 이미지는 원리 또는 법칙, 이치, 도리이다. 이 개념은 선진 시대에 '이'자는 우리 토박이 말인 '결'자와 비슷한 뜻을 지니고 있었다. 『설문해자』에 의하면 이는 옥玉을 다스리는 것이라고 풀이하였는데, 옥이 내부에 가지고 있는 결, 무늬를 의미했다. 또 다른 예를 들면 대나무의 결과 같은 것이다. 대나무를 쪼갤 때 결과 수직으로 자르려면 톱으로 쓸어야 하지만, 결을 따라 쪼개면 곧바로 쪼개진다.

마찬가지로 옥을 조각할 때에 뛰어난 세공사細工士는 옥내부의 결에 따라 물건을 만드는 작업을 한다. 실제로 태권도 격파에서 우리가 송판의 결을 중시하는 것도 같은 맥락이다.

이같이 도는 곧 만물의 주재자, 혹은 존재에 의지하는 근거가 된다.

태권도의 모든 동작은 태권도적 기술이며 그 흐름은 원리와 이치에 따라야 한다. 이는 품이 동작으로 표현되며 동작은 가공할 폭발력(기)을 생성하는 원리이다.

제17장 태권도, 도道란 무엇인가

이는 동작의 내부적인 상호 의존관계의 문제로 해소된다. 품과 동작은 도에 의해 낳아지고 기를 생성하는 원리인 동작의 이는 바로 도의 이이다.

도를 터득한다는 것은 '이'에 따르는 것이며, 도를 터득한다는 것은 반드시 이에 따라야 한다고 할 수 있다. 도가 바로 이로서 동작의 원리는 반대의 원리와 병진(竝進; 함께 나란히 나아감)의 원리가 널리 적용되고 있다.

태권도는 동작을 통해서 기술을 숙달하고, 숙달하는 학습의 과정에서 마음을 함께 닦는 것이다. 인간의 동작은 물리적인 원리에 근거하고 있다. **운동원리로서 반대의 원리**란 걸음걸이의 동작에서 볼 수 있다. 인간의 걸음새는 원칙적으로 팔과 다리를 반대로 움직인다는 원리이다. 즉 오른발이 앞으로 나가면 왼팔이 함께 나아가야 한다는 것이다. 그러나 태권도 기술은 원리원칙에만 따르는 것이 아니라 더 나아가 '바로', '반대'지르기가 있다. 그리고 손날로서 막기를 할 때, '한손날 막기'는 반대의 원리에 따르고 '손날막기'는 병진의 원리가 적용되는 것이다.

그밖에 하나는 연속적 완결성의 원리가 있다. 지르거나 차기를 하는 동작에서 그 동작이 시작되면서부터 끝날 때까지 같은 방향으로 신체적 동작을 계속적으로 움직여야 한다는 원리이고 다른 하나는 전체집결의 원리를 들

도를 터득한다는 것은 '이'에 따르는 것이며, 도를 터득한다는 것은 반드시 이에 따라야 한다고 할 수 있다.

263

수 있다. 이는 모든 신체 활동을 할 때 신체의 한 부분만 사용하지 말고 전신이 움직여야 한다는 원리이다. 즉 상대를 실공격할 때 팔과 다리만 사용해서 차지 말고 전신에 힘을 주면서 차기를 하면 좋은 효과를 얻게 된다. 특히 겨루기 시합에서 상대와의 거리, 강한 힘의 발휘 등을 위해 적용된다.

장재(張載 1020~1077)는, 도는 주로 사물의 공통적이고 보편적 법칙을 가리키고, '이'는 주로 사물의 특이하고 개별적인 법칙을 가리킨다. 마찬가지로 동작은 각각 개별적인 법칙(원리)을 구유하고 있음을 앞서 살펴보았다. 도에는 온갖 이치가 다 갖추어져 있다고 볼 때 이는 어떤 한 방면의 구체적이고, 도는 모든 법칙이다.

때문에 하나의 동작을 익히고자 함에 있어 먼저 그 동작의 내재적 원리를 이해하고 이치에 좇아 물이 스스로 흐르듯 순리적이어야 한다.

도는 이로서 사물의 이치, 운동의 원리 그리고 사람됨의 도리를 의미한다.

3. 도는 기氣이다.

이理와 기氣의 관계는 밀접하다.
성리학에 의하면, 우주 만상의 움직임에는 그 움직

임의 필연적 이유와 그렇게 마땅히 행위할 수 밖에 없는 도적적 당위성이 천지 만물의 생성 이전에 이미 선험적인 형이상학적 구도로 주어져 있다. 이런 생명 운동에 내재적인 선험적 구도를 특히 '이' 도는 천리라고 불렀다. 그리고 이러한 선험적 이리가 경험 세계의 구체적 존재물로 생겨날 때 필요한 물질적 재료가 바로 기氣인 것이다.(송영배 외, 한국유학과 리기철학, 서울, 2000)

이와 같이 동작의 행위는 기화氣化적 현상이다. 즉 도는 기의 운동변화 과정이다.

이른바 도란 곧 기가 모이고 흩어져 변화하는 과정으로, 이것은 기 자체가 본래 갖고 있는 속성이다. 운동변화란 음양이다. 음양은 곧 신체의 굴신屈伸;굽힘과 펌 운동을 의미한다. 태권도에서 동작으로 표현되는 일거수 일투족을 지칭하는데, 이는 치기, 차기 등의 행위가 동작기술이라는 이름으로 특징지어 지고 있다. 신체 운동이란 음양의 운동인데 태권도적 개념으로 신체의 굴신, 신축伸縮; 폄과 줆, 허실虛實; 참과 빔, 고저高低; 높음과 낮음, 강유剛柔; 굳셈과 부드러움, 완급緩急; 느림과 빠름 등 작용이 바로 기氣이다. 그 이理를 곧 도라고 한다.

음양의 그리된 까닭은 곧 음양의 규정이며 그 내용은 다각적이다. 이를테면 동정, 생성, 허실, 진퇴, 유강, 인의 등 손과 발의 음양(굴신)의 변화가 운동의 형태로 나타나

> 도란 곧 기가 모이고 흩어져 변화하는 과정으로, 이것은 기 자체가 본래 갖고 있는 속성이다. 운동변화란 음양이다.

며 태권도를 연마한다는 것을 두고 우리는 몸과 마음을 갈고 닦는다고 본다.

음양의 운동이란 신체의 관절, 근육, 골격의 기능을 연계적으로 움직임을 뜻한다. 팔(팔꿈치)을 굽혔을 때는 음, 펴졌을 때는 양, 다리(무릎)의 경우도 굽힘과 폄의 반복적 행위가 음양으로 서기, 차기 등의 각角운동을 하며 다양한 동작으로 나타난다. 理는 이의 다스림에 의한 기의 편재遍在; 두루 퍼지어 있음이다.

理와 氣의 관계는 그 선후의 발發을 놓고 성리학은 철학적 논쟁을 펴고 있다. 이발理發은 퇴계의 철학을 대표하는 개념이라면 기발氣發은 율곡 철학을 대표하는 개념이라고 할 수 있다.

여기서 말하는 기란 물질적 힘을 뜻하는 것이 아니고, 인간의 정精의 개념이다.

이와 같이 기의 개념도 다의적이다. 기란 무엇일까? 물론 기에 대한 정확한 개념규정은 없다. 그렇지만 우리는 기에 대한 이미지를 갖고 있다. 기는 원래 '생명의 호흡'에서 유래한다. 즉 생명을 유지하는 기운, 생명의 원천이라는 그러한 이미지를 나타낸다.

태권도에서 기는 동작에 의한 결과의 기화 현상 즉 힘을 지칭하기도 하고 또한 인간의 마음과 관계되는 성·정의 개념으로 확장되는 것이다. 태권도 동작은 고유성과 개체성 등의 특성이 범주화하여 품새, 겨루기, 격파. 호신술 등으로 확장된다. 동작은 다시 기본동작, 특수동작 그리고 응용동작으로 다시 확장된다. 품새는 대자연에 대한인간의 수양성이라면 겨루기는 대인對人 즉, 스포츠화, 격파는 대물對物 즉 시범문화, 호신술은 대인·물 등 특이한 형태形態로 표현되는 것이다.

이와 같이 태권도의 구조는 동작을 바탕으로 한 공격과 방어(음양), 다섯 요소(오행)가 순환·반복적 운동행위로 볼 수 있다. 도는 이理로서 동작의 구조가 음양 오행적 순환 운동이며 그 '기화' 현상이 몸과 마음을 갈고 닦는 요인이 되고 있다.

몸의 기화 현상은 동작의 수행(체험)이 바로 겨루기, 격파, 호신술 등에서 나타나는 물질적 힘의 개념으로 이해할 수 있고, 마음의 기화란 성취감, 자신감, 변별력, 수양(깨달음) 등 내재적 성정性情을 쌓게 되는 체험에서 연유하는 기의 개념이라는 것이다.

한국의 유사儒史는 특히 기와 이의 관계에 대하여 많은 논쟁을 해 왔다. 이 논쟁은 두 가지 방식으로 접근한 결과이다. 하나는 기와 이에 대하여 개념적 사유를 적용한 결과이고, 다른 하나는 기와 이의 개념을 수행의 체험을 설명하면서 양자의 관계를 설명하고 있다.

이와 기의 관계를 이기는 서로 떨어질 수 없고, 또는 이

> 태권도 동작은 고유성과 개체성 등의 특성이 범주화하여 품새, 겨루기, 격파. 호신술 등으로 확장된다.

기가 서로 섞일 수 없는 개념이 이기철학이며 이것은 성리학이 가지는 이론 전개의 기본 법칙이다. 모든 존재자를 이기이원理氣二元 구조로 보고 있고, 이 이기가 별개로 따로 떨어져서는 존재하지 못한다는 것이다.

태권도의 동작(존재)으로써 말하면 동작의 존재 현상이 기氣요 동작의 존재 근거가 이理이다.

4. 도는 마음(心)이다.

유종주(劉宗周 1578~1645)는 사물의 법칙과 도덕적 원칙으로서의 도는 또한 마음에서 생겨나는 것이라고 했다. 그에 의하면, 도는 마음에서 생겨나는 것이다. 이것을 도심이라고 하는데, 이 도체가 가장 참된 것이다.

도와 기氣·마음의 관계에 대해, 우리는 도가 기의 도일 뿐만 아니라 마음에서 생겨나고 마음에 의해 널리 통하게 되며, 기와 마음은 도와 달리 연관되고, 아울러 도에 중대한 역할을 하는 것임을 알 수 있다.

태권도 수련은 신체의 움직임에 의해 기술을 익히게 된다. 그러나 신체는 마음의 작용에 의해 영향을 받는다고 볼 때, 마음과 몸의 관계가 상호보완적이어야 한다.

마음이 몸에서 떠난 상태의 수련이란 맹목적인 수련으로 아무런 의미가 없다.

제17장 태권도, 도道란 무엇인가

도의 마음心을 어떻게 보고 있는가?

도는 그 마음 밖에 있는 것이 아니다라는 명제에는 마음을 도로 여기는 것이다. 이른바 사람의 본래 마음이 곧 도라는 것은, 도는 마음 밖에 있지 않고 곧 본래의 마음임을 말하는 것이다. 그러면 마음이란 무엇인가? 마음은 혈기도 아니고 형체도 아니고, 오직 허명할 뿐이다라고 한다.

대체로 성현들은 마음을 두 가지로 구분하고 있다. 도의 마음道心과 사람의 마음人心으로 본다. 도의 마음은 정교하고 사람의 마음은 도의 마음과 상대되는 사사로운 마음이라는 것이다. 때문에 **사람의 마음은 항상 도의 마음을 좇아 따라야 하는 것이 윤리·도덕적 원칙이다.**

태권도, 도道의 마음도 그 범주를 벗어날 수 없다. 우리가 태권도를 수련·연마한다는 것은 동작 기술체계를 숙달하는 몸을 닦는 과정이 바로 도의 마음道心을 갈고 닦고자 하는 것이 수양·실천이다.

마음은 마음속의 수양을 가리키며, 또 심리상태·정서를 가리키기도 한다. 마음은 일정한 원칙·법칙의 제약과 지배를 받는다. 태권도를 지도할 때. 사범은 항시 수련자로 하여금 정신통일(집중력)을 강조하며 정신을 차려라, 마음을 밖에 두지 마라고 지침을 내린다. 수련이란 인간의 도리를 다할 수 있는 참된 인간이 되기 위한 학습이

태권도를 수련·연마한다는 것은 동작 기술체계를 숙달하는 몸을 닦는 과정이 바로 도의 마음을 갈고 닦고자 하는 것이 수양·실천이다.

다.

첫째, 마음心은 성性·정精을 통괄한다.

마음을 성·정으로 구분기도 하고 인심·도심이라 말하기도 한다. 성은 사단四端;仁義禮智 또는 사덕四德이라 하고 정은 칠정七情; 喜怒哀樂愛惡欲이다. 사단(네가지 실마리)의 근거는 인간의 고유한 도덕적 본성으로 마음에 자리잡은 성이고, 사단은 마음에서 우러나는 정情이라고 생각하며, 성은 마음의 체體이요, 정은 용用이라고 생각한다.

마음은 정을 나타내어, 그 마음의 정을 측은惻隱·수오羞惡·공경恭敬·시비是非라 하는데, 칠정에 가려 인간의 타고난 본성이 흐려진다고 한다.

보통 우리는 우리의 마음이 칠정에서 말하는 좋은 마음·선량한 마음뿐만 아니라 공포심·증오심·조바심 등 비정상적이고 불건전한 마음도 함께 우리의 마음으로 존재한다고 알고 있다. 이러한 마음상태에 의해서 사실이 사실대로 보이지 않고 왜곡되거나 변형되어 마음에 인식되는 것이다. 그렇게 왜곡되게 인식되므로 사실에 맞지 않게 왜곡되게 감정을 발동하고 행위를 하게 되는 것이다. 따라서 이러한 왜곡된 인식과 감정의 발동과 행위를 수정하는 수신修身은 그 마음을 바르게 하는 것에 있을 수 밖에 없다.

또한 마음을 인심·도심으로 보는 것은 선善·악惡상에서 마음을 이해하고 문제 삼는다. 마음의 변화가 가장 치밀하고 예민하여 고도의 정신 수련을 이룬 자가 아니면 칠정의 감정 변화에 끌려가기 마련인데, 이 말은 도의 수행여부에 달려있음을 알 수 있다.

둘째, 도는 덕을 낳는다.

덕은 도가 마음속에 두고 길러져 깊이 쌓인 것이라 한다. 덕은 인의예지신의 오상五常의 덕목이다. 인仁은 사랑, 한마음의 덕이고 의義는 정의, 구방심(求放心; 풀어놓아버린 마음을 다잡음)의 덕이며, 예禮는 극기, 겸손의 덕이며, 지智는 슬기, 변별력의 덕이며, 신信은 자신감, 호연지기(浩然之氣:하늘과 땅 사이 또는 사람의 마음에 차 있는 너르고 굳고 맑고 올바른 기운)의 덕이다.

덕은 그저 마음속으로 바란다고 길러지는 것이 아니다. 우리는 인식과 행위의 주체인 마음正心을 갖고 수련·수양을 통해 꾸준히 반성과 실천의 닦음에서 덕을 기르도록 해야 한다. 결국 사람이 도를 넓히는 것이지 도가 사람을 넓히는 것은 아니다.

> 덕은 도가 마음 속에 두고 길러져 깊이 쌓인 것이라 한다. 덕은 인의예지신의 오상의 덕목이다.

태권도의 '도'는 동작의 근원, 원리를 설명하는 도요, 수련자가 지향하는 사람됨의 당위(當爲: 마땅함)로서의 도리가 수련의 도이다. 태권도의 도는 바로 운동원리이며 사람됨의 철학이다.

공자는 우리들에게 먼저 도에서 확고히 뜻을 세울 것을 권하고 있다.

"도에 뜻을 세우고 덕에 매진하고 인에 의지하고 예에 노닐어라志於道, 據於德, 依於仁, 遊於禮."

위와 같이 태권도의 도론道論을 살펴보았듯 도의 철학 범주는 그 의미가 깊고 넓다.

우리가 도의 다양한 의미를 이해하고 그로부터 깨우침을 얻는 길道이란 스스로 뜻意志을 세워 태권 '도'의 철학 범주를 바로 인식하고, 지도자의 가르침과 지도指導를 받으면서 스스로 그 닦음이 반성과 실천 그리고 성의誠意로 지극해야 하는 것이다.

반성은 통찰을 전제로 하며 반성적 인간은 모든 행동의 방식들과 그 방식들의 성공정도 및 그 방식들의 조화적 특성을 고려한다. 그리하여 반성은 태권도적 수련행위의 결과를 목적 및 도덕적 서약과 비교되며, 종시(終始)를 반복하고 어디가 끝이고 어디가 시작인지 모를 정도의 몰입의 경지를 요구한다.

> 태권도의 도는 바로 운동원리이며 사람됨의 철학이다.

태권도, 도의 철학 범주는 이보다 훨씬 심오하고 오묘할 뿐이다. 칸트의 다음 구절을 상기해 보자.

"우리 힘으로 할 수 있는 것은 우리가 반드시 해야만 한다. 나머지는 신(자연)에게 남겨두어야 한다."
(Lectures on Ethics, 95쪽)

제 18 장
태권도, 인간관 그리고 수행관
— 철학적 인간관

전통 무예로서 태권도는 그 철학적 바탕이 동양적 범주에서 출발하고 있음을 주목해야 한다. 태권도의 기술체계는 막기와 지르기, 차기 등 음과 양의 성질에서 기본동작, 품새, 겨루기, 격파, 호신술이 바로 오행(다섯 가지 요소)에 해당하는 것이다.

동양철학의 요체는 음양 오행론이다.
음양이란 음과 양을 일컫는 데, 음은 땅, 양은 하늘을 상징하고 음은 달(물)을 양은 태양(불) 등을 지칭한다. 음과 양의 개념과 원리, 이 두 개의 상반된 성질의 운동성이 자연이요 우주를 질서 지우고 있다고 보는 것이다.

오행은 수화목금토의 행성(다섯 가지 원소) 일컫는다. 이 오행은 음과 양의 성질 즉 상생의 관계에서 항구적 운행이 이뤄지고 있음이 동양 철학의 요체이고 여기서 모든 인간을 포함한 삼라만상의 현상을 적용, 해의, 점지 등 행위를 우리는 중요하게 여기고 있다.

전통 무예로서 태권도는 그 철학적 바탕이 동양적 범주에서 출발하고 있음을 주목해야 한다. 태권도의 기술체계는 막기와 지르기, 차기 등 음과 양의 성질에서 기본동작, 품새, 겨루기, 격파, 호신술이 바로 오행(다섯 가지 요소)에 해당하는 것이다.

이 음양 오행의 주체인 인간이 심신 즉 마음과 몸이라는 두 가지 현상을 하나로 보며, 실은 '하나', '한' 이라는 합일 내지 조화를 지향하는 철학적 인간관을 추구하는 것이다.

품새가 토土이고 이를 중심 하여 동서남북의 위치에 기본동작, 겨루기, 격파, 호신술이 각각 자리 매김하고 상생적 관계에서 변증법적 발전을 하고 있는 것이다.

태권도의 기술체계는 주체인 사람이 음(땅)과 양(하늘)의 중간에서 음양·오행적 운행(수행)을 통해 몸과 마음을 갈고 닦는 실천적 행위를 말함이다. 공방의 기술을 통해 몸의 기술적 자동화라는 전이, 상극적 착오를 지양하고 상생의 조화를 지향하는 오행적 기술체계의 원리를 깨닫고자 부단히 단련하는 것이다. 단련을 통한 마음의 수행(수양)으로 우리는 실천과 학문이라는 철학적 인간관을 형성하고자 함이요, 태권도의 무예, 무도서의 본질이요 이념이라 할 수 있다.

철학자 칸트가 말한 철학의 모든 물음처럼 '우리는

이 음양 오행의 주체인 인간이 심신 즉 마음과 몸이라는 두 가지 현상을 하나로 보며, 실은 '하나', '한' 이라는 합일 내지 조화를 지향하는 철학적 인간관을 추구하는 것이다.

태권도의 기술체계는 주체인 사람이 음(땅)과 양(하늘)의 중간에서 음양·오행적 운행(수행)을 통해 몸과 마음을 갈고 닦는 실천적 행위를 말함이다.

무엇을 알 수 있는가?', '우리는 무엇을 해야만 하는가?', '우리는 무엇을 희망해도 좋은가?' 라는 철학적 명제에 우리 태권도인은 '태권도'라는 개념의 존재론에서 출발하여 인식론, 윤리학, 미학에서 참된 삶의 지식/眞, 도덕적 행위준칙/善, 아름다움/美, 등의 판단근거를 찾아내고 몸소 실천을 통해 태권도의 덕목으로 인간이 자연과 우주 그리고 인간과의 합일, 조화를 추구하는 행위 철학에 깊은 이해와 애정을 가질 수 있다.

태권도는 분명 한국 문화유산의 소산이라 강조하듯 규범적 미화에 앞서 태권도가 함의하고 있는 본질적, 이념적, 기술적 체제와 체계에서 형이상학적 정립이 다시 모색돼야 할 것이다.

> 동양에서 출발한 한국 태권도는 한국적 철학을 바탕으로한 신토불이적 무예이다.

동양에서 출발한 한국 태권도는 한국적 철학을 바탕으로한 신토불이적 무예이다.

그러나 태권도가 격기 스포츠로서 무도성의 상실을 우려할 것이 아니라 진정 태권도인은 세계인이 추구하는 태권도의 정체성의 올바른 인식, 그 바탕에서 무예, 무도, 그리고 격기 스포츠로서 태권도의 철학함, 태권도를 통한 철학적 행위의 실천은 우리들 자신, 삶의 질을 보장해 줄 것이다.

캇시리의 문화적 철학관은 공자의 인문주의와 비견될 수 있다. 공자는 인간이 문화적 존재임을 예禮로써 강조하고 있다. 참된 인간이란 '본능적 존재로서의 자기를 극복하고 예를 행하는' 사람이며, 따라서 "예가 아니면 보지도 말고, 예가 아니면 듣지도 말고, 예가 아니면 말하지도 말고, 예가 아니면 행하지도 말라"고까지 하였다.

인간은 문화를 추구하고 창조하는 존재이다. 문화 철학을 정립한 캇시러(1874~1945)는 인간은 의미 있는 것을 찾고 이상을 바라보며 가능한 것을 추구하면서 문화를 창조한다고 한다.

문화의 세계는 곧 인간에게 고유한 상징들의 세계라는 것이다.

이렇게 볼 때 태권도 기본동작에서 주춤서 몸통지르기의 운동행위는 모든 기본기의 본을 이루고, 운동형태는 뉴턴의 제3법칙인 작용 반작용의 법칙에 따르고 있다. 두 주먹, 음양(좌우)이 상호 작용할 때는 언제나 양에 의해 음이 작용하는 힘은 음에 의해 양에 작용하는 힘과 크기는 같고 방향은 반대임을 알 수 있다.

그때 두 주먹은 자기 몸을 기준, 현전에 명치(급소)를 목표로 정하고 지르기하는 정점의 상相은 음양의 조화에 의한 의미있는 몸과 마음의 하나됨의 활동이다. 좌우 각 주먹은 허리와 목표간의 두 점 사이를 주기적으로 왕복하는 현상으로 진동振動:oscillation이며 그 진동은 파장으로 기氣를 방출하는 것이다.

이 같은 일련의 작업이란 자기 자신을 그 환경에 적응시키는 하나의 새로운 방법을 발견하여 수용 계통과 운동 계통 사이에서 우리는 인간에게 있어 상징 계통이라 할 수 있는 제3 세계의 차원에서 초월적 신념을 체득할 수 있게 된다. 우리는 신체의 활동을 통해 얻게되는 정신적 소산 내지 도덕적인 가치로서의 문화 진, 선, 미 그리고 삶의 의미를 추구하는 것이다. 인간은 물질 속에서 살고 있지만 결코 물질적인 가치만으로는 전인적인 인간이 될 수 없다. 정신적인 가치의 향상이란 주춤서기 자세에서 필연적 요인인 육체와 정신의 균형, 조화, 즉 중심을 이룰 때 정신적인 한 인간의 내면성을 성숙하게 하며 완전성을 향한 추구가 본성적으로 작용하는 것이다.

캇시러의 문화적 철학관은 공자의 인문주의와 비견될 수 있다. 공자는 인간이 문화적 존재임을 예禮로써 강조하고 있다. 참된 인간이란 '본능적 존재로서의 자기를 극복하고 예를 행하는' 사람이며, 따라서 "예가 아니면 보지도 말고, 예가 아니면 듣지도 말고, 예가 아니면 말하지도 말고, 예가 아니면 행하지도 말라"고 까지 하였다.

태권도에서 예는 도장의 출입에서부터 상호간의 인사 그리고 모든 동작 등 행위에서 엄하게 다루는 인간 됨의

인간은 물질 속에서 살고 있지만 결코 물질적인 가치만으로는 전인적인 인간이라 될 수 없다.

기본적 도덕 규범이 되고 있으며 인간이 자기 완성에로 향하는 과정이 정신 활동으로 표출되는 것이다. 바로 예는 태권도 동작의 정신적 기본을 이루며 그 정신은 바로 기본동작인 주춤서 몸통지르기의 반복적인 행위에서 수행될 수 있다.

스웨덴 계통의 체조에서는 '운동은 자세에서 자세에로의 이동'이란 사고 방식 때문에 '개시'와 '종말'(준비와 그만)의 기본 자세를 중요시한다.

신체문화는 신체의 발달을 촉진하는 기능을 말하며 운동과 관계 있는 인간의 기본적 욕구라고 생각되는 새로운 경험에의 욕구, 창조적 표현에의 욕구, 사회 관계의 향수, 운동에의 욕구, 경쟁에의 즐거움 등을 충족하는 기능을 들 수 있다. 인간의 정신성은 육체의 활동을 통해 어떤 목적 의식이나 가치 의식을 가지고 고된 수련을 하는 것을 정신적인 가치로 추구하는 존재이기 때문에 동물적인 본능과는 근본적으로 차이를 나타낸다.

서양 고대에서 예술은 인간의 세 가지 고유한 활동, 곧 창작과 이론과 도덕적 실천 가운데서 첫 번째 범주에 속했으며, 장인匠人들의 작업과 순수한 예술적 작품이 동일시 되었듯이 무예에서 고수高手가 되고자 하는 장인 정신이란 예술에서 이데아의 세계를 불완전하게나마 반영하고 있는 자연 사물들의 형상을 모방함으로써 실제로 완전

> 바로 예는 태권도 동작의 정신적 기본을 이루며 그 정신은 바로 기본동작인 주춤서 몸통지르기의 반복적인 행위에서 수행될 수 있다.

한 이데아가 그 작품에 투영되게 만든다고 보는 것과 다를 바 없다.

 무예, 무도 수행에서 팔 다리, 몸의 움직임은 의식, 정신(마음)의 집중된 행위인데 우리의 활동은 매 순간 그 행위의 자기 반성과 자기 이해를 통한 철학적 사고의 본질적 행위이다. 이 같이 우리가 신체 문화를 일깨우는 태권도의 기본 동작에서 철학적 인간관을 확립할 수 있다.

— 문화적 수행관

"태권도의 아름다운 동작은 허공에 쓰는 붓글씨, 시간의 깁 위에 그려 가는 수묵화이다. 그리고 그것은 유일회성, 한번 뻗친 손이나 한 번 들어올려 일격을 가한 그 발은 영원히 되풀이할 수도 없는 것, 수정할 수도 되풀이 할 수도 없는 절대의 행위로 끝난다."라고 표현했다.

이어령은 '한국인의 손, 한국인의 마음'에서 "태권은 허공에 쓰는 붓글씨라 표현했다. 서양화는 그림을 그릴 때 한번 그린 것 위에 여러번 겹쳐 그린다. 수정하고 벗겨내고 하면서 그림을 완성해간다. 그러나 붓글씨를 쓸 때 한번 쓴 획 위에 다시 개칠을 하는 것이 용납되지 않는 것처럼 동양화의 기본 역시 일필휘지의 원터치로 그린다.

스포츠의 경우도 마찬가지이다. 태권은 되풀이될 망정 일격에 급소를 쳐 적의 공격을 막거나 공격을 한다. 그러므로 태권의 사위는 모든 동작이 절제되어 있으며 순간동작이 많다. 일회성이 만들어낸 붓글씨나 태권도의 동작은 공통점이 많다. 태권도의 아름다움은 바로 서예의 힘차고 절제된 그 선의 다이나믹한 긴장감과도 같다. 그래서 도장에 나와서 유연하게 서 있는 기본 자세를 보면 꼭 서도를 배울 때 모델 글자로 익히는 한자의 길 영永자를 보는 것 같다." 이어 "태권도의 아름다운 동작은 허공에 쓰는 붓글씨, 시간의 깁 위에 그려 가는 수묵화이다. 그리고 그것은 유일회성, 한번 뻗친 손이나 한 번 들어올려 일격을 가한 그 발은 영원히 되풀이할 수도 없는 것, 수정할 수도 되풀이 할 수도 없는 절대의 행위로 끝난다."라고 표현했다.

물처럼 유연한 태권의 동작, 한번의 가격으로 상대의 급소를 적중하기 위해서는 무수한 나날과 피땀 나는 수행 없이는 기대할 수 없다. 단 한번의 것이라고 할 때 목표를 향해 날리는 일거수 일투족의 행위는 우리의 몸과 마음이 하나된 무아의 상태에서만 가능한 방법이라고 말할 수 있다.

동양예술의 거의 모든 영역에 걸쳐 표준과 규범으로서 작용하고 있는 공자의 예藝에 관한 사상과 장자의 물화(物化)에 관한 사상은 무예에서 표현되는 정신세계를 잘 반영해 주고 있다. 공자가 남긴 "예에서 노닌다游於藝"는 말과 장자가 남긴 '정신을 집중함凝神', '마음과 손이 상응함心手相應' 등의 말들이 무예인이 추구해야할 이상적인 수행관을 대변하는 방법으로 수용해도 좋다.

　기본동작과 품새 구성의 차이점은 모든 기본동작은 유추적(귀납적) 방법에 의해 구성되고 반대로 품새는 군분郡分적(연역적)방법에 따르고 있음을 인식할 수 있다. 동작의 구성은 발의 서기와 손의 공방적 기능, 몸통의 각도 등 셋이 하나를 위한 유추적 방법이고 품새는 각 품새에 따른 철학적 정신과 다양한 기본동작 등을 포함하고 있다.

　올바른 기본동작의 이해는 품새 수행을 보다 용이하게 하는 관건이 되고 있고 품새의 문화적 수행관은 그 출발에서부터 신체를 보전하기 위한 처세로 자신을 비우고 세상에 순응하는 것 혹은 그 사상적 근거로 우주 안의 사물이 무위하고 변하는 것 등 노장老莊의 '무無' 사상에로 직결된다.

　태권도 수행은 먼저 '널리 실천(수련)하고', '잘 살펴 묻고', '조용히 생각하고', '밝게 분별하는' 것이다. 특히 품새 수행은 첫째는 마음이 물욕(=동작)에 이끌리지 않도록 억제하는 방법이요, 둘째는 올바른 마음을 온전히 간직하고 키워 가는 방법이다. 첫째 방법은 맹자의 '마음을 기르는 데는 헛된 욕심을 적게 하는 것이 제일이다'고 한 말이 그 방법이다. 둘째 방법은 호연지기浩然之氣를 기르는 방법으로 유가적인 내적 수양의 중요한 방법이다.

> 태권도 수행은 먼저 '널리 실천(수련)하고', '잘 살펴 묻고', '조용히 생각하고', '밝게 분별하는' 것이다.

또 다른 수행법은 첫째 **침잠**이 **강조된다**. 침잠은 글자 그대로 잠긴다는 뜻이다. 수행하는 주체가 대상 속에 함께 잠겨야 한다는 것이다. 즉 주체와 객체가 하나가 된다는 경지이다. 둘째는 **완색**이 **강조된다**. 완색이란 즐기면서 탐색한다는 뜻이다. 주객간의 자연스런 교섭과 동화 속에서 비로소 가능하다. 셋째는 **체득**이 **강조된다**. 체득이란 몸으로 느끼고 몸에 배이게 대상을 경험하는 것으로서 참다운 이해, 앎을 얻어야 한다.

무예를 수행하며 궁극적 추구에 있어서 체득, 체인, 체현, 깨달음, 득도 등의 개념에 이르는 무아의 경지에서 태권도의 문화적 수행관을 찾아볼 수 있다.

05 제5부-사실적 이해

제19장 '태권'(태권도) 명칭 제정 바로 알기
제20장 국기원 바로 알기

제19장
'태권' (태권도) 명칭제정 바로 알기

'태권도'의 정체성은 속성상 '무도'가 본本이라면 '스포츠'는 체體로서 사상, 철학, 문화 등 상호보완적인 동시에 그 인터페이스가 태권도동호인에게 어떠한 한계를 느껴지지 않는 무도·스포츠문화를 추구하며 자연스럽게 발전해 가고 있다고 하겠다.

오늘날 '태권도'는 국제 스포츠로서 보편화된 개념이다.

태권도가 무도인가 스포츠인가라는 논쟁은 사실상 무의미하다.

우리는 태권도를 2000년 시드니 올림픽대회 정식종목으로 채택되게 한 역사적 사실을 바르게 인식해야 할 것이다.

'태권도'의 정체성은 속성상 '무도'가 본本이라면 '스포츠'는 체體로서 사상, 철학, 문화 등 상호보완적인 동시에 그 인터페이스가 태권도동호인에게 어떠한 한계를 느껴지지 않는 무도·스포츠문화를 추구하며 자연스럽게

제19장 '태권'(태권도) 명칭제정 바로 알기

발전해 가고 있다고 하겠다.

그러나 아직도 태권도 명칭이 언제, 어디서, 누구에 의해 그리고 어떤 과정을 거쳐 개명(제정)되었는가를 정확히 알지 못할 뿐만 아니라 태권도 관련 여러 문헌에서도 제대로 밝히지 못하고 있다. 왜냐면 '태권도' 명칭을 창시(제안)했다는 최홍희 본인이 바른 기록을 남겨 놓지 않고 있기 때문이다.

창시자로 자처하고 있는 최홍희(1918~2002)는 명칭제정일을 '1955. 4. 11'이라 하고 있어 대부분의 태권도 문헌에서도 그대로 인용하고 있을 뿐이다.

1956년 1월 중 이승만 대통령은 '태권' 승인 요청을 두 차례나 기각했으며 친필 휘호를 내린바 없다.

최초 '태권' 명칭은 1955. 12. 19 대한당수도 청도관 제1회 고문회(11명)에서 채택되었다.

그 후 태권, 태권도라는 명칭은 주로 손덕성, 최홍희 계열의 청도관, 오도관을 중심으로 사용돼 오다가 1959년 대한태권도협회(회장 최홍희)가 창립되기도 했으나 이듬해 4. 19. 사태로 인해 대한체육회 가맹이 좌절되었다.

1961. 9. 16. 창립된 대한태수도협회는 1965. 8. 5. 대한태권도협회(회장 최홍희)로 바꾸어 '태권도'의 공식적인 명칭이 오늘에 이르고 있다.

'국기태권도'라는 휘호는 1971. 3. 20. 박정희 대통령

> '태권도' 명칭을 창시(제안)했다는 최홍희 본인이 바른 기록을 남겨 놓지 않고 있기 때문이다.

> 최초 '태권' 명칭은 1955. 12. 19 대한당수도 청도관 제1회 고문회(11명)에서 채택

으로부터 내려졌다.

'태권' 명칭 유래

최 홍희는「태권도교서」(1973)에서 다음과 같이 '태권' 유래를 설명하고 있다.

"그후 근 10년간 발만 쓰던 '태껸'과 주로 손의 기술에만 의존하던 '가라데'를 종합연구하여 오늘과 같이 체중에 구애됨이 없이 남녀노소 누구나 다 할 수 있는 현대적이며 과학적인 무도로 발전시킨 다음, 이 무도의 성격에 알맞고 역사적으로 수긍할 수 있는 이름을 짖고자 고심하다가 마침내 1955년 4월 11일 개최된 명칭제정위원회에서 본인이 제출한 태권도가 만장일치로 가결됨으로써 여태까지 구구 각각으로 불리어 오던 이름을 태권도로 단일화하게 되었다.

4월 11일을 태권도의 날로 정한 이유가 바로 여기에 있는 것이다." ① 최홍희, 『태권도교서』 정연사 p13

"그해 4월 11일 사계의 조예 있는 인사와 사학가 그리고 저명인사들로 구성된 '명칭 제의위원회'에서 제의된 여러 가지 명칭 중 저자가 제안한 '태권' 두자가 만장일치로 채택되어 이 때부터 당수, 당수, 권법, 택견 등등 구구 각각으로 불리어 오던 명칭을 태권도라는 이름으로 통일시킨 해로 저자의 일생을 통해 가장 뜻깊은 해이기도 하다.

명칭제정위원회: 유하청(미창사장), 손덕성(청도관 관장), 최홍희 장군(3군관구사령관), 이형근 장군(합참의장), 조경규(국회부의장), 정대천(국회의원), 한창환(정치신문사 사장), 장경록(정치신문 주간), 홍순호(공익통상 사장), 고광래(본사 주간), 현종명(청도관 사범). 1955년 4월 11일" ② 최홍희, 『태권도교서』 정연사 p507

그리고 명칭제정위원회 참가자 명단 사진과 신문기사(참가자 명단 및 회의 내용일부)로 사실을 증빙하고 있다.

우리가 주목해야 할 것은 역사적 자료로 제시한 한 장의 '기념사진'이다. 사진에는 '4288(주:1955년에 해당). 12. 19. 대한당수도 청도관 제1회 고문회'라고 명기돼 있다.

그리고 신문기사(회의 참가자 명단 및 중요 회의내용)의 출처 및 연월일 등을 밝히지 않고 있고, 태견, 택견 등 용어를 혼용해 쓰고있다.

사진에 '4288(주;1955년에 해당). 12. 19. 대한당수도 청도관 제1회 고문회'

필자는 이 회의 내용자체를 부정하는 것은 결코 아니다. 그러나 '청도관 고문회'를 '명칭제정위원회'로 둔갑하며 1955년 12월 19일 회의날짜를 1955년 4월 11일로 날조한 전말을 밝히고자 하는 것이다.

1955. 12. 19 청도관 고문회에서

위 관련된 회의 내용을 저자(최홍희)의 각기 다른 두 문헌의 기록을 살펴 볼 필요가 있다.

회의내용 사례 1

최 장 군 : "태권"太拳에 대한 글자의 뜻을 기술과 역사적인 견지에서 설명했다.

유 하 청 : 나는 최홍희 장군이 제안한 태권을 전적으로 찬성합니다. 그러나 한 나라의 무도에 관한 명칭을 제정하는데는 국가원수인 이승만 박사의 승인을 얻는 것이 퍽 중요하다고 생각합니다.

참석자전원: 만장일치로 찬성.

③최홍희, 『태권도교서』정연사 p507

명칭을 제정하는 데는 국가원수인 이승만 박사의 승인을 얻는 것

회의내용 사례 2

최 장 군 : 태권도에 대한 글자의 뜻을 기술과 역사적 견지에서 설명하였다.

유 사 장 : 최 소장이 제출한 명칭을 전적으로 찬동합니다. 그러나 하나의 명칭을 개정 공포한다는 것은 중대한 일이니 만치 즉석에서 결정한다기보다 이에 대한 사적 고찰과 학리적 연구가 필요하니 일단 이에 대해 유명한 사학가들에게 의뢰하여 빠른 시일 내에 최 소장이 제출한 명칭의 사적 고찰을 마치고 그 기간에 각자의 다른 명칭이 있으면 제출하여 몇 개의 명칭을 첨부해서 대통령 각하의 재가를 얻어 공포함이 좋겠습니다.

조부의장 : 결의 사항으로 사적 증거와 학적자료 수집을 위해 3인 소위원회를 결성하고 금년(1955년도를 지칭) 12월 31일까지 완료하여 각 위원들에게 개별적으로 통지한 다음 이 통지를 받은 위원은 일주일 안으로 그에 대한 해답과 대통령 각하의 재가를 얻도록 하는 것이 좋겠습니다."

3인 소위원회를 결성하고 금년 (1955년도를 지칭) 12월 31일까지 완료

④ 최홍희,『태권도백과사전 1』평양 p247

'사적 증거와 학적 자료 수집'의 한 방편으로 최홍희는 그의 『태권도교서』(1973)에 당시 "영남대학교 총장 사학박사 이선근"은 "태권도의 역사"라는 글을 썼다.

이선근의 장황한 넋두리를 빼고, 그의 글에서 "'택껸'과 '수박'의 전통을 이어받은 창헌류는 벌써 10여 년 동안 널리 해외에 소개되어 오늘에 와서는 이미 50여 개 국에 천여 만의 수련생이 있는 현실이며…"로 최홍희 본인이 말한 '태껸과 가라데'를 이선근은 '택껸과 수박'으로 왜곡, 미화하고 있으며, 최홍희는 '태권'을 '태권도'로 둔갑, 1983년 평양에서 발간된 「태권도백과사전」에 회의 내용을 왜곡하고 있다.

조선일보 특파원으로 미국에서 활동한 이호성 기자가 쓴 『한국무술 미대륙 정복하다』(스포츠조선, 1995)에서는 최홍희의 기록과 비교해 볼 수 있는 대목이 있는 데, 다음과 같이 설명하고 있다.

"그는(최홍희) 태권도라는 말에 권위를 부여하기 위해 각계 각층의 인사를 망라한 명칭위원회를 구성했다. 제1

차 명칭위원회는 1954년 12월 19일에 열렸다. 참석자는 손덕성 청도관 관장, 이형근 합참의장, 조경규 국회부의장, 한창환 정치신문사 사장 등이었다.

이 위원회는 만장 일치로 태권도(태권)라는 말을 승인했다.

그러나 조경규 국회 부의장이 이 대통령의 재가를 받자고 제안하는 바람에 경무대의 회신을 기다리게 되었다. 목마르게 기다리던 대통령의 회신은 "태껸"이라는 말을 그대로 쓰라는 것이었다.

제2차 명칭 위원회가 소집되었고, 거기서도 태권도가 채택되어, 경무대에 결과보고가 올라갔다. 내려온 **대통령의 회신은 여전히 태껸이었다.** 최홍희는 경무대 비서실에 압력을 넣기 시작했다.

그리고 이날 회의에 참가한 손덕성, 이형근, 조경규 등 3명이 대통령의 승인을 받기 위해 대표로 경무대를 방문했다. 그러나 바로 그날 김창룡 특무대장이 암살되는 바람에 이 면담은 취소되었다.

몇 달 후, 이승만 대통령은 친필로 '태권도'라는 휘호를 내렸다. 1955년 4월 11일, 이날이 바로 태권도의 탄생일로 '태권도의 날'이 되었다."

우리는 여기서 최홍희와 이호성, 두 저자의 책 내용 중

손덕성, 이형근, 조경규 등 3명이 대통령의 승인을 받기 위해 대표로 경무대를 방문했다. 그러나 바로 그날 김창룡 특무대장이 암살되는 바람에 이 면담은 취소되었다.

회의 일자와 회의 횟수를 서로 다르게 말하고 있는 것을 알 수 있다. 더군다나, 최홍희는 '1955. 4. 11'은 명칭제정위원회의 회의일자라고 밝히고 있는데 반해 이호성은 이 대통령 휘호를 받은 날짜라고 밝히고 있다.

엇갈리는 기록을

최홍희는 자신의 회고록 『태권도와 나 1』에서 소설에서나 흥미를 느껴볼 수 있는 이야기를 하고 있다.

"한편 이날 저녁 회의에서 형식적으로 결의한 3인 소위원회 구성에 관계없이 나는 다음 날부터 오도관에다 태권도의 새 이름을 쓰라고 지시하고 직접 경무대 서장실에 연락하여 한자로 태권도라고 쓴 이 대통령의 휘호를 요청했다.

그런데 2, 3일 후 나의 기대와는 달리 경호 대장으로부터 "대통령 각하께서 한글로 택견이라 쓰시겠답니다" 하는 전화가 왔다.(중략)

그러나 며칠 후 경무대에서 온 연락은 역시 한글로 써 주겠다는 것이었다. 이렇게 되면 죽느냐 사느냐 하는 판이라 나로서는 마지막 수단으로 이 대통령의 손발 노릇을 하는 경호대의 실력자 서정학과 곽영주 그리고 심지어는 경무대 부서장까지도 그들이 가장 좋아하는 요정에다 초청했다. 나는 이 좌석을 이용하여 이 박사가 태권도를 한자로 휘호하도록 그들을 설득하는 데 전력을 다했다.

결국 그들은 속담에 '먹은 소 똥눈다'로 내가 원하는 태권도跆拳道 세 글자를 받아 내는데 성공했다. 이 휘호가 발표됨으로써 태권도는 누구의 모략도 받을 수 없이 공식 명칭으로 사용되었다.

이와 같이 나는 태권도를 창시하기 위해 평생 처음이자 마지막으로 마음에도 없는 거짓말과 술자리를 만들었던 것이다.

이 같은 과정을 거쳐 태권도가 탄생한 1955년 4월 11일 저녁 내 기쁨이란 그 어떤 말이나 글로도 표현할 수 없을 만큼 컸다." ⑤ 최홍희, 『태권도와 나 1』 다음 p346~347

이제 '태권', '태권도' 명칭에 관련, 최홍희의 여러 문헌에서 지적할 수 있는 함정을 살펴볼 차례이다.

'태권', '태권도' 명칭에 관련, 최홍희의 여러 문헌에서 지적할 수 있는 함정을 살펴볼 차례이다.

첫 째. 최홍희는 1955. 4. 11. 이날을 명칭제정위원회 최초의 회의 날짜라고 하며 또 다른 책에서는 휘호가 내린 날짜로 상반된 말을 하고 있다.

둘 째. 이호성이 말한 1954. 12. 19 제1차 명칭위원회의 연도는 1954년이 아닌 1955년이 바르다는 것은 사진의 기록이 단기4288(1955)이기 때문이다. 부연하자면 1954년 9월 중순에 보병 제29사단 제1주년 창설 기념식에 이 대통령이 참석, 최홍희의 '당수도시범대회'를 지켜보고 '저것이 택껸'이라는 말을 하였던 것이다. 그로 인해 그는 뒷날에 '태권' 두 자의 명칭을 작명하게 된 것이었다.

셋 째. 1955. 4. 11 회의를 가졌다고 할 때 "금년 12월 31일까지 완료"라는 기간은 너무 길고, 이호성이 말하는 회의일자가 12. 19이 신빙성을 더해주고 있다. 단지 연도가 틀리다는 것 외에 회의 날짜는 사진의 기록과 일치한다.

넷 째. 이 대통령의 승인, 휘호를 요청했는데, 두 번씩이나 '태권'이 아닌 '택껸'을 고집하며 거절 당했다고 한다.

다섯째. 이호성은 3인이 직접 경무대를 방문, 면담을 요청한 날짜가 바로 특무대장 김창룡 저격사건이 일어났다는 기록이 있다.

제19장 '태권'(태권도) 명칭제정 바로 알기

이호성이 말한 특무부대 대장 김창룡 저격사건은 역사적 사실이다.

최홍희는 그 사건에 대해 어느 태권도 저서에서도 언급하지 않은 것은 1956년을 은폐, 1955년으로 모든 기록을 남기기 위해서이다. 다시 말해, 이것은 1955. 12. 19. 회의날짜를 철저히 위장하고 있다.

1955. 12. 19. 회의날짜를 철저히 위장

필자가 조사한 바, 김창룡 특무대장 저격사건은 1956년 1월 30일 발생했고 그 역사적 사건은 익년 1957년 9월 22일 허태영 등 범인 4명이 형장의 이슬로 사형에 처하게 됨으로써 사건이 종결되었다.

이승만의 '태권', '跆拳道' 휘호는 사실무근

이 대통령에게 '태권'용어의 승인 및 휘호를 요청한 시기는 1956년 1월중이고 이호성이 말한 같은 시기에 가진 2차 회의마저 최홍희는 그것마저 숨기고 있다.

최홍희가 말한 1955. 4. 11이라는 날짜는 한마디로 날조된 허구에 지나지 않는다.

그의 태권도문헌은 기록마다 상이한 내용이며, 회의개최 연월일, 대통령 사용 승인 및 휘호하사 등.

특히 이 대통령에게 한자로 써 달라고 요청, '跆拳道'

휘호가 정말 내려졌다고 하는데, 그 귀중한 역사적인 친필을 누가 보관하고 있다는 것인가.

두 번씩이나 '택견'을 쓰라며 승인을 받지 못했고, 심지어 3인이 경무대 면담을 요청한 날이 바로 저격사건이 발생하였다.

국기國基가 흔들릴 정도의 긴박한 상황에서 대통령을 보좌하는 경무대 요원들이 재삼再三 대통령에게 승인 요청을 할 수 있었다는 것은 전혀 설득력이 없다.

저격사건 이후 그 와중에서 이승만 대통령의 승인 및 휘호가 내려졌다는 것은 최홍희 회고록에서나 찾아볼 수 있는 소설 속의 스토리이다.

1956. 1. 30 김창룡 특무대장 저격사건으로 인해 이 대통령의 휘호하사는 명백한 허구이다. 정말로 이 대통령의 친필로 휘호가 내려졌다면 지금껏 이에 대한 어떠한 증빙자료는 왜 없는 걸까. 당시 가장측근 인물이었던 손덕성, 남태희(이상 재미), 현종명(사망)원로 등뿐만 아니라 그 휘호를 한 번이라도 보았다는 태권도인은 지금껏 아무도 없다.

최홍희는 대통령의 친필을 보관 중 부주의로 분실하였다고 하는데, 그렇다면 분실되기전까지 행적에 대한 사료(史料)를 제시해야 한다.

> 국기가 흔들릴 정도의 긴박한 상황에서 대통령을 보좌하는 경무대 요원들이 재삼 대통령에게 승인 요청을 할 수 없었다는 것은 전혀 설득력이 없다.
>
> 1956. 1. 30 김창룡 특무대장 저격사건으로.인해 이 대통령의 휘호하사는 명백한 허구이다.

그는 『태권도창시자 최홍회 회고록, 태권도와 나』두 권을 쓸 정도로 방대한 자료를 수집, 보관하고 있는데, 하필 그 귀중한 역사적인 대통령의 휘호를 분실했을까. 그 대안으로 증빙할 수 있는 어떠한 자료라도 제시할 수 있어야 하는 것이다.

이제 도출할 수 있는 결론은 최홍회가 주장하는 태권도 명칭은 '명칭제정위원회 1955. 4. 11. 제정' 아니고 「1955. 12. 19 대한당수도 청도관 제1회 고문회 회의에서 최홍회 소장이 제안한 '태권(跆拳) (태권도가 아닌 태拳 二字)이 만장일치로 채택되었다」라고 사실적 기록을 해야 하는 것이다.

최초의 '태권', '태권도'라는 명칭 채택에 있어 '청도관 고문회'를 은폐하고 '명칭 제정위원회와 이승만 대통령의 승인 및 휘호'를 내세워 태권도사를 왜곡, 날조한 장본인이 바로 최홍회이다.

오늘날 태권도인들은 그러한 허구적인 태권도사의 전통에서 아직도 벗어나지 못하고 있는 것은 이 같이 날조된 태권도사를 모르기 때문이다.
그러나 우리는 태권도에 대한 최홍회의 공과를 사실대

| 태권도의 뿌리가 한민족 고유의 문화요 사상이며 철학의 토양에서 태동

로 겸허하게 수용해야 할 것이며 태권도발전에 헌신하였던 그의 열정에 경의를 표하지 않을자가 있을까.

태권도가 이처럼 허구적 슬픈 역사의 역경 속에서도 불꽃처럼 타오르는 요인은 태권도의 뿌리가 한민족 고유의 문화요 사상이며 철학의 토양에서 태동했다는 것에 자부심을 가질 수 있기 때문이다.

태권도 창시자라 주장하며, 반면 태권도 발전에 기여했던 최홍희는 태권도적 삶을 마감했다. 그의 일생은 무인武人이었으면서도, 태권도역사에서 지울 수 없는 세 가지 기록은 허구이며 왜곡·날조 그리고 오류임을 여기 밝혀둔다.

> 첫 째. '태권' 명칭제정을 위한 모임은 1955. 12. 19 청도관 제1회 고문회에서를 명칭제정위원회 1955. 4. 11로 왜곡·날조하다.
>
> 둘 째. '태권' 명칭을 이승만 대통령으로부터 재가받았다는 것과 '跆拳道'라고 쓴 휘호가 내려졌다는 기록은 사실이 아니다.
>
> 셋 째. 한국의 문화 상징의 하나인 '국기태권도' 종가宗家의 기술체계를 배제, 최홍희 자신의 기술체계가 정통이라는 허구성 등이다.

제 20 장
국기원 바로 알기

1백 5십만 태권도인의 숙원사업이 '태권도 중앙도장' 이름으로 출범, 1972년 11월 30일 완공됐고 이듬해 1973년 2월 6일 '국기원'으로 개명, 오늘에 이르고 있다.

오늘날 태권도의 세계 메카로 발전한 국기원은 일명 세계태권도본부World Taekwondo Headquarters라 일컬으며 그 전에는 세계태권도센터World Taekwondo Center라 하였다.

국기원은 영동구릉 역삼 공원 부지에 위치하고 있다. 성동구 역삼동 산 76번지에서 현 주소는 서울특별시 강남구 역삼동 635번지이다. 현재 국기원이 차지하고 있는 5천여

> '태권도 중앙도장' 이름으로 출범, 1972년 11월 30일 완공됐고 이듬해 1973년 2월 6일 '국기원'으로 개명, 오늘에 이르고 있다.

평의 토지와 건물은 국기원 법인의 소유재산이 아니고 소유자는 강남구청으로 되어 있다. 국기원 법인은 아직도 독립적인 삶이 아니라 강남구청의 신세를 지고 살림을 꾸려가고 있는 듯 하다.

국기원, 바로 알기, 그 성역의 실상을 가감 없이 투영해 보자.

중앙도장(국기원) 개원

대한태권도협회는 1969년부터 태권도를 세계적으로 널리 보급 발전시키려면 우선 각 관을 통합, 관리할 수 있고 또한 당시 1백50만 회원들의 수련의 전당으로서 역할을 수행할 수 있는 중앙도장건립의 목표를 세우고 우선 자금확보에 들어갔다.

당시 대한태권도협회 회장 김용채는 국회의원 신분으로서 자금확보의 일환으로 70년 국회추경예산에서 2천 8백여 만원 지원을 받는데 성공했다.

1971년 1월 17일 제7대 대한태권도협회 회장으로 취임한 김운용은 전임 회장의 숙원 사업인 태권도 중앙도장 건립에 착수, 그 기공식을 1971년 11월 19일 가졌다.

서울 성동구 역삼동 산 76번지 역삼 공원부지에 총 공사비 1억5천만원이 투입되는 중앙도장의 건축주는 대한태권도협회이고, 시공자는 보성산업주식회사였다.

중앙도장의 설계도는 서울대학교 공과대학 건축학과 이광노 교수가 맡았다. 이 교수는 "한국 태권도의 상징적인 모습을 건축에 담고자 네모형의 건물에 사방의 출입문과 청기와의 지붕, 팔괘에 부합하는 8개의 원주기둥을 건물 전면에 배치하는 등 우리 전통문화를 접목, 무예도장의 면모를 갖추는 데 주력했다"고 말했다.

이에 반해 최홍희는 "그후 서울에 세워진 국기원 건물은 당시 김종찬 사범의 친척이 만든 설계도를 약간 변경하여 지은 것으로 역시 내가 생각한대로 복마전으로 이용했다"고 말하고 있다. 그는 1967년도에 이미 태권도센터 건립할 것을 정부 고위층이나 뜻 있는 인사들에게 호소했으나 마이동풍이었다고 술회하고 있다.(『태권도와 나 2』1998:98)

그가 주장하고 있는 현 국기원 설계도에 대해 위작이라는 주장은 사실적인 증빙자료를 제시하지 못해 객관적 설득력을 가질 수 없다.

이 역사적인 중앙도장의 준공에 기여한 업체로는 삼성을 비롯한 동양고속·대농·OB·진로·동일방직 등에서 공사비의 재정적 도움을 주었고 건축자재는 쌍용에서 시멘트, 인천제철에서 철근, 동아기업에서 목재, 벽산에서 지붕, 한국유리와 동광유리에서 유리를 협조해 주었다.

착공한지 3백76일만인 1972년 11월 30일 준공을 본 중앙도장의 규모는 2천 3백평의 대지위에 연건평 1천1백89평(1층 6백76평, 2층 3백22평, 3층 1백11평, 지하실 85평)에 경기장 이외에도 관람석·강의실·사무실·샤워실·탈의실 등을 갖추고 있다.

현 국기원 시설규모는 준공 당시보다 다소 평수가 늘어났다. 1996년 정면 뒤 부문의 1m폭 확장공사로 넓혔기 때문이다. 현 국기원의 시설은 경기장을 포함 샤워장 1곳, 사무국 3곳(국기원, 지도자연수원), 강의실 2곳, 탈의실 2곳, 자료실, 원장실, 부원장실 및 총무이사실, 기심회의장실 등이 마련돼 있다.

국기원의 발자취

개원이래 국기원에서는 각종 태권도대회와 연수교육·강습 및 승단·승품심사 등 수 많은 국내외적인 주요 행사를 실시하여 왔다.

1973년 5월 제1회 세계태권도선수권대회 개최, 세계태권도연맹 창설이 있었고, 아시아선수권대회, 국제 심판 강습회, 지도자 교육, 국내 심판 강습, 승품·단 심사, 국내 각종 주요 대회, 외국인 특별 수련회, 연무시범대회, 한마당 등 개최 또는 실시하여 현대태권도 발전에 기여하고 있다.

특히 태권도의 올림픽채택 영광의 뒷면에는 그간 국제스포츠인사를 초청, 국기원에서 보인 태권도시범대회의 업적이 밑거름 또는 발판이 되었다해도 과언이 아닐 것이다.

그러나 국기원이 앞으로도 세계 스포츠사에 빛나는 태권도 메카로 남기 위해서는 그 본연의 임무를 성실하게 수행해야 할 의무가 있다.

재단법인 국기원의 설립 목적은 정관 제1장 총칙 제1조(목적)에 분명히 하고 있다.

"이 법인(法人)은 고유한 한국문화의 소산인 태권도를 범국민 운동화하여 국민의 체력 향상과 건전하고 명랑한 기풍을 진작시키고, 범세계적으로는 태권도의 전통적인 정신과 기술을 올바르게 보급시켜 국위선양을 도모함으로써 민족문화발전에 이바지함을 목적으로 한다."

태권도 심사권

1979년 12월 29일 체육회관 대강당에서 열린 대의원 총회에 건의된 사항을 받아들여 그간 대한태권도협회에서 대행하여 오던 승품 및 승단 심사업무를 국기원에서 실시하기로 하고 1980년 3월 1일부터 적용하기로 했다.

[여백 메모: 국기원이 앞으로도 세계 스포츠사에 빛나는 태권도 메카로 남기 위해서는 그 본연의 임무를 성실하게 수행해야 할 의무]

당시 심사비 배분은 20%를 각 시도지부 및 연맹, 30%를 대태협 보조금 그리고 태권도지 대금조로 400원 등 결정하고 1973년 이후 현재까지 지급되어 오던 각 일선 도장의 할당금은 실효성이 없으므로 이를 폐지했다.

국기원의 심사 규정은 1972년 3월 1일 제정이래 그 동안 8차례 개정됐다 종래의 소년부와 일반부로 구분. 발행되고 있던 단증제도를 1975년 소년부 심사규정 및 자격칭호 개정을 하여 소년부 단段을 품品으로 변경, 3품제를 채택해 오다가 98년 개정, 99년 1월 1일부터 4품제를 시행하고 있다.

'품'에 대한 제정의 취지에서, '품'이란 원래 왕조시대의 관직에 서열이나 계급으로 표시하는 정일품正一品, 종일품從一品 등의 호칭이다. 관직의 벼슬을 호칭하는 품이 우리 태권도 어린이 유단자들에게 부쳐진다는 것은 한편으로 좀 어색한 일이다 생각이 들기도 하나 단 한편 깊이 파고들면 그런 경박한 속단을 내릴 수 없다. 그 이유로, '품'이란 사람의 내면에 담겨져 있는 풍부한 교양과 다듬어진 인격이 그대로 풍겨지는 것을 우리들은 인품 또는 품위, 품격이라고 한다.(중략) 이러한 품의 제도는 우리 태권도사에 일대 혁신을 가져온 쾌사(快事)인 것이다.(계간 『태권도』 1975, 15호)

품과 단의 구분은 15세를 기준으로 하고 있다. 이는 정

1975년 소년부 심사규정 및 자격칭호 개정을 하여 소년부 단을 품으로 변경, 3품제를 채택해 오다가 98년 개정, 99년 1월 1일부터 4품제를 시행하고 있다.

신력, 판단력, 지구력, 기능력 등이 일반부 수련자들보다 부족함을 이유로 소년부의 실력 평가 기준에 따른 계층을 윤허하는 칭호를 품으로 제정하였다.

그리하여 도복과 띠에서도 구분하고 있다. 도복상의의 깃과 띠에서 각각 흑색(black)과 자색(red) 2cm폭으로 나란히 색상을 하고 흑색이 위에 위치하도록 돼있다.

태권도에서 이 '품'에 대한 상이한 개념으로서 '품새'에서의 품, 동작과 품의 관계에서 품, 품계에서 품 등 다양하다.

그런 반면 태권도 '단', '단증'의 개념을, "태권도 수련 과정에서 1급 다음에 진급되는 단계이다. 1단에 승단되면 충분한 기술과 원만한 인격을 지닌 태권도인으로 인정되며 국기원 회원이 될 수 있고, 국내의 태권도 대회에서 선수로 활약할 자격을 갖게 된다."(『신선 체육대사전』 진보 1995)

김병운은 단증의 개념을, "태권도 승단 심사를 통해 기량의 정도를 합리적이고 객관적으로 검증하여 수여하는 개인 기술 등급이다. 이것은 육체적으로 단련된 기량 즉 형이하학적 개념과 무도인으로서 바른 인간 정신이라는 형이상학적 개념을 심사하고 거기에다

일정 기간의 수련기간과 연령 등을 종합 평가한 증명서이다"라고 규정했다.(국제태권도신문 2001, 제30호)

무도의 특성은
수련의 과정을
평가하여 품계를
제도화하여 그것
이 그 사람의 인
격으로 가늠하는
잣대가 되고 있
다.

무도의 특성은 수련의 과정을 평가하여 품계를 제도화하여 그것이 그 사람의 인격으로 가늠하는 잣대가 되고 있다. 단은 태권도의 질서이며 예(禮)(규범)이며 인격이라고 하겠다. 그러므로 급·품·단으로 지정되는 제도는 태권도 기량의 합리적인 평가에 의한 자격이다. 그렇다면 최고 단의 보유자는 누구이며 승단 제도의 규정을 잠깐 살펴보자.

국기원 심사 규정 8조(승품, 단 연한 및 연령구분) 1항 (연한 및 연령 구분)에 의하면, 10단제이다. 그러나 현실적으로는 지금껏 9단을 상한제로 채택하는 듯하다. 10단제를 제정 해 두고 실제 9단까지만 심사를 실시하는 이유를 아무도 모르고 있다. 승단시 각 단에 해당하는 연한구분을 해두고 있는 데 9단에서 10단 승단에 대한 연한구분을 명시해 두지 않고 단지 연령구분을 60세 이상이라고 명시하고 있다.

현재 10단 보유자는 실존인물로는 김운용 한사람이다. 이병로, 홍종수 두분의 추서 단과 사마란치 전 IOC위원장에게 명예 10단을 윤허한 것이 전부이다.

우리의 전통적 관념으로는 무도에서 9단이 최고단으로 알고 있는데 김운용 10단에 대한 이해와 인지도가 궁금할 뿐이다. 그는 과연 언제 누구에 의한 추천과 심사를 거친 것인지, 아니면 오직 아부성의 몇몇 원로들에 의해 상징적으로 단을 윤허한 것인지에 대한 전말은 미궁에 빠져 있다.

97년 통계에 의하면, 무도에서 입신의 경지라 상찬賞讚되기도 하는 9단의 보유자는 126명이다(『국기원 25년사』 1997:297)고 하는데 현재 180여 명을 상회할 것으로 추정된다.

태권도에서 10단, 9단의 보유자는 유가儒家에서 말하는 성인聖人에 해당한다고 간주할 때, 뚜웨이밍에 의하면 "성인은 타인과의 관계에서 자신에게 부과된 역할을 회피하지 않고, 인간 공동체의 구성원으로서 자신의 가치를 실천한다. 마찬가지로 그는 결코 멈추지 않는 열정적인 학생이기 때문에, 자신의 동료로부터 '최고의 스승'으로 존경받는다. 그는 생활의 기술을 익히기 위해 기초적 학문과 위대한 학문에 열중하며, 인간을 궁극적으로 인간으로 만드는 덕을 수양하는데 결코 지치지 않는다."(『뚜 웨이밍의 유학강의』 1999:97)라는 구절은 우리들의 마음을 일깨워 줄 듯 하다.

국기원 단(段)의 무용론

초로, 국기원 단에 대한 불신운동은 1983년 덴마크 코펜하겐에서 개최된 제6회 세계대회때 발생되었다. 당시 유럽태권도연맹 회장이며 독일태권도협회 회장 하인쯔 막스Heinz Marx에 의해 제기되었는 데 유일의 이유로 국기원은 단증 발급에 있어 원칙이 없다는 것이었다. 그는 국기원의 행정을 비난하며 한차례 무용론을 폈다. 협회에 가입하지 않은 반대파 태권도인에게 단증을 발급하고 있다는데 반기를 든 것이다. 이로 인해 미국을 비롯하여 동조하는 세력이 점차 늘어나 1989년 WTF 총회에 앞서 AD-HOC위원 회의 보고가 있었다.

그러나 국기원 단증 무용론의 큰 파동은 1991년 그리스 아테네 제10회 세계대회 때 유럽연맹 회장직을 승계한 스페인협회장 마르코 사일러Marco Saila가 주동했다. 그는 국기원 승단 행정은 원칙이 없다고 비난하며 여러 문제점을 들어 전세계 회원국에 선동적 반대운동을 펼쳤다.

그해 세계연맹 총회에서 그 문제로 인해 격한 토론이 있었다. 그러한 분위기를 가까스로 잠재울 수 있었던 것은 김운용 총재의 답변, 2년 내로 해결하겠으니 시간을 달라고 함으로써 일단락 되었다. 그 결과 단증 업무문제를 AD-HOC 위원을 구성, 다루기로 결의되었다.

AD-HOC 위원회 국가협회와 그 협회에 가입하지 않은 해외 한인사범 간의 심사 및 추천권 문제, 심사권 위임 문제, 심사비 배분 문제, 지역적 특수성과 국민소득의 격차 등 여러 가지 문제점들을 일괄 조정키 위해 구성된

AD-HOC위원회는 첫 회의를 1992년 4월 21/22일 국기원에서 열렸다. 이 회의는 한국 서울에서 3회, 필리핀 마닐라에서 1회 모두 네 차례 가졌다.

국기원과 WTF(세계태권도연맹) 간 합동으로 구성된 위원회는 국기원 대표 2명: 엄운규 부원장, 김병운 차장, WTF대표 2명: 이금홍 사무총장, 송상근 차장 그리고 각 대륙별 대표 1명씩: 핸슨Josiah Henson 부총재(팬암), 마르코 사일러Manuel Marco Saila 부총재(유럽), 다위시 Abdel Karim Darwish 부총재(아프리카), 콜멘 리 Coleman Lee 집행위원(아시아) 였다.

AD-HOC위원회의 최종 합의 사항

1. 응심자에 대한 국기원 승품·단 심사 추천권은 국가협회가 자국내의 회원을 70%이상 장악하고 원활한 심사업무를 집행한다고 인정될 경우, 해당된 국가에서는 **개별 추천권**은 허용되지 않는다.

2. AD-HOC 위원회의 결정에 따라 현재 75개국을 협회 중심국가(**1군 국가로 분류**)로 선정하였으며 이들 국가는 92년 9월 1일부터 승단 심사 추천권을 적용하도록 하였으며, 그 외 **국가협회는 개별 추천권**을 갖는

다.

3. 승단 심사가 협회 중심국가로 선정된 국가는 5단 이하 단증은 소속 협회장과 **국기원 원장 공동 명의로 발급**된다. 단 국가협회 중심국가로 분류되지 않은 국가협회의 단증은 국기원 원장 명의로 발급된다.

4. 연간 단증 신청서 수량이 많은 국가(연 2천매 이상)는 심사비를 조정할 수 있다. 이 경우는 3단 이하에 한해서 적용된다.

5. 1993년 1월 1일부터는 국가협회 단증 발급은 일체 허용이 안되며 발급시는 WTF 규약에 의거 제재 조치한다.

이와 같이 국기원은 이 위원회의 회의 결과, 단증 무용론에 대한 문제점을 일단은 해결된 것으로 볼 수 있다. 그런 반면 국기원의 권위는 그만큼 추락된 것으로 봐야할 것이며 세간에 회자하는 '국기원은 단증 공장'이라는 등식을 언지무익言之無益에서 진언성실眞言誠實이 되게 할 수는 없는 걸까?

심사비 배분

국기원에서 제정된 승단 심사비는 국내와 국외가 다르고, 국외 심사비는 다시 1군 소속이라 부르는 협회 중심국가와 그 외국가를 구분, 1군 국가에게는 협회 지원금조로 40% 배분해 주고 있다. 반면 그 외 국가 및 개별 추천 심사비는 100% 국기원의 몫이다. 단 예외가 있는 것은 9개관에 한해 심사비 20%를 관장의 몫으로 배분하고 있다.

이 제도는 국기원 초기 단계에서부터 관습적으로 혜택을 주고 있는 것 같다. 모순은 10개관의 통합, 관 폐지에 따른 국기원 단일 체제에서도 유독 9개관 관장에게 혜택을 주고 있다는 것은 관의 뿌리를 인정하는 듯한 의구심을 지울 수 없다.

여기서 잠깐 관 통합 과정을 보자.

1977년 8월 1일 관 통합 제 8차 회의가 국기원 원장실에서 열렸다. 결의내용은 지금까지 10개관을 통합하여 일개 관으로 정하는 데 명칭을 태권도 총본관이라 칭하기로 결정하였다. 총본관장에는 물론 김운용, 부관장은 이종우, 엄운규, 사무총장 이남석, 감사 이병로, 강원식이었다.

> 국기원에서 제정된 승단 심사비는 국내와 국외가 다름

1978년 8월 5일 태권도 총본관 이사회의 결의에 따라 10개관을 폐쇄하기로 합의했다.

그 다음 해 1978년 8월 5일 태권도 총본관 이사회의 결의에 따라 10개관을 폐쇄하기로 합의했다. "관 통합이 태권도의 고질적인 분파의식을 버리고 좀더 알찬 태권도 세계화의 원동력이 된다는데 의견을 모아 결의문을 채택하게 되었다"라는 변과 10개관 관장 및 두 사람의 입회인이 서명했다.

GNP가 낮은 국가의 협회는 국기원의 초단 심사비가 현 70$임을 감안하면 상상할 수 없는 액수이다. 이럴 경우 WTF에 특별 경감을 위한 사유서를 제출, 신청하게 되면 상응한 혜택을 주고 있기도 하다.

국가협회 중심국가의 경우, 연 1천 매의 단증 신청시 5단 이하의 심사비는 별도의 협의로서 박리다매薄利多賣 정책을 펴고 있다. 국내의 경우 심사비 배분은 현재 시도협회 40%, 중앙협회 15%, 국기원 45%로 각각 책정돼 있다.

해외에서 들어오는 심사비는 어떻게 배분되는 것일까? 그것은 전부 국기원에 귀속되는 것은 아니다. 해외 심사비 가운데서 각 승단에 따른 국내 심사비에 상응한 액수는 국기원의 몫이고 차액은 세계연맹 재원이 되고 있다.

국기원과 WTF

국기원과 WTF 간의 밀월은 계속되고 있다. 국기원은 세계태권도본부로서 WTF는 세계태권도를 대표하며 168개 회원국을 통할하고 있는 공인 국제기구이다.

1972년 11월 30일에 개원한 국기원에서 대한태권도협회 주최, 주관으로 제1회 세계태권도선수권대회가 1973년 5월 25~27일 기간에 열렸고 이어 5월 28일 세계태권도연맹이 창립되었다. WTF의 창립은 국기원의 개원으로 가능했다고 볼 수 있다.

WTF사무국은 국기원 건물내에 소재하고 있다가 금년(2002) 2월에 광화문부근으로 이전했다. 국기원은 강남구청의 신세를 지고 있고 WTF는 산하 전세계·회원국 태권도인들의 승단 심사비라는 재원을 국기원에 지원하고 있어 국기원과는 주종主從관계로 볼 수 있을 듯 하다.

그러나 두 단체간 관계성은 불분명해 유권적 해석상의 문제는 아전인수我田引水적 논쟁을 야기할 수도 있을 듯 하다.

1974년 8월 7일 제정된 국기원 정관 제4조(사업) 5항에 의하면, "태권도 국제기구인 세계 태권도연맹과 국내기구인 대한태권도협회 후원"이라고 명시하고 있는 반면

제1회 세계태권도선수권대회가 1973년 5월 25~27일 5월 28일 세계태권도연맹이 창립

1973년 5월 28일 제정된 세계태권도연맹 규약 제1조 (목적과 명칭) 5항에 의하면, "본 연맹은 태권도의 정신철학, 기술 개발 및 승단사정에 관하여는 고유 태권도의 본산인 국기원이 시행하고 있는 것을 장려한다."고 명시하고 있다. 그리고 경기규칙 제4조(선수) 1.(자격) 3) "국기원 또는 세계태권도연맹이 발행한 단증 소지자"로 규정해 두었다. 이렇듯 두 기구는 상부상조의 밀월관계에서 지평을 넓히고 있으나 언제든 그 관계가 불편할 때는 쉽게 미련을 접을 수도 있을 듯 하다.

두 기구의 정관 제정일로 보면 분명 세계태권도연맹이 국기원에 우선하고 있다.

8 · 9단 고단자 심사

국기원 심사규정에 의하면 6단 이상을 고단자로 규정하고 있다. 현재 5단 이하의 심사권은 각 시도협회에 있고 국기원은 단지 6단 이상의 심사를 국기원에서 분기별로 집행하고 있는데 국내는 6단 이상부터 서류심사제를 지양하고 있다.

흥미로운 사건은 국내외를 막론하고 8 · 9단 고단자 승단심사에 한해 국기원은 실기제를 실행하고 있다.

언제, 어떠한 연유에서였는지 아는 사람은 별로 없을 것

국기원 심사규정에 의하면 6단 이상을 고단자로 규정하고 있다.

이다.

1993년 1월 6일 국기원 앞으로 한 장의 팩스가 전송되다. 발신인은 뉴욕에서 태권도 도장을 경영하고 있는 강용구 사범은 김종욱 9단의 도장광고문안에 대한 이의를 제기했다.

강 사범은 국기원 앞으로 "현명하신 판단을 기다리겠습니다. 이런 광고로 인해 태권도를 사랑하고 봉사하는 젊은 사범들이 피해를 보고 있습니다." 고 호소이다.

문제의 광고 내용 일부를 보면, "무도계의 암적 인물들에게 속지 말고 뉴욕주에 있는 유일한 공인 9단이 이끌며 미국 주니어 올림픽 커미티와 미국 태권도 유니온의 허가를 받은 믿을 수 있는 도장에 다니십시오. 성취의 기쁨을 느껴보십시오" 등.

문제의 발단은 1969년에 국기원 5단으로 승단한 김종욱 사범이 하루아침(1992)에 9단 보유자라며 회원모집 광고가 실마리였다. 이 단서가 결코 말썽을 빚게됐고, 그것이 동기가 돼 국기원 8·9단 심사는 일체 서류심사제도를 없앴다. 원장인 김운용은 누구를 막론하고 예외 없이 실기심사에 의한 단 업무를 철저히 하라고 지침을 내렸다. 그 이후로 월단 및 서류심사 특혜가 사실상 폐지된 것이다.

외국에서 오는 응심자의 경우 지금도 국기원 8·9단 고

> 국기원 8·9단 심사는 일체 서류심사제도를 없앴다. 원장인 김운용은 누구를 막론하고 예외 없이 실기심사에 의한 단 업무를 철저히 하라고 지침을 내렸다. 그 이후로 월단 및 서류심사 특혜가 사실상 폐지된 것이다.

317

단자 승단 심사는 비공개로 실시하고 있다. 비공개 실기 심사를 고집하고 있는 국기원의 행정은 옳지 않고 쉽게 이해할 수 있을 듯 하다. 해외에서 국기원 또는 세계연맹에 단 조회, 각종 호소 등을 하는 사례가 적잖다. 또 가끔은 현지 변호사로부터 증빙자료를 요구하는 사례도 있다. 그 만큼 국기원 승품·단 심사제도 개선을 요구하는 목소리가 점차 높아지고 있는 이유를 알 수 있을 듯하다.

국내의 경우도 예외일 수 없다. 시도협회에서 실시하는 승품 심사의 경우 지나칠 정도로 형식적이라는 비난을 면치 못하고 있다. 3시간 기다려 2분만에 '심사 끝', '심사방식·제도·일정 재고해야', '심사체계 미흡… 학부모 원성 커져'라는 소제목과 '승품 심사 개선방안 검토 시급'이라는 제목의 머리기사가 대변하고 있다. (태권도신문 2001: 제240호)

『국기 태권도 교본』

태권도 교본은 태권도인의 필수적 학습교재이다.

『국기 태권도 교본』은 전세계 태권도인의 유일한 지침서이다. 배가 항해를 하는 데 나침반은 필수이듯 태권도 교본은 태권도인의 필수적 학습교재이다.

1987년 11월 30일 국기원 편編에 의한 국기원(발행처)에서 발간된 700쪽의 대작은 태권도 원로와 교수로 구성된 지도위원, 태권도인과 태권도 교수들이 편집에 참여 완성되었다. 현재 이 교본의 판권은 국기원에서 오성출판사로 이양되었다. 쇄를 거듭하며 판매되고 있으며 「오성 체육시리즈 19」 보급판은 1993년 1판 1쇄 발행에 이어 현재 13쇄로 부쳐져 서점가에서 쉽게 만날 수 있다.

문제는 두 가지 이유가 우리들을 슬프게 하고 있다. 하나는 국기 태권도 교본으로서의 역할을 수행하지 못하고 있는 점. 다른 하나는 오성출판사는 독자를 분명히 기만하고 있다.

책이란 판을 거듭할 때는 반드시 오자 내지 잘못된 내용을 바로잡아 재판을 발행해야 하는 것이 출판의 양심인데, 이 책은 그것을 전혀 무시하고 있다. 한 걸음 나아가 판권이 오성출판사에 있는 이상 책표지(발행처)에도 '오성출판사'로 밝혀야 하는데 '국기원' 명시는 태권도인을 기만하는 행위에 해당된다. 그리고 이 그대로 이 교본에 따라 해외에서도 각국어로 번역 발간되고 있어 국기원의 꼴이 말이 아니다.

지금 문화의 시대에 우리는 어떻게 해서 태권도문헌 문화마저 향유할 수 없는 걸까.

국기원 정관 제1장 총칙 제4조(사업)는 8개항의 내용을 명시하고 있다. 해를 거듭하며 정관 개정은 최선책이 될 수 없다.

> 문제는 두 가지 이유가 우리들을 슬프게 하고 있다. 하나는 국기 태권도 교본으로서의 역할을 수행하지 못하고 있는 점. 다른 하나는 오성출판사는 독자를 분명히 기만하고 있다.

전세계로부터 들어오는 심사비는 태권도인의 혈세血稅에 해당되며 그 재원이 결코는 국기원과 세계연맹을 현존(現存)케 하는 동력이라고 볼 때, 투명한 행정을 펴야 하는 것이다.

진정 태권도가 한국문화의 국기로서 전세계 태권도인으로부터 인정받을 수 있는 '국기 태권도'의 정체성 회복은 면모를 새롭게 하고자 하는 '자성과 실천'이 뒤따라야 한다. 국기원은 본연의 임무를 성실히 수행하고, 태권도 문화의 전통을 쌓을 수 있기 위해 국기원은 누구를 위한, 즉 존재 소이所以와 당위當爲를 분명히 할 필요가 있다.

그 실천의 길(道)은 역(易)의 리(理)로 다스려야 함이 도의 가르침이다. 그 역리의 첫 삽질은 정관 제3장 (인원) 제14조 (인원의 종류와 정수) 1. "이사장 1인(원장)"의 조항 개정작업이 바람직하다. '이사장(理事長)이 바로 원장(院長)'이라는 '이상한 조항'이 의미하는 것은 태권도 1인 체제 독재를 방조하며 30년 무소불위(無所不爲), 우상숭배의 단서가 되었던 것이다.

국기 태권도의 본산이라 자처하는, 한 푼의 재산도 없는 외화내빈의 국기원, 그 성역의 실상을 바로 알고 만시지탄(晩時之歎)이나 우리 모두는 국기원 맹(盲)에서 탈피해야할 것이다.

우리 모두는 국기원이 진정 태권도인으로부터 사랑 받으며 태권도인을 위한 본연의 임무 역할이 수행돼야 할 것을 충심으로 바라고 있다.

그 본연의 임무란 국기원 정관 제4조(사업)에 명시된 조항 중 특히 3. 태권도 기술의 연구 및 지도사업 4. 태권도에 관한 자료수집, 조사통계, 선전계몽 및 출판사업 이 같은 목적사업을 수행하려면 국기원 산하에 '상설연구소'의 설치는 당연한 것이다.

21세기는 문화·정보의 시대라 하듯, 그에 상응한 콘텐츠 개발, 인터넷을 통한 사업의 다양화를 비롯하여 특히, 근간에 정치논리에 의한 남북 태권도교류에 따른 연구 및 내일의(필연적) '하나의 태권도'라는 화두를 서둘러 교훈으로 삼아 주도적 과업을 수행할 수 있는 연구소 개설은 시대적 요망이 아닐 수 없다.

참고문헌 ■　■　■

- 국기원 편(1987)　　　국기태권도교본 서울: 삼훈출판사
- 김영희 역(1992)　　　身體 서울: 박영사
- 김창룡(1995)　　　　스포츠철학 서울: 대한미디어
- 김대식 외 2명(1998)　체육철학 서울: 나남출판
- 김진수 외 3명(1992)　體育;스포츠철학 서울: 교학연구사
- 김상일(1988)　　　　한철학 서울: 展望社
- 김종서 외 6명(1990)　傳統思想의 現代的 意味　서울: 韓國精神文化硏究院
- 김주자 외 옮김(2001) 움직임 교육의 원리
- 류병관(2000)　　　　태권도가 건강에 좋아요 서울: 홍경
- 배영상(1992)　　　　태권도의 Biomechanics　대구: 啓明大學校 出版部
- 송항룡(1999)　　　　지금 바로 여기 서울: 동인서원
- 신상미 역(1993)　　　동작분석과 표현 사울: 금광
- 신승모 역(1998)　　　劍道와 人間 서울: 다문
- 신응철(2000)　　　　캇시러의 문화철학 서울: 한울아카데미
- 이경명(1997)　　　　태권도 서울: 대원사
- 이경명(2000)　　　　태권도철학과 문화 서울: 형설출판사
- 이경명(2002)　　　　태권도의 어제와 오늘 서울: 어문각
- 이어령(2995)　　　　한국인의 손, 한국인의 마음 서울: 디자인하우스
- 이호성(1995)　　　　한국무술 미대륙 정복하다 서울: 스포츠조선
- 임동규(1991)　　　　武藝史연구 서울: 학민사
- 정연종(1996)　　　　한글은 단군이 만들었다 사울: 죠이징 인터내셔날
- 정용환 옮김(1999)　　뚜웨이밍의 유학 강의 서울: 청계
- 최홍희(1990)　　　　태권도백과사전 평양: 국제태권도연맹
- 최홍희(1997)　　　　태권도와 나 서울: 사람다움
- 체육사상연구회(1999) 스포츠의 철학적 이해 서울: 태근

이 경 명 (李京明)

- 연세대 철학과 졸업과 동 대학 언론홍보대학원 수료
- 유럽에서 20여 년간의 태권도 지도자로 활동
- 태권도 공인 9단
- 세계태권도연맹 사무차장
- 한국체대 강사
- 충청대학 초빙교수, 부설 태권도과학연구소 소장
- 현 세계태권도연맹 교육위원회 위원장
- 태권도문화연구소 소장
- 용인대 태권도학과 겸임교수

주요저서

태권도(대원사, 1997)
태권도 겨루기(공저, 오성출판사 1996)
태권도 현대사(공저, 보경문화사 1999)
한국전통무예의 철학, 태권도(형설출판사 2000)
태권도의 어제와 오늘(어문각 2002)
Taekwondo Philosophy & Culture
Dynamic Taekwondo 외
영(5)·독(1)·스페인(2)·폴란드어(2) 태권도 저서 10권 및

수필집
철학적 무예인의 길(1990) 외 2권이 있다

> 저자와
> 협의하여
> 인지생략

태권도의 바른 이해

지은이 : 이 경 명
발행인 : 문 상 필
발행처 : 도서출판 상아기획
편집디자인 : 영성그래픽

초판발행 : 2002년 11월 20일

주　소 : 서울·영등포구 영등포동 4가 318-2
대표전화 : [02]·2675-0364
팩　스 : [02]·2672-5680
출판등록번호 : 제 13-777호

ISBN 89-950296-1-7-92690　　　정가 10,000원